"十三五"高等职业教育财经管理系列规划教材

国际贸易理论与实务

主　编　唐卫红　尹丽琴
副主编　陈　媛　周东亚

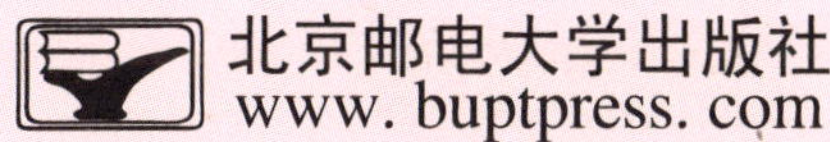

北京邮电大学出版社
www. buptpress. com

内 容 简 介

国际贸易理论与实务作为财经类专业的基础课程，有很强的理论性和实践性。为了适应我国对外贸易发展的趋势和市场竞争的迫切需要，加速培养国际贸易人才，我们按照任务驱动型教学的需要编写了这本教材。全书共有 11 个学习情境和 39 个任务，以任务情境、任务分析，知识精讲、知识巩固、案例讨论和技能训练的顺序展开论述，穿插小案例、资料卡和小思考，由浅入深、循序渐进，兼顾理论和实践，让学生“学中做，做中学”，提高学生思考问题、解决问题的能力。

本书既可供高职高专院校财经管理、国际贸易相关专业学生使用，也可供广大业内人士使用、参考。

图书在版编目(CIP)数据

国际贸易理论与实务/唐卫红，尹丽琴主编. —北京：北京邮电大学出版社，2012.5(2020.1 重印)

ISBN 978-7-5635-2974-2

Ⅰ.①国…　Ⅱ.①唐…②尹…　Ⅲ.①国际贸易理论—高等职业教育—教材②国际贸易—贸易实务—高等职业教育—教材　Ⅳ.①F740

中国版本图书馆 CIP 数据核字(2012)第 067538 号

书　　名：国际贸易理论与实务
主　　编：唐卫红　尹丽琴
责任编辑：滕　耘
出版发行：北京邮电大学出版社
社　　址：北京市海淀区西土城路 10 号(邮编：100876)
E-mail：publish@bupt. edu. cn
经　　销：各地新华书店
印　　刷：大厂回族自治县聚鑫印刷有限责任公司
开　　本：787 mm×1 092 mm　1/16
印　　张：17.75 插页 1
字　　数：438 千字
版　　次：2012 年 5 月第 1 版　2020 年 1 月修订　2020 年 1 月第 7 次印刷

ISBN 978-7-5635-2974-2　　定　价：49.80 元

· 如有印装质量问题，请与北京邮电大学出版社发行部联系 ·

服务电话：400-615-1233

编审委员会

出版说明

高等职业教育以培养生产、建设、管理、服务第一线的高素质技能型专门人才为根本任务，在建设人力资源强国和高等教育强国的伟大进程中发挥着不可替代的作用。

近年来，我国高职高专教育蓬勃发展，积极推进校企合作、工学结合人才培养模式改革，办学水平不断提高，为现代化建设培养了一批高素质技能型专门人才，对高等教育大众化作出了重要贡献。尽管如此，我国高职高专教育的质量、结构、规模还不能很好地适应当前经济社会发展的需要，部分高职高专院校毕业生还不能很好地满足社会工作岗位对相关技术和能力的需求。

要加快高职高专教育改革和发展的步伐、全面提高人才培养质量，就必须对课程体系等问题进行深入探索。教育部在《关于全面提高高等职业教育教学质量的若干意见》中指出，“课程建设与改革是提高教学质量的核心，也是教学改革的重点和难点”，“建立突出职业能力培养的课程标准，规范课程教学的基本要求，提高课程教学质量”，这为高职高专教育课程体系建设指明了方向。在课程体系建设过程中，教材无疑起着至关重要的基础性作用，高质量的教材是培养高素质人才的重要保证。

目前，我国高等职业教育教学改革正在深入进行，高职教材建设取得了显著的成效。但从整体上看，教材建设仍不能很好地适应高职高专教育的发展需要，主要表现在：缺乏科学理论的支持，缺乏行业支持，缺少对生产实际的调查研究和深入了解，缺乏对职业岗位所需的专业知识和专项能力的科学分析，出现体系不明、内容交叉或重复、脱离实际、针对性不强等问题；与专业课程相配套的实践性教材严重不足；同类教材建设缺乏统一标准，相关课程的教材内容自成体系，缺乏沟通衔接；版本偏老或内容陈旧，不能及时将新法规、新知识、新技术、新工艺、新装备、新案例反映到教材中来；与劳动部门颁发的职业资格证书或技能鉴定标准缺乏有效衔接。教材的相对落后成为制约高职高专教育发展的瓶颈之一。

在此背景下，为了更好地贯彻《国家中长期教育改革和发展规划纲要(2010—2020年)》相关精神，更好地推进高职高专教育的发展，我们组织了一批具有丰富理论知识和实践经验的专家、一线教师，成立了教材编审委员会，着力规划出版一批符合高职高专教育特点和需求的优质教材。

依据教育部制定的《高职高专教育基础课程教学基本要求》和《高职高专教育专业人才培养目标及规格》，我们调研了数百所具有代表性的高等职业技术学院和高等专科学校，广泛而深入地了解了高职高专教育的专业和课程设置，系统地研究了课程的体系结构；同时充分汲取各院校在探索培养应用型人才方面取得的成功经验，并在教材出版的各个环节设置专业的审定人员进行严格审查，从而确保了整套教材“突出行业需求，突出职业的核心能力”的特色。

本系列教材除了满足内容充实、完整，结构、体例合理，语言得体、流畅等基本要求外，还力求克服以往高职高专教材的缺陷和不足，在以下方面打造自己的优势和特色：

(1) 本系列教材的定位更加强调“以就业为导向”。紧密依托行业或企业优势，建立产、学、研密切结合的运行机制，是高职高专教育健康发展的关键。我们通过对生产实际的调查研究和深入了解，对职业岗位(群)所需专业知识和专项能力的科学分析，以科学的课程理论为支持，力求使本系列教材定位与就业市场相结合，充分体现出“以就业为向导，以能力为本位，以学生为中心”的风格，从而更具实用性和前瞻性。

(2) 本系列教材打破传统的教材编写模式，力求在编写风格和表达形式方面有所突破，充分体现“项目导向、任务驱动”的教学理念，通过构建具体的工作任务作为学生学习的切入点，这就促使学生能够主动学习，从而达到“教中做、做中学、学中练”的目的，全面提升学生解决问题的实战经验和能力。

(3) 本系列教材编写思路清晰，体系结构安排合理，注重知识体系的有序衔接，力避知识的断层和重复。同时，教材也遵循教育部对高职高专教育提出的“以应用为目的，以必需、够用为度”原则，从实际应用的需要出发，减少枯燥、实用性不强的理论灌输。

(4) 本系列教材的编写及时跟进社会及行业的最新发展动态，将最新、最权威、最具代表性的成果运用于教材当中，从而避免了所讲知识与社会脱节。

为保证教材的总体质量和前瞻性，我们着重加强与示范性高等职业院校的合作，在全国范围遴选了具有丰富教学经验和实践经验、具有较高专业水平的双师型教师参加编写。

为支持“立体化”教学，我们为本系列教材精心策划了精品教学资料包和教学资源网，向教师用户提供教学课件、教学案例、教学参考、教学检测、教学资源推荐、课后习题答案等教学资源，以支持网络化及多媒体等现代化教学方式，有效提升教学质量。

希望各高职院校在使用本系列教材的过程中提出宝贵的意见和建议，我们将认真听取，不断完善。

编审委员会

PREFACE 前言

随着我国加入WTO，我国经济活动的国际化趋势日渐明显，各企业的国际交流及贸易活动越来越多，熟悉国际交流与贸易规则及惯例、不断加强国际间的交流与合作成为众多企业经营的重心，这一发展趋势使企业对国际经贸或商务管理人才的需求与日俱增。

国际贸易理论与实务作为财经类专业的基础课程，在培养高素质应用型、技能型的国际贸易人才方面起着重要作用。为了适应我国对外贸易发展的趋势和市场竞争的迫切需要，加速培养国际贸易紧缺人才，吸收新的成果以满足教学需要，我们按照任务驱动型教学的需要编写了这本教材。

本书结合编者多年的教学经验，充分吸纳了国际贸易理论和实践研究的成果，是集体智慧的结晶，力求围绕一个"新"字展开，体系完整、内容全面、通俗易懂。全书分为理论和实践两个部分，精心设计了11个学习情境和39个任务，其中前三个情境为理论部分，其他八个情境为实践部分。为了融教、学、做为一体，使教材富有启迪性、实用性和生动性，每个任务中都设有任务情境、任务分析，以提示知识要点和重点；文中引入资料卡，用以补充相关资料，增加信息量；穿插案例和阅读思考，便于加深学习者对理论知识的理解；情境后附有知识巩固、案例讨论和能力训练等练习题，旨在使学习者将所学知识融会贯通，学以致用。

通过对本教材的学习，可使学生树立正确的国际贸易理念，掌握国际贸易操作的基本策略和技巧，使学生们的理论知识扎实、实际操作能力加强，能够成为跨国公司或外资企业从事国际商务活动及国际化经营的高级管理人才。

本书由唐卫红、尹丽琴任主编，陈媛、周东亚任副主编，并由唐卫红总纂定稿。具体编写分工如下：学习情境一、学习情境二由陈媛（天津开发区职业技术学院）编写，学习情境三、学习情境四由尹丽琴（天津开发区职业技术学院）编写，学习情境五、学习情境八由唐卫红（天津开发区职业技术学院）编写，学习情境六、学习情境十一由周东亚（郑州电力职业技术学院）编写，学习情境七由周欢（天津开发区职业技术学院）编写，学习情境九、学习情境十由王健虹（天津开发区职业技术学院）编写。

本书在编写过程中得到了有关企业领导和专家的大力支持和帮助，编者特此表示衷心的感谢。在编写过程中，本教材参阅了有关论著的资料和观点，在此一并向有关作者致谢。

本书可作为高职高专国际贸易、电子商务、物流管理、国际金融、商务英语、文秘等专业的教学教材，也可作为外贸企业各岗位的培训用书，既适用于教师讲授，也便于学生自主学习。

由于时间仓促，编者学识水平和能力所限，书中错误或不当之处在所难免，敬请读者批评指正。

编　者

CONTENTS 目录

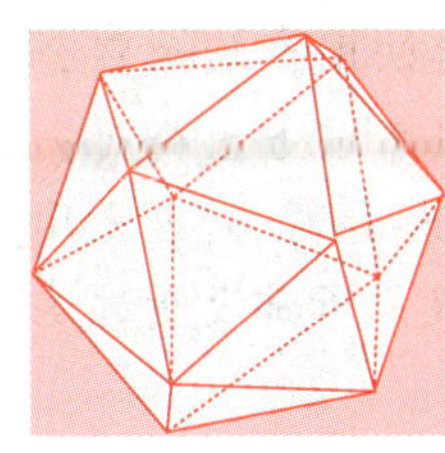

学习情境一 认识国际贸易

知识目标

- 了解国际贸易的产生及其在不同历史时期的发展；
- 掌握国际贸易的含义以及与国际贸易相关的基本概念、分类方法；
- 明确国际贸易与国内贸易的关系；
- 了解国际分工的含义，理解国际分工的形成、发展及其对国际贸易的影响；
- 了解世界市场的含义，掌握当代世界市场的构成及其特征；
- 熟悉企业进入世界市场的途径。

能力目标

- 在对国际贸易基本概念深刻理解的基础上，能区分不同贸易形式，并运用于实践；
- 能对影响国际分工的各种因素进行分析，会结合理论分析我国在国际市场中的地位。

国际贸易是国际经济关系的基本形式，是推动全球经济发展的重要因素，当今世界各国的经济都得到了极大发展，生产力得到了极大的提高，各国都在努力开辟和扩大国外市场以发展本国经济。因此，国际贸易在每个国家的经济中都有着越来越重要的地位，在各国的经济发展中，对国际贸易的依存度也越来越高。

任务一 初识国际贸易

任务情境

某一天早晨，某企业的职员小王，被美国的苹果手机(中国生产)的闹钟叫醒，顺手打开了日本产的索尼牌电视，观看着最近叙利亚的最新局势，心中考虑着这一事件是否会影响到汽油价格的上涨，从而影响他驾驶的德国大众汽车的油费，然后走进洗手间开始洗漱，拿起荷兰生产的飞利浦电动剃须刀刮完了胡子，用美国高露洁的牙膏及牙刷刷牙，用巴黎欧莱雅洗面奶洗完脸后，喷了些德国进口的古龙香水，穿上日本进口的西服，拿起法国产鳄鱼牌公文包，走出家门。他开着德国大众车，顺道到附近的麦当劳吃个早餐；上班又该考虑公司去国外参加工业展的具体计划……忽然间发现，我们的生活充斥着国外的品牌和商品，也充斥着与国外的联络，商品国际化已渗透到我们的日常生活。可在许多年前，我们听都没听过这些品牌和商品呀！它们为什么会填满我们的生活？

任务分析

短短的30年，我们的生活发生了天翻地覆的变化——我们的生活从物资短缺到消费市场繁荣活跃，且充斥着越来越多的国际化商品。对此，我们最容易想到的就是得益于中国的改革开放。从上述情境中我们还可看到，很多国外品牌的商品都是由中国制造或加工的，每件商品都是多国智慧和劳动的结晶，这也充分体现了各国在经济上相互依存、相互依赖的关系。下面就让我们来初识国际贸易，了解国际贸易的概念与分类，了解国际贸易的作用。

知识精讲

一、国际贸易的概念

国际贸易是指世界各国(或地区)之间货物(商品)和服务的交换活动，是世界各国在国际分工的基础上进行相互联系的主要形式。由于国际贸易是一种世界性货物和服务的交换，是世界各国对外贸易的综合，因此，又称为世界贸易或全球贸易。以一个国家(或地区)为主体对其他一些国家(或地区)进行货物和服务的交换活动则称为这个国家或地区的对外贸易。由于这种交换活动是由货物和服务的进口和出口两部分构成，所以对外贸易又称为进出口贸易或输出入贸易。在一些海岛国家或地区，如英国、日本等，将对外贸易称为海外贸易。

国际贸易与对外贸易同是跨越国界所进行的商品交换活动，但两者的角度不同，国际贸易着眼于全球范围，而对外贸易仅着眼于某个国家(或地区)。例如，我国和美国的贸易，称为中国的对外贸易，而从整个国际范围来看，则为国际贸易。

传统的贸易形式是指有形的商品贸易，它由货物的进口和出口构成。随着世界范围内经贸关系的扩大，科学技术的进步和交换方式的改进，特别是第二次世界大战以来，有形商品交换规模扩大的需要，使得国际间资本流动显著增加，科技成果广泛传播，人员流动日益频繁，世界范围内无形商品的贸易迅速增长，使得国际贸易的内涵和外延进一步丰富和扩展。一般来说，把国家间有形商品的交换称之为狭义的国际贸易，而把包括上述内容(有形商品与科技、劳务等)在内的国际贸易称之为广义的国际贸易。

二、国际贸易的特点

国际贸易是相对于国内贸易而言的。国际贸易与国内贸易同为商品交换行为，两者之间存在着密切的关系。国际贸易在国内贸易的基础上产生与发展起来的，是国内商品流通向国外延伸的结果。国内贸易的繁荣与发展可为国际贸易提供大量的商品和服务，而国际贸易的不断扩大不仅可以为国内贸易提供大量国外的产品，弥补国内货源的短缺，满足国内市场的需求，而且还可为国内过剩的商品和服务开辟国外市场。但国际贸易由于贸易主体、贸易环境等因素的不同，与国内贸易相比又存在着许多差异。

（一）国际贸易与国内贸易的相同点

国际贸易与国内贸易的一致性表现在：交换的内容都是商品和服务；经营的目的都是为卖而买，取得利润或经济效益；交易的过程都是“货币—商品—货币”；虽然活动范围有所不同，但都是商业活动，同属流通领域，是生产到消费的中间环节，在社会再生产过程中同处于中介地位。

（二）国际贸易与国内贸易的差异点

国际贸易由于其交易主体、交易条件、交易过程、交易做法等的特殊性，所以与国内贸易相比具有不同的特点，具体表现在以下方面。

1. 经营环境更多变

国际贸易是涉及不同国家（或地区）商人之间的商品交换活动，这种区别于国内贸易的跨国（或地区）活动，决定了国际贸易所面临的经营环境具有多变性的特点，即经营环境随着贸易商人国别的改变而改变。

（1）政治经济体制不同。不同国家的不同政治经济体制决定了其采取的对外贸易政策有别，即使都是实行市场经济体制的国家，其经济体制也并非同一模式。为了维持经济的稳定和发展，每个国家的政府都会制定符合本国需要的各项经济政策，并且都会从本民族利益的角度出发。这些政策的差异性必然会对国家之间的贸易产生不同程度的制约与影响。

（2）法律、风俗习惯不同。由于历史、传统、民族、宗教等原因，各国在商法、贸易法、各种规章制度、语言、生活方式、价值观念、行为标准、道德规范、生活水平等方面都各不相同。这些不同使得国际贸易在缔结约定和执行合同方面要比国内贸易复杂得多，也使得国际间的经济交往经常出现纠纷。

（3）货币与度量衡制度不同。国际贸易双方因国别的不同，所使用的货币和度量衡制度也不相同。世界上各国使用的货币有上百种，在国际贸易中常用的货币有十多种，由于国别币制的不同，采用的汇率制度、外汇管理制度不同，特别是外汇汇率分类很多，计算国际汇兑方法复杂，因此在国际贸易中，就要考虑应采用何种货币计划，两种货币如何兑换，如果对此实施不当就会影响贸易利益。同样，在度量衡方面，不同国家分别采用公制、英制、美制等，因此还要考虑不一致时的换算，以免造成误解及纠纷。

（4）地理气候环境不同。由于世界各国处于不同的地理位置，具有不同的气候条件，这些地理气候因素对各国的进出口商品结构、销售季节、运输方式、商品包装、仓储保管、交货时间等都会造成影响。

（5）语言不同。在国际贸易中，各国甚至同一国家的不同地区都会使用不同的语言，从而为交易中的沟通交流带来困难，也给各国从事的国际贸易活动带来了障碍。为使交易顺利进行，交易双方必须采用一种共同的语言。当今国际贸易中最通行的商业语言是英语，因此，从事国际贸易必须通晓英语，才能在贸易活动中应对自如。此外，世界上有些国家和地区使用英语还不普遍，所以，对一些小语种的学习和掌握也是十分必要的。

2. 经营业务更复杂

国际贸易由于所面临的贸易环境的多变性，其贸易过程、贸易做法等经营业务具有明显的复杂性，主要表现在以下方面。

(1) 商业习惯复杂。在国际贸易中，各国或地区市场的商业习惯不尽相同，甚至差异很大，因而要了解并适应其惯用的商业做法。如果不能准确地把握这些就会影响到贸易的正常进行，影响贸易利益。

(2) 海关制度复杂。各国都设有海关，对于货物进出口都有许多规定。货物出口不但要在输出国家输出口岸履行报关手续，而且出口货物的种类、品质、规格、包装盒商标也要符合输入国家的各种规定。

(3) 国际汇兑复杂。在国际贸易中，由于交易双方相隔甚远，各自使用的货币又不同，因此在进行结算时涉及币种的选择、支付工具的选择与支付方式的选择等多方面问题，其具体核算与结算手续要比国内贸易复杂得多。

(4) 物流过程复杂。由于国际贸易的路途远，运输过程中的风险也随之增大。因此必须考虑运输工具、运输方式、运输费用以及运输合同条款的规定，还要办理装卸、提货等手续。此外，为了避免国际贸易货物运输中的损失，还必须投保。

3. 经营风险更多样

相对于国内贸易而言，国际贸易所处的是一种复杂多变的经营环境，因而所面临的风险也比国内贸易要大许多。这主要表现在如下方面。

(1) 信用风险。在国内贸易中，交易双方信用情况的调查相对比较容易。但在国际贸易中，由于买卖双方属于不同的国家(或地区)，在资信调查方面比较困难，在交易进行的过程中，有可能会因信息虚假或因一方违约而造成交易风险，从而带来经济损失。

(2) 商业风险。在国际贸易中，进出口双方往往会因货样不符、交货延期、单证不符、合同条款理解差异等情况发生矛盾，产生风险，从而带来利益损失。这些风险往往是事前不能预料的，事后虽可以进行交涉，但损失不可避免。

(3) 价格风险。国际市场价格变幻莫测，在国际贸易中，当双方签订合同后，货价可能上涨或下跌，无论出现哪种情况都会给贸易双方带来损益。

(4) 汇率风险。在浮动汇率的条件下，各国的汇率是随市场供求关系等因素的变化而变化的，如果得到信息不及时，采取措施不恰当，就会带来风险，造成意想不到的损失。

(5) 运输风险。由于路途遥远，因此国际贸易比国内贸易发生运输风险的概率要高。

(6) 政治风险。一些国家发生的政局变动、政权更迭、民族矛盾、军事冲突、政策法令的朝令夕改以及国际社会实行的经济制裁都会给贸易双方带来风险，造成经济损失。

三、国际贸易的分类

国际贸易按不同的角度和方法可分为不同类型。

(一) 按交易内容分类

1. 货物贸易

货物贸易(commodity trade)是指物流商品的进出口，由于物质商品是可以看见、摸到、有形的，因此货物贸易通常又称为有形贸易。为了便于统计，《联合国国际贸易标准分类》

(Standard International Trade Classification,SITC)将国际货物贸易分为10大类:0类为食品及主要食用的鲜活动物;1类为饮料及烟草类;2类为非食用原料(燃料除外);3类为矿物燃料、润滑油及有关原料;4类为动植物油、油脂和蜡;5类为未列明的化学成品和有关产品;6类为按原料分类的制成品;7类为机械及运输设备;8类为杂项制品;9类为未分类的其他商品。其中,0~4类为初级产品,5~8类为工业制成品,9类为其他。

货物贸易中的进出口都要办理海关手续,并表现在海关的统计上,是一国国际收支的主要构成部分。

2. 服务贸易

服务贸易(service trade)是指服务商品的进出口,是以提供活劳动的形式满足消费者需要并获取报酬的一种国际劳务活动,因此又称为无形贸易。《服务贸易总协定》(General Agreement on Trade in Service,GATS)将服务贸易分为商业、通信、建筑、销售、教育、环境、金融、健康与社会服务、旅游、文化与体育、运输和其他等12个部门。

服务贸易通常不办理海关手续,在海关贸易统计上不反映,但反映在该国国际收支平衡表中,是一国国际收支的重要构成部分。

3. 技术贸易

国际技术贸易是指技术供应方通过签订技术合同,将技术有偿转让给技术接受方使用。

(二) 按商品移动方向分类

1. 出口贸易

出口贸易(export trade)又称为输出贸易,是指将本国生产或加工的商品输往国外市场销售。如果商品先输入本国后,既未在本国消费又未经加工而再出口,则称为复出口或再输出贸易。

2. 进口贸易

进口贸易(import trade)又称输入贸易,指一国从国外市场购进的外国商品在本国国内市场销售。输往国外的商品未经加工又输入本国,则称为复进口或再输入贸易。

3. 过境贸易

过境贸易(transit trade)又称为通过贸易,指某种商品从甲国经由乙国向丙国输送销售,对乙国来说,就是过境贸易。这种贸易对乙国来说既不是进口也不是出口,仅仅是商品过境而已。

(三) 按生产国与消费国在贸易中的关系分类

1. 直接贸易

直接贸易(direct trade)是指商品生产国与商品消费国直接进行商品的买卖,没有第三国参与。其中生产国是直接出口,消费国是直接进口。

2. 间接贸易

间接贸易(indirect trade)是指商品生产国与商品消费国之间没有直接发生贸易关系,而是通过第三国买卖商品的行为。商品通过第三国销售到消费国,对生产国来说是间接出口,对消费国来说是间接进口。在一些发展中国家,进出口贸易受外资控制,也称为间接贸易。

3. 转口贸易

转口贸易(entrepot trade)又称为中转贸易,是间接贸易的主要表现形式,是指商品生产国与商品消费国因某种原因不能直接进行商品买卖，而须通过第三国进行商品的买卖活动，从第三国的角度来说是转口贸易。

（四）按货物运输方式分类

1. 海运贸易

海运贸易（trade by seaway）是指通过海上各种船舶运送货物的贸易行为。国际贸易大部分的货物是通过海上运输的，运输工具主要是各种船舶，而集装箱的出现具备了运输量大、运输成本低、装卸时间短等优势。

2. 陆运贸易

陆运贸易（trade by roadway）是指通过陆上各种交通工具运输商品的行为。陆地相连的国家间的贸易通常采用这种方式，运输工具主要有火车、货车等。陆路运输能方便地做到门对门的运输服务。

3. 空运贸易

空运贸易（trade by airway）是指通过航空器具运送货物的行为。贵重而体积小的货物、鲜活商品，以及要求在途时间短的商品，为了争取实效，往往采用此种方式。

4. 多式联运贸易

多式联运是指采用海、陆、空等多种运输方式相结合运送商品的行为。多式联运是为了适应全球范围内迅速扩大的国际贸易量，而大陆桥的出现则更有利于多式联运的推广和运输时间的缩短。

5. 邮购贸易

邮购贸易（trade by mail order）是指通过邮政系统进行的贸易。数量不多的货物如样品等，通常采用这种方式，其主要优点是服务周到、方便客户。

（五）按贸易统计界线分类

1. 总贸易

总贸易（general trade）是指以国境为界划分的进出口贸易。凡进入国境的外国商品一律列为总进口，包括进口后供国内消费者的部分和进口后又转口或过境的部分；凡离开国境的外销商品一律列为总出口，包括本国产品的出口、外国商品的复出口及转口或过境的部分。一国的总进口额加上其总出口额构成该国总贸易额。目前，采用总贸易统计方法的国家有美国、英国、中国等 90 多个国家或地区。

2. 专门贸易

专门贸易（special trade）是指以关境为界限划分的进出口贸易。从国外进入关境的商品称为专门进口，从国内运出关境的本国商品及进口后未经加工又运出关境的商品称为专门出口，专门进口额与专门出口额相加构成一国的专门贸易总额。目前，采用专门贸易统计方法的国家有德国、法国、意大利、瑞士等 80 多个国家和地区。

总贸易和专门贸易说明的是不同的问题：前者说明一国在国际货物流通中所处的地位和所起的作用；后者说明一国作为生产者和消费者在国际货物贸易中的地位和作用。

（六）按清偿工具或结算方式分类

1. 现汇贸易

现汇贸易(cash trade)是指以货币作为清偿工具，进口商购买出口商的产品以现汇进行支付或结算。目前，大部分国家采用此种贸易方式，国际贸易中主要以美元、欧元、英镑等作为主要清偿工具。

2. 对等贸易

对等贸易(counter trade)是以货物作为相互清偿工具的贸易，又称对销贸易。对等贸易的具体方式大致可分为以下五种类型。

(1) 易货贸易，即贸易双方以货物经过计价作为清偿工具的贸易方式。

(2) 补偿贸易，即进口方利用出口方信贷购进设备、原料、技术等投入生产加工，最后以产品作为清偿工具的贸易方式。

(3) 协定贸易，即两国间根据双边换货协定、支付协定和清算协定，不经过现汇支付清算，而是以进出口货物相互抵充的贸易方式。

(4) 抵偿贸易，即卖方承担向买方购买货物以作为清偿工具的贸易方式。

(5) 转手贸易，即在双边清算贸易中，顺差方利用账户盈余用以支付从第三方的进口，而第三方获得资金后必须购买逆差方产品的贸易方式。

（七）按贸易方式分类

1. 经销

经销(distribution)是指进口商与国外出口商达成协议，承担在规定的期限和地域内购销指定商品义务的贸易方式。按经销权限的不同，经销方式可分为独家经销和一般经销两种。

2. 代理

代理(agency)是指出口企业与国外代理商达成书面代理协议，委托人授权代理人，代表其向第三方招揽客户，签订合同或从事其他法律行为，并由委托人直接负责由此而产生的权利与义务，代理方仅收取佣金的贸易方式。

3. 寄售

寄售(consignment)是指出口企业把货物运交事先约定的国外代销商，由代销商按寄售协议规定的条件和办法，代寄售人在当地出售，所得货款由代销商扣除佣金和费用后交付寄售人的贸易方式。

4. 招标

招标(invitation to tender)是指由招标人事先发出通知，说明采购的商品或兴办的工程及各种交易条件，邀请国内外投标人按照一定程序在指定期限内报价，即投标，并由招标人开标与评标，选择对其最有利的投标人达成交易的行为。当中标的投标人与招标人分属不同的国家，其签订的合同就属于国际间的买卖合同。

5. 拍卖

拍卖(auction)是指由拍卖行接受货主的委托，在一定时间和地点，按照一定的章程和规定，以公开叫价的方法，把货物卖给出价最高买主的一种现货交易方式。拍卖的形式可分为增价拍卖、减价拍卖和密封递价拍卖三种。

6. 商品交易所

商品交易所(commodity exchange)是指在一定时间和地点,按一定规章买卖特定商品的有组织的交易市场。其交易形式可分为实物交易和期货合同交易两种,以期货合同交易为主。

7. 加工贸易

加工贸易(processing trade)是指以加工为特征的贸易方式。按加工性质不同可分为来料加工与进料加工两种。

此外,国际贸易按经济发展水平可分为水平贸易和垂直贸易;按贸易参加国的数量可分为双边贸易和多边贸易;按贸易方式可分为协定贸易、补偿贸易、租赁贸易等;按对外贸易政策的不同可分为自由贸易和保护贸易等。

任务实施

我们生活的变化得益于对外贸易的发展,而各国的对外贸易又构成了国际贸易。对外贸易在国民经济中的作用越来越重要,是社会主义经济活动中不可缺少的一个重要环节,是国内外经济交往的桥梁和纽带,起到了国民经济其他部门所不能起到的特殊作用。

任务二 了解国际贸易的产生和发展

任务情境

国际贸易改变了我们的生活,也改变了这个世界,纵观历史,国际贸易经历了从无到有的过程,发展至今其作用已相当强大,但追溯其产生和发展历程仍是非常曲折的。

任务分析

原始社会初期,不存在跨越国界的国际贸易。奴隶社会时期的对外贸易随着超越国界的交换活动频繁发生,已经有了很大的发展,但是,这个时期对外贸易只能是有限的。封建社会的国际贸易较之奴隶社会又有了进一步的发展。无论是在奴隶社会还是封建社会,国际贸易只能是局部的、个别的、偶然的贸易活动,真正意义上的国际贸易应该是从资本主义社会制度的建立的基础上发展起来的,这是由资本主义社会的基本经济规律、社会形态及特征所决定的。下面就让我们具体来了解国际贸易产生和发展的情况。

知识精讲

一、国际贸易的产生

国际贸易属于历史范畴,它是在人类社会生产力发展到一定的阶段才产生和发展起来的。国际贸易的产生必须具备两个基本条件:一是有可供交换的剩余产品;二是社会分工的扩大和国家的产生。因此,从根本上来说,社会生产力的发展和社会分工的扩大是国际贸易产生和发展的基础。

原始社会后期,随着社会分工的出现,个别地区有了部落之间的商品交易。随着私有制的出现,产生了奴隶社会,部分产品作为商品在国与国之间进行交换,出现了国际商品交换的萌芽。

二、国际贸易的发展

奴隶社会和封建社会由于生产力水平低下,社会并不发达,自然经济占据统治地位,因此,对外贸易发展缓慢,国际商品交换只是个别的、局部的现象,还不存在真正的世界市场,更不存在名副其实的国际贸易。

14、15 世纪,在欧洲出现了资本主义的萌芽。意大利北部的威尼斯、热那亚、佛罗伦萨等城市,波罗的海和北海沿岸的汉萨同盟诸城市,都已成为欧洲的贸易中心。15 世纪末至 16 世纪初,随着资本主义生产关系的发展、地理上的大发展以及海外殖民地的开拓,欧洲贸易中心从地中海区域扩展到大西洋沿岸,葡萄牙的里斯本、西班牙的塞维尔、英国的伦敦等,先后成为繁盛的国际贸易港口,其贸易范围遍及亚洲、非洲和美洲。国际贸易的发展,国际交换的扩大,逐渐形成了区域性的国际商品市场。

18 世纪 60 年代,以蒸汽机为代表的科学技术获得了惊人的发展。英国及其他欧洲先进国家和美国,相继完成了产业革命。资本主义生产方式从工场手工业过渡到机器大工业,使工农业生产和交通运输得到空前的大发展。这场产业革命直接推进了社会关系和国际关系的深刻变革,标志着资本主义生产方式在全世界的形成。

据统计,19 世纪的前 70 年中,世界贸易额增长了 6 倍多。随着国际贸易和国外投资的发展,逐步形成了适应于资本主义生产方式的国际货币体系,最后形成了资本主义经济体系和相应的经济秩序,为国际贸易的发展奠定了基础。

第二次世界大战后,在第三次科技革命作用下,在投资国际化和贸易自由化的推动下,国际贸易取得重大发展,国际贸易进入了全新的繁荣发展时期,其特点主要表现为以下几点。

1. 国际贸易规模持续扩大

据统计,1950 年的世界出口贸易额为 607 亿美元,到 2005 年增长到 103 931 亿美元,增加了 170 倍。1985 年国际服务贸易额为 3 775 亿美元,2000 年增加到了 13 306 亿美元。受世界经济增长放慢的影响,2001 年货物贸易出现了 5%的负增长,服务贸易出现了 1%的负增长。但从 2002 年起,世界贸易出现恢复性的增长,截至 2011 年末,世界贸易总额达到了 28.57 万亿美元,较 2010 年末增长了 6.5%。

2. 国际分工向纵深发展

国际贸易是国际分工的表现,国际分工是国际贸易的基础。第二次世界大战后,国际分工向纵深发展,其特点如下:第一,参加国际分工的国家遍及世界各国,形成了世界性的分工;第二,经济发展水平基本相同,国家之间的水平型分工成为国际分工的主要形式;第三,国际分工从产业间分工向产业内发展,出现了产业内部的分工;第四,国际分工从货物分工向服务业领域发展;第五,发展中国家中的新兴工业化国家和地区开始向中心地区发展;第六，国际服务业发展迅速。

3. 贸易产品结构向高科技、服务业发展

在世界商品贸易总额中，工业制成品贸易所占比重不断攀升，已超过初级产品，成为国际贸易的主要产品。其中，含有高科技的产品发展最快，2000 年其占制成品出口的比重已经达到了 40%。与此同时，国际服务贸易在整个世界贸易中的比重也不断加大，到 2003 年其出口额占整个世界出口贸易额的比重已经达到了 19.8%。

4. 跨国公司迅速发展

跨国公司成为国际贸易的主要当事人，由跨国公司所引发的公司内贸易和公司外贸易在世界贸易中所占的比重不断加大。目前，仅跨国公司的公司外销售额就相当于世界出口总额的 70%，更有 75%以上的国际技术贸易属于与跨国公司有关的技术转让。

5. 出现国际物流“革命”

国际物流是指不同国家之间的商品流动，为了提高竞争力，各大物流企业加大对物流信息网络和营运系统的投资建设，出现了国际物流的“革命”。这主要表现在：第一，配送方式从物资运输向物流配送演变，服务内容要求准确、准时、准量，形成了一体化的服务；第二，通过建立物流中心形成软硬件结合的物流网络，对客户提供现代化的网络服务做到了物流、商流、资金流、信息流的有机结合；第三，以信息技术为支撑，建立起一体化和网络化的服务；第四，物流范围向订单处理、配送、存货控制、仓库管理、装卸、包装、流通加工、运输等全方位领域扩展；第五，以跨国公司的生产系统和营销网络为中心，形成了全球性的物流基地和营运中心。

任务实施

综上所述，资本主义社会以前的国际贸易是为奴隶主和封建地主阶级利益服务的。随着社会生产力的提高，社会分工和商品生产的发展，国际贸易范围逐步扩大。15 世纪的“地理大发现”及由此产生的欧洲各国的殖民扩张则大大发展了各洲之间的贸易，开始了真正意义上的“世界贸易”，而到了资本主义社会，国际贸易才获得了广泛的发展。

任务三 熟知国际分工和世界市场

任务情境

根据目前外向型经济较为发达的我国沿海地区的情况来看，民营中小企业与跨国企业两者在产业分布、企业规模及生产管理水平之间存在着较大差距，形成了二元结构。即民营中小企业产业分布集中在轻纺工业，企业规模偏小，采用传统家族作坊式的内部管理方式；而近年来跨国公司直接投资产业集中分布于机械电子行业，企业规模效益明显，多采用现代工业管理模式。这种二元结构明显制约了外向型经济对我国经济整体的拉动作用，制约了外向型经济对我国经济存量的激活效应。对此，我们应该采取什么对策和措施来改善两者

的分工与合作呢?

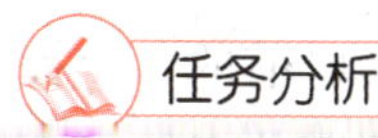

任务分析

我国中小企业管理架构多为家族式企业,专业化和标准化生产水平较低,缺乏现代管理人才,难以适应为技术和资本含量高的跨国公司提供配套服务的合作方式。本地中小型企业在与跨国公司的订货谈判中处于弱势地位,跨国企业有时对供应商压价,以致供应商之间出现恶性竞争,降低了利润空间。如果跨国公司撤资,本地供应商便会失去订货来源,中小企业将承担一定的市场风险。中小企业主要面向国内市场生产,而外商投资企业,尤其是从事加工贸易的外商投资企业,基本面向国际市场,国内市场同国际市场在产业高度上存在的差距将造成中小企业难以进入国际市场,只能为跨国企业提供配套产品。因此,我们需要了解国际分工和世界市场。

知识精讲

国际分工、国际贸易和世界市场,是各国和地区经济向世界范围发展的同一过程的不同表现。从逻辑和历史相结合的角度看,国际分工是国际贸易和世界市场产生和发展的基础;而世界市场是国际分工日益深化和国际贸易广泛发展的结果与表现,是国际贸易活动的场所,也是国际分工的重要实现手段。因此,研究国际贸易必须研究国际分工和世界市场。

一、国际分工

(一) 国际分工的含义与作用

国际分工(international division of labor)是指世界各国之间的劳动分工,是社会分工发展到一定历史阶段,国民经济内部分工超越国家界限而形成的国家之间的分工。其表现形式是各国货物、服务等商品的交换。

国际分工是各国对外贸易的基础,各国参与国际分工的形式和格局决定了该国对外贸易的结构、对外贸易地理方向和贸易利益等。与此同时,各国对外贸易又是国际分工利益实现的途径和枢纽,各国对外贸易的模式与措施影响着国际分工的发展。由此,国际分工与国际贸易两者相辅相成,互为因果关系。

国际分工作为一般社会分工在世界范围内扩大和加深的结果,对生产力的促进作用更加明显,从而对世界经贸的发展起巨大的推动作用,具体表现在:第一,国际分工意味着激烈的国际竞争,对各国企业来说,是一种巨大的外部压力,迫使他们提高技术,改进经营管理,以提高生产率,降低成本,改善产品质量,不断推出新产品;第二,国际分工有可能使各国在其具有相对优势的部门或产品上扩大生产规模,形成规模经济,取得规模效益;第三,国际分工、国际贸易、国际市场要求在世界范围内和世界规模上实行生产要素的流动,包括资金、技术、劳动力、人才、原材料、能源、信息、知识等的流动,这也就意味着资源有可能在流动中接近最有效的配置方式,从而有利于生产效率的提高、资源的节约和生产力的发展。

(二) 国际分工的产生和发展

国际分工的产生和发展经历了一个漫长的历史发展过程,主要可以分为四个阶段。

1. 萌芽阶段

国际分工的萌芽阶段主要是从16世纪至18世纪60年代。在资本主义以前的各个社会经济形态中，由于生产力水平比较低，商品生产不发达，各个国家的生产方式和生活方式差别不大，仅存在着不发达的社会分工和不发达的地域分工。随着生产力的发展，公元11世纪欧洲城市的兴起，手工业和农业的进一步分离，使商品经济得到了发展。15世纪末到16世纪初期的"地理大发现"，不仅促进了西欧国家的个体手工业生产向工场手工业生产过渡，而且也为近代的国际分工提供了地理条件，在一定程度上推动了世界市场的形成与发展。在这一时期，西欧国家推行殖民主义，他们用暴力和其他超经济的手段在美洲、非洲和亚洲等殖民地进行掠夺，强迫当地居民开发矿山，种植热带和亚热带作物，生产棉花、烟草、甘蔗等本国不能生产的原料和农产品，运回国内并扩大本国工业品的生产和出口，建立起一种以奴隶劳动为基础、面向国外市场、实行专业化生产的经济，从而出现了宗主国和殖民地之间的最初的分工形式。

2. 形成阶段

国际分工的形成阶段主要是从18世纪60年代至19世纪60年代。从英国最先发起的第一次工业革命标志着资本主义经济体系的确立，加快了商品经济的发展和社会分工的发展，促进了国际分工的形成，使国际分工进入到了发展的新阶段。

该阶段的国际分工具有以下特点。第一，大机器工业的建立为国际分工的发展奠定了物质基础。首先，大机器生产使得生产力大幅提高，促使国内市场趋于饱和，生产的急剧扩张引起了原材料供应的紧张；其次，大机器工业为发展交通运输和现代化通信工具提供了基础，将原材料生产国家和工业品生产国家联系在一起，使国际分工成为可能；再次，大机器工业生产的物美价廉的产品成为开拓国外市场的武器，消灭了古老的民族手工业，打破了以往地方和民族的自给自足和闭关自守的市场格局，把各类型的国家卷入到世界市场上。第二，英国成为国际分工的中心。由于英国率先完成了工业革命，生产力水平的大幅提高促使其在国际经济中占据绝对的优势地位。英国资产阶级放弃了重商主义政策而转为自由贸易政策，利用强大的经济力量和贸易实力主导了国际分工和国际市场，垄断了国际贸易。马克思认为，当时的英国是"农业世界伟大的中心，是工业'太阳'，日益增多的生产谷物和棉花的'卫星'都围着它运转"。第三，随着国际分工的发展，世界市场上交换的商品种类发生了变化，地方贵族阶级和商人阶级需要的奢侈品已被国际贸易中的小麦、棉花、羊毛、咖啡、铜、木材等大宗商品所代替。

3. 发展阶段

国际分工的发展阶段主要是从19世纪中叶至第二次世界大战。19世纪70年代，人类历史上发生了具有重大意义的第二次科学技术革命，资本主义生产迅速发展，形成了门类齐全的工业体系，各主要资本主义国家的不同工业部门之间的国际分工也迅速发展。

19世纪末20世纪初，资本主义进入到垄断阶段。垄断代替了自由竞争，在垄断资本对各个部门的经济统治下，不仅商品输出继续增加，而且资本输出也迅速扩大，造成了殖民地经济的单一化和畸形化，从而使宗主国与殖民地之间，发达工业国与初级产品生产国之间的国际分工进一步加深，互相依赖关系日益加强。伴随着资本主义世界经济体系的形成，资本主义的国际分工体系形成。

4. 深化阶段

国际分工的深化阶段是从第二次世界大战后至今。二战后的第三次科学技术革命和产业革命的兴起，使电子、信息、服务、生物工程等新兴产业得到了高速发展。帝国主义的殖民体系在战后土崩瓦解，发展中国家相继取得了政治上的独立。跨国公司及经济一体化的发展进一步推动了国际分工向纵深发展，世界经济呈现区域集团化趋势。

此阶段国际分工的主要特点有以下几个。

(1) 战后科学技术的创新和经济的迅速发展改变了战前以自然资源为基础的国际分工格局，取而代之的是以现代科学技术为基础的国际分工格局，这使得经济结构相似、技术水平接近的工业国之间的垂直型分工逐渐向水平型国际分工过渡。

(2) 由于国际分工领域的不断扩大，国际贸易方式呈现多元化，从一般商品贸易扩展到了服务贸易和技术贸易领域，从有形商品的生产部门发展到了商品的劳务部门，各个产业部门之间的分工也发展到了各产业部门内部的分工，以市场力量为主的分工也向着以企业内部协调为主的分工发展。

(3) 战后科技革命的发展和跨国公司的经营活动，使某些工业品的生产从发达国家向发展中国家转移，出现了高精工业与一般工业，资本技术密集型产品与劳动密集型产品的分工。区域型经济同盟国内部分工速度加快，同盟国之间降低和取消了关税和非关税壁垒，成员之间自由贸易程度加深。

(三) 影响国际分工形成与发展的主要因素

1. 社会生产力

社会生产力是国际分工形成和发展的决定性因素，任何分工都是社会生产力发展的必然结果。科技的进步使生产领域发生了改变，工艺技术、劳动过程和生产过程得到了改善，国际分工的形式、广度、深度都随之发生了变化。同时，各国生产力水平决定了其在国际分工中的地位。

2. 自然条件

自然条件是影响国际分工形成和发展的基础性因素。人类的经济活动总是在一定的自然条件下进行的，没有一定的自然条件，进行任何经济活动都是困难的，甚至是不可能的。良好的自然条件不仅有助于国内经济的发展，也有助于加入国际分工。但是，有利的自然条件只是为国际分工提供了可能性，国际分工是否能够实现还要看生产力的发展水平。随着人类社会和科学技术的发展及进步，自然因素对生产过程的影响在一些领域有所降低。

3. 上层建筑

上层建筑，特别是各国的政策是影响国际分工发展的不容忽视的因素，它可以推进或延缓国际分工的发展。上层建筑对国际分工的促进作用主要表现在：建立超国家的经济组织，调节相互的经济贸易政策，促进国际分工的发展；制定自由贸易政策、法令，推行自由贸易，加快国际分工的步伐；通过殖民统治，强迫殖民地建立符合国际分工的经济结构；发动商业战争，签订不平等条约，使战败国接受自由贸易政策；宣扬比较利益学说，抹杀国际分工的生产关系。

上层建筑对国际分工也可以起到延缓作用，如制定保护贸易政策，闭关锁国，会阻碍国际分工的发展。另外，通过建立关税同盟、共同市场、经济联盟等经济集团，加强内部分工的做法，也在不同程度上延缓了世界性国际分工的发展。

4. 国际生产关系

国际生产关系包括生产资料所有制形式、各国在国际分工中的地位以及他们在国际生产消费中的关系，决定了国际分工的性质。国际分工总是和一定的生产关系联系在一起，有什么样的国际生产关系，就有什么性质的国际分工。当代的国际生产关系仍是资本主义生产关系占据主导地位。在当代的国际分工和国际贸易中，仍是发达资本主义处于中心和支配地位，而资本主义生产关系所固有的两重性也决定了国际分工的两面性，既具有进步性又具有不平等性。

除此之外，人口、劳动规模、市场大小等也是影响国际分工发展的重要因素。

(四) 国际分工与国际贸易的关系

国际分工是一国内部社会分工向外部的延伸、扩大和继续。当社会生产力发展到一定水平，国内经济内部分工超越国家界限向纵深和广阔方面发展时，就形成国际分工。

国际贸易是国家与国家之间的商品和劳务的交换，它是国际分工的表现形式，反映了世界各国在经济上的相互依赖关系，两者间的关系主要体现在以下几点。

1. 国际分工的扩大推动了国际贸易的发展

国与国之间的商品交换最初是由于自然地理条件不同而产生的，规模很小，交换具有相当大的偶然性。只有在资本主义生产方式确立起来，国家之间有了劳动分工之后，国际贸易才得到快速发展，呈现一种经常且广泛的现象，成为世界经济活动中一个不可缺少的重要组成部分。国际分工的扩大直接推动着国际贸易朝着广度和深度发展。一方面，国际分工意味着各国的生产资源向效率较高的部门转移，可供交换的产品随之增加，全世界商品的总产量上升是国际贸易发展的基础。另一方面，一国参与国际分工的程度越深，对外贸易在国民生产总值中的比重越大，国际市场就越是会成为国民经济运行和发展的必要条件。国际分工在经济发展中的积极作用，也会吸引各国放弃封闭政策，主动参与国际分工，从而促进了国际贸易的发展。

2. 国际分工的形式决定国际贸易的格局

所谓国际贸易格局，是指国际贸易的商品结构和地区分布。国际贸易中商品结构的变化是由国际分工的发展决定的。例如，19 世纪国际分工的基本格局，使得世界分化为工业国和农业国，世界市场商品的流向表现为发达国家向落后国家销售工业制品，落后国家向发达国家出口原料和食品等。国际分工制约了国际贸易的地区分布，各国在世界市场上的位置无不受其在国际分工中地位的影响，国际分工中位置的变迁决定了该国在世界贸易中地位的升降。

二、世界市场

世界市场(world market)是世界各国(或地区)进行产品、服务、技术交换的场所，是世界范围内通过国际分工和贸易联系起来的各国间市场和各国国内市场的综合组成。

世界市场是与国际分工、科技进步紧密相连的，是国际分工的重要实现手段，它的发达程度取决于参加国际交换国家的数目，商品交换的数量、规模等，其形成和发展是近代生产力发展的必然结果。

(一) 世界市场的形成

1. 萌芽阶段

15 世纪末到 16 世纪初期的“地理大发现”促进了西欧各国的经济发展，随着国际贸易的发展，出现了一些区域性的国际市场联合。在这个时期，资本原始积累和资本主义工场手工业得到了巨大的发展，“地理大发现”使得区域性市场的地理领域得到了扩大，初步建立了世界性的交易市场，加之商业、航海及陆路交通工具的快速发展，这些都为世界市场的形成奠定了基础。但是，由于工场手工业的生产能力有限，缺乏大量的商品和便捷的交通通信工具，因此世界市场只是处于萌芽阶段。

2. 迅速发展阶段

18 世纪 60 年代到 19 世纪 70 年代，随着英、法等国先后完成了产业革命，资本主义生产方式成为居统治地位的生产方式，资本主义制度日益具有国际性质。世界各国都纳入到了资本主义的国际分工体系，各国的产品都纳入到了世界商品的流通范围，现代交通运输和通信工具的出现为世界市场提供了有力的发展工具，世界市场进入迅速发展的时代。

3. 形成阶段

19 世纪 80 年代至 20 世纪初，自由竞争的资本主义被垄断资本主义代替，世界市场的范围继续扩大。第二次科技革命的发生，资本输出的加强，使国际分工得到进一步发展，越来越密的经济关系网“铺”到了地球的每个角落，最终形成了一个统一的无所不包的世界市场。

(二) 当代世界市场的构成

1. 国家构成

参加世界市场活动的国家和地区分为四组，即发达的市场经济国家(包括欧、美、日等 42 个国家和地区)、东欧国家(原经济互助委员会成员国)、亚洲社会主义国家(包括中国、朝鲜、越南等国家)、发展中国家和地区(除上述国家以外的其他所有国家和地区)。

2. 订约人构成

在世界市场的订约人，按照活动的目的和性质可分为三类：第一类是以追求商业利润为目的而进行经济活动的企业；第二类是为促进私营企业扩大出口而建立并代表企业家集团利益的企业主联合会；第三类是经政府授权进行外贸活动的国家机关和机构。

3. 商品构成

世界市场上交易的商品包括货物和服务性产品等。货物按《联合国国际贸易标准分类》共分为 10 大类。服务性产品按世界贸易组织划分为 12 大项，即商业服务、通信服务、建筑服务、销售服务、教育服务、环境服务、金融服务、卫生服务、旅游服务、娱乐服务、运输服务和其他服务。

4. 商品市场构成

按组织形式可以将国际商品市场划分为有固定组织形式的国际商品市场(包括商品交易所、国际商品拍卖中心、国际博览会和国际展览会)和没有固定组织形式的国际商品市场(包括单纯的商品购销、与其他因素结合的商品购销)两种。

5. 商品销售渠道的构成

销售渠道是指商品从生产者到消费者手中所要经过的环节。世界市场上，销售渠道通常由三部分组成，即出口国的销售渠道、出口国与进口国之间的销售和进口国国内的销售渠道。

6. 运输网络的构成

世界市场上的运输网络是由铁路运输网、公路运输网、水上运输网、管道运输网等组成。在国际贸易中，由于水上运输的费用最低、范围最广，所以成为了最主要的运输方式。

7. 信息网络的构成

信息网络是世界市场的中枢神经，包括电话国际网、大众交流工具、通信卫星系统和计算机互联网络。

（三）企业进入世界市场的途径

企业进入世界市场的途径众多，主要有以下几种。

1. 间接出口

间接出口是指企业生产出来的产品卖给国内的出口商或委托国内的代理机构，由其负责经营出口业务。间接出口主要有专业进出口公司、国际贸易公司、出口管理公司和合作出口（或称互补出口营销）四种具体形式。

2. 直接出口

直接出口是指企业不通过国内的中间机构，直接把产品销售给国外顾客，主要有直接卖给最终用户、利用国外的代理商、利用国外的经销商、建立国外营销子公司和设立国外办事处五种具体形式。

与间接出口相比较，直接出口具有可以直接参与国际市场竞争和接触国外顾客，可以深入了解和掌握国际市场的需求动态，提高对外营销的控制权的优势，但同时又具有费用及资金占用增加，专门人才需求增加及需要自己建立国外分销渠道的缺点。

3. 国外生产

国外生产是指具有生产某种产品能力的企业把生产移到他国领土生产和销售。这已经成为当前企业进入国际市场的重要手段。国外生产的主要形式有组装业务、合同制造、许可贸易、建立海外合营企业及国外独自生产。

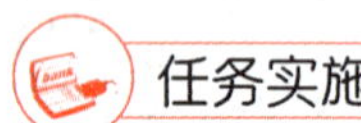

各级政府应围绕配套服务这一中心问题，不断延伸服务范围，在转换政府职能的同时，积极探索各种不同方式，建立各种形式的中介服务机构，为中小企业与跨国企业的合资合作提供一揽子的服务与支持。政府应实施鼓励政策，从质量认证入手，敦促中小企业通过各种质量标准认证，构建技术支撑服务体系，为中小企业与跨国企业建立供货关系铺平道路。采取资助建立供应商协会、资助私营部门培训计划及与国际机构合作等措施，努力促进跨国公司与中小企业建立培训关系，做好中小企业人才的培训。有针对性地制定促进当地中小企业对外合资、合作提供配套服务的鼓励政策，以促进当地中小企业与跨国公司形成更为密切的产业联系。

知识巩固

1. 什么是国际贸易?
2. 国际贸易如何分类?
3. 什么是国际分工?
4. 什么是世界市场?
5. 国际分工与世界市场是什么关系?
6. 企业进入世界市场的途径主要有哪些?

案例讨论

案例一

在美国市场,美国设计、中国制造的玩具“芭比娃娃”的零售价为 9.99 美元。其从中国到美国的海关进口价仅为 2 美元,两者相差的 7.99 美元作为“智力附加值”被美方拿走。而在剩下的 2 美元中,1 美元是运输和管理费,65 美分用于支付原材料进口的成本,中方只得到 35 美分的加工费。

请分析出现这一现象的原因。

案例二

福特汽车公司的汽车底盘和车身在法国生产,发动机在英国生产,轮胎和汽车用玻璃在荷兰生产,车锁、方向盘、邮箱以及前轮在德国生产,输油管在挪威生产,传动皮带在丹麦生产,散热器和供暖系统在奥地利生产,车轴和挡风玻璃在日本生产,迈速表在瑞士生产,一般汽车用玻璃和气缸在意大利生产,空气滤清器、电池盒后视镜在西班牙生产,汽车音响系统在加拿大生产,美国自己只生产后轮和雨刷,最后在英国的哈利伍德组装。

请结合上述案例分析当今国际分工的形态,并谈一谈在新一轮国际分工的浪潮中,发展中国家应如何摆脱“国际分工的陷阱”。

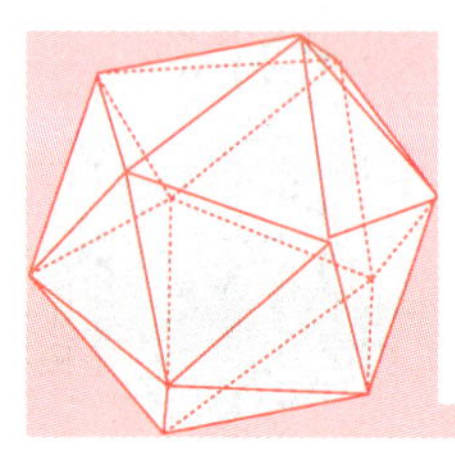

学习情境二

分析国际贸易理论

知识目标

- 了解古典贸易理论核心学说的主要内容;
- 了解新古典贸易理论核心学说的主要内容;
- 了解现代贸易理论核心学说的主要内容;
- 了解贸易保护理论核心学说的主要内容。

能力目标

- 在对国际贸易相关理论理解的基础上,能分析国际贸易中的一些实际情况。

国际贸易理论是对国际贸易产生的基础以及决定国际贸易总量、构成、方向变化的系统的理论说明,是国际贸易政策的理论依据。长期以来,国际贸易理论形成两大分支,一是马克思主义的国际贸易理论,二是西方经济学家的国际贸易理论。马克思、恩格斯在系统研究资本主义运动规律的同时,阐述了国际经济领域中一些带有普遍性的原理,这些原理对我们分析当今的国际经济贸易关系仍具有重要的指导意义。西方经济学家的国际贸易理论经历了近200年的发展,从古典、新古典到新贸易理论进行不断的演绎,通过修正、补充和完善,使其理论能够从多个侧面诠释国际贸易的新现象。西方国际贸易理论一直是国际经济学的重要组成部分,分析、研究、借鉴、吸收西方国际贸易理论中的科学成分,对于正确认识当代国际经济贸易,具有积极意义。

关于国际贸易发生的原因与影响,最早是由英国古典学派经济学家亚当·斯密在劳动价值学说的基础上,将生产过程的研究作为贸易理论的起点,以地域分工为基础提出绝对优势论。后来,英国古典经济学家大卫·李嘉图在其1817年出版的著作《政治经济学及赋税原理》中提出了比较优势论。这两个学说被人们称为古典贸易理论。

无论是斯密的绝对优势理论还是李嘉图的比较优势理论,古典学派在解释国际贸易基础,解释决定生产和贸易模式的因素,衡量国际贸易对本国经济的影响及贸易所得等方面都作出了极其重要的贡献,当今的许多重要理论与政策的形成和确立仍然得益于古典贸易理论的启示。

任务一 分析古典贸易理论

任务情境

迈克尔·乔丹是一名优秀的运动员,但他很可能在其他活动中也出类拔萃。这里假设乔丹修剪草坪的速度也非常快,他用 2 小时能修剪完自家的草坪,而在同样的 2 小时里,他还可以拍一部运动鞋的电视商业广告赚到 1 万美元。与乔丹相比,住在他家隔壁的小姑娘珍妮弗要用 4 小时才能修剪完乔丹家的草坪,而在同样的 4 小时中,她可以在麦当劳工作并赚到 20 美元。

任务分析

由任务情境可见,每个人都有擅长做的工作,也有不擅长做的工作,如乔丹在修剪草坪上有绝对优势,因为他可以用更少的时间干完这个活。但珍妮弗在修剪草坪上有比较优势,因为她的机会成本低。同理,各个国家都有擅长生产的产品,也有不擅长生产的产品,面对全球经济一体化的今天,各个国家应如何实行资源配置,从而实现利润最大化呢?

知识精讲

一、亚当·斯密的绝对优势贸易理论

亚当·斯密(Adam Smith)是资产阶级经济学古典学派的主要奠基人之一,也是国际分工和国际贸易理论的创始者。他认为自由贸易和自由竞争是实现自由放任原则的主要内容,在其著作《国富论》中,他通过对国家和家庭的对比来描述国际贸易的必要性。

亚当·斯密认为,既然每个家庭都认为只生产一部分它自己需要的产品而用那些它能出售的产品来购买其他产品是合算的,那么同样的道理应该适用于每个国家。在这里,他首次从消费者的角度强调进口的利益,从分工交换的好处来分析贸易所得。在国际贸易中,不仅出口能为国家带来利益,进口也同样能带来好处。因此,在亚当·斯密的理论体系中,无论是进口还是出口,都应是市场上的一种自由交换。这种自由交换的结果是双方都会得到好处,国际贸易只是自由市场经济的一部分,不应加以任何限制。

亚当·斯密进一步认为,国际贸易的基础是各国之间生产技术的绝对差异。一个国家之所以要进口别国产品,是因为该国生产这种产品的技术处于劣势,自己生产比购买别国生产的成本要高;而一国之所以能向别国出口产品,是因为该国在生产这一产品的技术上比别国先进,或具有绝对优势。由于该国用同样的资源可以比他国生产出更多的产品,所以单位产品的生产成本低于别国。

因此,亚当·斯密认为,国际贸易和国际分工的原因及基础是各国间存在的劳动生产率

和生产成本的绝对差异。一国如果在某种产品上具有比别国高的劳动生产率,该国在这一产品上就具有绝对优势;相反,劳动生产率低的产品,就不具有绝对优势,即具有绝对劣势。绝对优势也可以间接地由生产成本来衡量:如果一国生产某种产品所需的单位劳动比别国生产同样产品所需的单位劳动要少,该国就具有生产这种产品的绝对优势;反之,则具有绝对劣势。各国应该集中生产并出口其具有劳动生产率和生产成本"绝对优势"的产品,进口其不具有"绝对优势"的产品,其结果比自己什么都生产更有利。在贸易理论上,这一学说被称为绝对优势(absolute advantage)贸易理论。

绝对优势贸易理论模型的具体内容如下。

1. 理论的基本假设

(1) 两个国家和两种可贸易的产品。

(2) 两种产品的生产都只有一种要素投入——劳动。

(3) 两国在不同产品上的生产技术不同,存在劳动生产率上的绝对差异。

(4) 给定生产要素(劳动)供给。

(5) 规模报酬不变。

(6) 完全竞争市场。

(7) 无运输成本。

(8) 两国之间的贸易是平衡的。

2. 生产和贸易模式

绝对优势的衡量有两种办法。

(1) 用劳动生产率衡量,即用单位要素投入的产出率来衡量。一国如果在某种产品上具有比别国高的劳动生产率,则该国在这一产品上就具有绝对优势。

(2) 用生产成本衡量,即用生产单位产品所需的要素投入量来衡量。如果在某种产品的生产中,一国单位产量所需的要素投入低于另一国,则该国在这一产品上就具有绝对优势。

【例 2-1】 假设这两个国家是英国和法国。两国都生产土豆和花生,但生产技术不同。劳动是唯一的生产要素,两国有相同的劳动力资源,都是 100 人。由于生产技术的不同,同样的劳动人数,可能产量不同。如果两国所有劳动都用来生产土豆,假设英国一年可以生产 100 吨,法国一年只能生产 80 吨;如果两国的劳动都用来生产花生,假设英国一年能生产 50 吨,而法国一年能生产 100 吨(见表 2-1)。

表 2-1 英国和法国的生产可能性 1

地　区	土豆/吨	花生/吨
英国	100	50
法国	80	100

从劳动生产率的角度看,英国由于每年每人可以生产 1 吨的土豆,而法国每年每人只生产 0.8 吨,英国具有生产土豆的绝对优势;法国由于每年每人可以生产 1 吨花生,而英国只能生产 0.5 吨,法国具有生产花生的绝对优势(见表 2-2)。

表 2-2 英国和法国的劳动生产率

地　区	土　豆	花　生
英国	1.0	0.5
法国	0.8	1.0

从生产成本的角度看，每吨土豆在英国只需要一个单位的劳动投入，在法国则要 1.25 个单位；每吨花生在英国需要 2 个单位的劳动投入，在法国只要 1 个。通过表 2-3 可以看出，英国和法国两国单位土豆和花生生产中劳动要素的投入，即生产成本。

表 2-3 英国和法国的生产成本

地　区	土　豆	花　生
英国	1.0	2.0
法国	1.25	1.0

显然，通过生产成本的比较，可以得出与比较劳动生产率时同样的结论。根据绝对优势贸易理论，英国应该专门生产土豆(100 吨)，用其中的一部分与法国交换花生；法国则应专门生产花生，用其中的一部分与英国交换土豆。

3. 贸易所得

我们假设每个国家都将自己的劳动资源平均分布在两种产品的生产上，那么英国的土豆产量是 50 吨，花生是 25 吨，法国则为 40 吨土豆和 50 吨花生。在封闭型经济中，各国的生产量也就是各地区的消费量。

在开放自由贸易和专业化分工后，英国生产 100 吨土豆而法国生产 100 吨花生。假设英国人保持自给自足时的土豆消费量 50 吨，拿出剩下的 50 吨土豆与法国交换 50 吨花生，这样的贸易结果是法国现在有 50 吨自己生产的土豆和 50 吨进口法国的花生，比自给自足时多了 25 吨花生，同时法国也通过交换拥有 50 吨土豆和 50 吨自己生产的花生，比自给自足时多了 10 吨土豆，两者都比贸易前增加了消费，都达到了在自给自足时不可能达到的消费水平，这就是贸易所得，如表 2-4 所示。

表 2-4 英国和法国专业化分工前后对比

分工前	土豆(吨)	花生(吨)
英国	50	25
法国	40	50
分工后	土豆(吨)	花生(吨)
英国	100	
法国		100
分工后交换	土豆(吨)	花生(吨)
英国	50	50
法国	50	50

以什么比例进行交换，取决于国际市场上两种产品的供给及需求。上述案例中英国和法国的交换比例是1∶1，在实际生活中这一比例是会变动的。但有一点是肯定的，即英国用1吨土豆换取的花生不能少于0.5吨，法国支付1吨土豆的花生不能超过1.25吨，两国从分工和贸易中获取的土豆和花生的相对间隔应在0.5～1.25吨之间。

4. 理论的局限性

虽然亚当·斯密将国际贸易理论纳入到了市场经济的理论体系，开创了对国际贸易的经济分析，但其存在很大的局限性。在现实生活中，有些国家比较先进，有可能在各种产品的生产上都具有绝对优势，而一些国家可能不具有任何生产技术上的绝对优势，但是贸易仍然在这两种国家间发生，而绝对优势贸易理论无法解释这种绝对先进和绝对落后国家间的贸易。

【例2-2】 将表2-1做以下改动：假设法国的劳动力都用来生产土豆，每年的生产能力不是80吨，而是150吨，英国的生产能力不变，两国间的生产可能性如表2-5所示。在这种情况下，法国花生和土豆的劳动生产率都比英国高，花生和土豆都具有绝对优势。根据绝对优势贸易理论，法国应该即出口花生又出口土豆，而英国不仅没有任何产品可以出口，还要进口花生和土豆。可是英国如果不能出口的话就没有支付进口的能力，也就无法进口，国际贸易也就不能发生。可见，绝对优势理论在解释国际贸易的实际现象时存在局限性。

表2-5 英国和法国的生产可能性2

地　　区	土豆/吨	花生/吨
英国	100	50
法国	150	100

二、大卫·李嘉图的比较优势贸易理论

作为古典政治经济学的重要人物，大卫·李嘉图(David Ricardo)主张自由贸易，认为每个人在自由追求个人利益的同时会自然而然地有利于整个社会，国际贸易给社会带来利益并非是因为一国商品价值总额的增加，而是因为一国商品总量的增长。国际贸易之所以对国家极为有利，是因为其增加了用收入购买的物品的数量和种类，并且由于商品丰富和价格低廉而为节约和资本积累提供刺激。虽然李嘉图同斯密一样强调进口带来的利益，但他并不只是重复斯密关于国际贸易的好处，而是提出了更加系统的自由贸易理论，从资源的最有效使用角度来论证自由贸易与专业分工的必要性。李嘉图用比较成本的概念来分析国际贸易的基础，建立了比较优势(comparative advantage)贸易理论。

1. 理论的基本假设

由于比较优势贸易理论排除了经济发展、资本积累、技术进步等劳动因素对比较优势的影响，把多变的经济抽象成为了静态的、凝固的状态，因此比较优势贸易理论的分析属于静态分析，分析前要以下面的假定作为前提条件。

(1) 只考虑两个国家、两种商品。

(2) 坚持劳动价值论，以真实劳动成本的差异建立比较优势贸易理论，并假定所有的劳动都是同质的。

(3) 生产是在成本不变的情况下进行的。

(4) 没有运输费用。

(5) 包括劳动在内的生产要素是充分就业的，它们在国内可以完全流动，但在国际之间不能流动。

(6) 生产要素市场和商品市场是完全竞争的市场。

(7) 收入分配没有变化。

(8) 贸易按物物交换的方式进行。

(9) 不存在技术进步和经济发展。

2. 贸易模式

比较优势贸易理论认为，国际贸易的基础并不限于劳动生产率上的绝对差别，只要各国之间存在着劳动生产率上的相对差别，就会出现生产成本和产品价格的相对差别，从而使各国在不同的产品上具有比较优势，使国际分工和国际贸易成为可能。根据李嘉图的比较优势贸易理论，每个国家都应集中生产并出口其具有比较优势的产品，进口其具有比较劣势的产品。

在此为了说明此理论，我们用李嘉图的葡萄牙与英国进行葡萄酒和棉布贸易的例子来说明比较优势贸易理论。

【例 2-3】 英国单位数量生产棉布需要 100 个人劳动一年，而生产单位数量葡萄酒则需要 120 人劳动一年，因此，英国通过出口棉布来进口葡萄酒比较有利。葡萄牙生产单位数量葡萄酒需要 80 人劳动一年，生产单位数量棉布则需要 90 人劳动一年，因此，葡萄牙出口葡萄酒来换取棉布比较合适。虽然葡萄牙生产棉布和葡萄酒所需的劳动人数均少于英国，英国在两种产品的生产上都不具有优势，但葡萄牙在生产葡萄酒所需劳动力比英国少 40 人，生产棉布却只少 10 人，显然葡萄牙在生产葡萄酒上比生产棉布要更具有优势，因此，对葡萄牙来说，与其挪用生产葡萄酒的一部分资本去生产棉布，还不如用资本来生产葡萄酒，因为由此可以从英国换到更多的棉布。按此原则进行国际分工，在两国投入的劳动人数没有发生变化的条件下，两国产量都会增加，通过进行国际贸易，两国都会获得利益。相关比较如表 2-6 所示。

表 2-6 英国和葡萄牙分工交换比较

比较项目 / 阶段	国家	葡萄酒产量	所需人员投入	棉布产量	所需人员投入
分工前	英国	1	120	1	100
	葡萄牙	1	80	1	90
分工后	英国	—	—	2.2	220
	葡萄牙	2.125	170	—	—
交换后	英国	1		1.2	
	葡萄牙	1.125		1	

3. 理论的局限性

虽然比较优势贸易理论在历史上起到了进步的作用，促进了当时英国资本积累和生产力的发展，但其也存在一定的局限性。

(1) 其出发点是基于世界是一个永恒静态的世界，各国、各经济团体间的利益是和谐一致的。而事实上，资本主义的经济范畴和经济现象只具有历史暂时性，而不能看做是永恒的规律。

(2) 其分析方法属于静态分析，将多变的经济情况进行静态处理，不符合现实情况。

(3) 只提出国际分工的一个依据，未能揭示出国际分工形成与发展的主要原因。其实，成本、自然条件等因素对国际分工的形成有一定的影响，但不是唯一和根本的因素，生产力、科学技术、社会条件等都对国际分工有重要的影响。

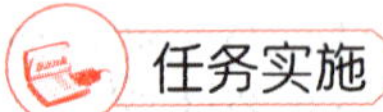

如果乔丹和珍妮弗之间展开贸易，对双方就更有好处。乔丹不应该修剪草坪，而应该去拍商业广告片，他应该雇用珍妮弗来修剪草坪。显然，只要乔丹支付给杰尼弗的钱大于 20 美元而低于 1 万美元，双方的状况都会更好。这就是古典贸易理论告诉人们的一个道理，即每个国家都有参与国际分工和进行国际贸易的权利，各个国家都可以生产自己具有绝对优势或比较优势的产品，再进行交换，从而使各个国家都受益。

任务二 分析新古典国际贸易理论

任务情境

纵观国际贸易理论演变的轨迹，每一个新理论的诞生都是为了弥补或解释现有理论的不足，当古典国际贸易理论无法解释现实时，西方学者开始研究新古典国际贸易理论。

任务分析

作为古典经济学理论的一个重要组成部分，古典贸易理论也是建立在“劳动价值论”的基础上的，因此在古典学派的分析中，需要生产技术不变，只有一种要素投入。当有两种或两种以上要素投入的时候，很多分析过程和结论就不再有效。随着资本主义生产关系的出现以及工业革命的发生，资本成为一种重要因素，产品生产不再由单一要素决定，因此，关于投入产出关系的有关经济学理论研究也随之发展。19 世纪末 20 世纪初，以里昂·瓦尔拉斯、马歇尔为代表人物的新古典经济学逐渐形成，在新古典经济学框架下对国际贸易进行分析的新古典贸易理论也随之产生。

知识精讲

一、赫克歇尔—俄林的要素禀赋理论

在新古典国际贸易理论中，贡献最大的应属瑞典经济学家伊·菲·赫克歇尔(Eli. F. Heckscher)和贝蒂·戈特哈德·俄林(Bertil Gotthard Ohlin)。赫克歇尔在1919年发表的论文《对外贸易对收入分配的影响》中，首先提出了要素禀赋理论的基本论点，他以比较优势理论的各项假设为依据，认为如果国家间不存在要素禀赋的差异，各个生产部门的技术水平也都一样，也不存在任何运输成本，那么国家间进行贸易的结果不会给任何一国带来利益和损失。因此，如果国家间存在比较成本的差异，则必须有两个前提条件，即各国的生产要素的禀赋不同和各国生产不同商品时使用的要素比例不同，国家间才能发生贸易往来。俄林师承赫克歇尔，在其代表作《区际贸易和国际贸易》中采用了赫克歇尔的主要观点，创立了比较完整的要素禀赋理论(theory of factor endowments)由于这一理论综合了两人的理论观点，因此又被称为赫克歇尔—俄林原理或赫—俄原理(H-O原理)。

(一) 理论的基本假设

(1) 两种生产要素(劳动和资本)。

(2) 两种可贸易产品。

(3) 两个国家。

(4) 每个国家的生产要素都是给定的。

(5) 生产技术假定相同。

(6) 生产规模报酬不变。

(7) 两国的消费偏好相同。

(8) 完全竞争的商品市场和要素市场。

(9) 无运输成本、关税或其他阻碍国际贸易自由的因素。

(二) 理论的基本观点

该理论的基本观点如下。

(1) 每个国家应在国际分工和国际贸易体系中生产和输出相对充裕且便宜的生产要素生产出的产品，输入相对稀缺且昂贵的生产要素生产的产品。

(2) 区域贸易或国际贸易的直接原因是价格差别，即各个国家或地区间的商品价格不同。

(3) 商品贸易一般趋向于消除工资、租金、利润等生产要素收入的国际差异，导致国际间商品的价格和要素价格趋于均等化。

(三) 理论的主要内容

要素禀赋理论有狭义和广义之分。所谓狭义的要素禀赋理论，是指生产要素供给比例学说，即通过对相互依存的价格体系的分析，用不同国家的生产要素的丰缺来解释国际分工和国家贸易产生的原因以及一国进出口商品结构的特点。广义要素禀赋理论是指除了生产要素供给比例学说之外还包括要素价格均等化学说。该学说研究国际贸易对要素价格的反

作用，说明国际贸易不仅使国际间商品价格趋于均等化，还会使各国生产要素的价格趋于均等化。

1. 生产要素供给比例学说

俄林从商品价格的国际绝对差异开始，逐层深入，得出生产要素供给的差异来自于生产基础，具体分析如下。

(1) 国家间的商品相对价格差异是国际贸易产生的主要原因。当国家间的价格差别大于商品的各项运输费用时，价格较高的国家从价格较低的国家进口商品是有利的。

(2) 国家间的生产要素相对价格的差异决定了商品相对价格的差异，成本的国际绝对差是国际贸易发生的首要原因。

(3) 国家间的要素相对供给不同决定要素相对价格的差异。

最后，俄林得出了以下结论：一个国家如果生产和出口的产品是大量使用本国供给丰富的生产要素生产的产品，那么价格就会相对较低，出口就会具有优势；相反，如果生产和出口的产品是大量使用本国供给稀缺的生产要素生产的产品，价格就会相对较高，对出口不利。他认为，各国应该尽量利用供给丰富、价格低廉的生产要素生产廉价的产品，交换别国其他相对廉价的产品。虽然国际生产要素不能充分流动，使得生产达不到理想的效果，但商品的流动在一定程度上可以弥补由于国际间生产要素流动性差而产生的不足，即通过国际贸易可以部分解决国际间要素分配不均的缺陷。

2. 要素价格均等化学说

赫克歇尔和俄林不仅认为不同国家的要素禀赋差异是产生国际贸易的原因，而且进一步论述了国际贸易将会导致各国生产要素的相对价格和绝对价格的均等化，即要素价格均等化学说。美国经济学家保罗·萨缪尔森(Paul Samuelson)发展了这个理论，因此这个理论又称为赫—俄—萨原理(H-O-S 原理)。

要素价格均等化学说认为，虽然生产要素在国际间不能自由流动，但国际间商品的自由流动会导致各国的工人获得同等的实际工资，资本获得同等的利息，土地获得同等的地租。两国在实行分工和发生贸易之后，各自大量使用本国丰裕要素进行商品生产，从而使这类要素价格日趋上涨；由于各自不断进口本国稀缺要素密集的他国产品，将使本国这类要素价格不断下跌。这样，通过国际贸易导致了国家间的生产要素价格差异的缩小，并使要素价格趋向均等化。但俄林认为，由于影响市场价格的因素复杂多变、生产要素不能在国际间充分流动、产业对要素的需求呈整体性和固定性、集中的大规模生产等因素，要素价格完全相同是几乎不可能的，要素价格均等只是一种趋势。

萨缪尔森对此进行了进一步推论，认为国际贸易将使不同国家间的生产要素相对价格和绝对价格均等化，这不是一种趋势，而是一种必然。由于在多种要素相对价格有差异的情况下贸易仍然会持续扩大和发展，并由此减少两国间要素价格的差异，直到相对价格完全均等化为止，因此国际贸易是导致各要素相对价格的完全均等化的原因。他还论证了两国要素的绝对价格均等化问题，在要素的相对价格均等化、商品市场和要素市场存在着完全的自由竞争以及两国使用同样的技术等条件下，国际贸易将会导致要素绝对价格完全均等化。他的这一理论企图说明，国际贸易不仅可以合理配置资源，调整贸易的经济结构，而且还可以改善各国收入分配的不均，缩小彼此经济的差距。因此，这个理论又称为要素报酬均等化理论。

（四）理论的局限性

虽然要素禀赋理论比李嘉图比较优势贸易理论的体系更加完整和全面，明确指出了生产要素在各国对外贸易中的重要地位，指出了各国对外贸易竞争中，土地、劳动力、资本、技术等要素的结合所起到的重要作用，但其也具有明显的局限性。

（1）该学说完全违背了劳动价值论，抹杀了劳动收入和财产收入的区别。

（2）忽视了科学技术的作用。在当代国际分工和国际贸易中，科学技术的作用日益突出。技术革命、技术进步可以改变要素成本和比例，从而使比较成本发生改变。

（3）只能用来解释要素禀赋不同的国家间的分工与贸易行为，与当代发达国家间的贸易迅速发展的实际情况不符。按此理论，国际贸易应发生在要素禀赋不同、需求格局相异的工业国家与初级产品生产国之间，但当代贸易的特点则是大量贸易发生在要素禀赋相似、需求格局接近的工业国家之间。

（4）抹杀了国际生产关系中的资本主义的剥削性和不平等性。

二、里昂惕夫反论

第二次世界大战之后，在第三次技术革命的推动下，世界经济发展迅猛，国际分工和国际贸易都发生了巨大的变化。由于传统的国际分工和国际贸易理论明显脱离了实际情况，因此，西方经济学家力图用新的学说来解释国际分工和国际贸易中存在的某些问题，这个转折点就是里昂惕夫反论（Leontief paradox），又称里昂惕夫之谜。

（一）理论的主要内容

依据要素禀赋理论，一个国家拥有较多的资本，就应该生产和输出在生产中所需的资本投入比例较高的资本密集型产品，而输入在本国生产中所需的劳动投入比例较高的劳动密集型产品。里昂惕夫基于以上认识，利用投入—产出分析方法对美国的对外贸易商品结构进行了具体的计算，由此对赫—俄原理进行验证。

里昂惕夫将生产要素分为资本和劳动力两种，对 200 种商品进行分析，计算出每百万美元的出口商品和进口替代商品所使用的资本和劳动量，从而得出美国出口商品和进口替代商品的资本和劳动密集程度。

通过计算得出，虽然 1947 年进口替代商品生产的资本和劳动比率和 1951 年的数字不同，但结论基本相同，即美国出口商品的资本密集程度低于进口替代商品（其计算结果如表 2-7 所示），即美国进口的是资本密集型产品，而出口的是劳动密集型产品，这个结果正好与赫—俄原理相反。

表 2-7　美国出口商品和进口替代商品对国内资本和劳动比率

项目 \ 数据 \ 年份	1947 年		1951 年	
	出口	进口替代	出口	进口替代
资本（美元）	2 550 780	3 091 339	2 256 800	2 303 400
劳动（人/年）	182.313	170.004	173.91	167.81
人均年资本量	13 991	18 184	12 977	13 726

这个结论的发表在西方经济学界引起了巨大的轰动，掀起了一股验证和探讨的热潮，大家将这个不解之谜称之为“里昂惕夫之谜”。一些经济学家仿照里昂惕夫的做法对一些国家的对外贸易状况进行了验证，发现一些国家也存在着这个“谜”。

（二）对里昂惕夫之谜的解释

西方经济学界对里昂惕夫之谜提出了各种各样的解释，在一定程度上促进了战后西方的国际分工和国际贸易理论的发展。比较有代表性的解释有以下几种。

1. 劳动效率的差异

劳动效率的差异是由里昂惕夫首先提出来的，后来经过美国经济学家基辛(D. B. Keesing)的发展，利用劳动效率、劳动熟练或技能的差异来解释里昂惕夫之谜。

里昂惕夫认为，“谜”产生的原因可能是美国工人的劳动效率比其他国家工人高——大约是其他国家工人的3倍。因此，如果以效率单位来衡量劳动，美国就成为劳动要素相对丰富、资本要素相对稀缺的国家，所以美国出口产品的资本密集度低于进口产品的资本密集度，与要素禀赋论一致。但是，这个解释并不能被认同，甚至里昂惕夫自己后来也否定了。因为，如果美国的生产效率高于他国，那么工人人数和资本量都应该乘以3，这样美国的资本充裕程度并没有受到影响。

基辛利用美国1960年时的人口普查资料，将美国企业职工区分为包括科学家、工程师、经理人员、技术人员、制图员等的熟练劳动及包括不熟练和半熟练工人的非熟练劳动两类。根据这两类对14个国家的进出口商品结构进行了分析，得出了资本丰富的国家倾向于出口熟练劳动密集型产品，资本较缺乏的国家倾向于出口非熟练劳动密集型产品的结论，认为数量劳动程度的差异是国际贸易发生的重要因素之一。

2. 人力资本的差异

人力资本差异是由美国经济学者凯南(P. B. Kenen)等人提出的，他们用对人力投资的差异来解释美国对外贸易商品结构是符合要素禀赋论的。他们认为，生产过程中的劳动是不同质的，这种不同质表现在劳动效率的差异，这种差异主要是由劳动熟练程度所决定的，而劳动熟练程度的高低又是由劳动者进行的培训、教育和其他有关的开支水平所决定的。因此归根结底，高的劳动效率和熟练程度是一种投资的结构，是一种资本支出的产物。由于美国投入了较多的人力资本，拥有了较多的熟练劳动力，所以出口的产品含有较多的熟练劳动。如果把熟练劳动收入高出非熟练劳动的部分资本化，并同有形资本相加，美国出口产品的资本密集程度就会高于进口产品的资本密集程度。

3. 贸易壁垒的存在

该解释认为“谜”是由于市场竞争不完全而产生的，国际间的商品流通因为受到贸易壁垒的影响而使要素禀赋理论的规律不能实现。美国政府为了解决本国的就业问题，在制定政策时存在着保护本国非熟练劳动力的倾向。如果实行自由贸易或美国政府不施行这种限制，那么美国进出口的劳动密集型程度必然会比实际情况高。美国经济学家鲍德温通过研究得出以下结论：如果美国的进出口商品不受限制的话，其进出口中资本和劳动的比率要比实际情况高5%左右。

4. 忽略了自然资源

里昂惕夫用双要素模型进行理论分析，只计算了贸易中资本和劳动的比率而忽略了如自然资源等生产要素。不充分注意到各国自然资源的不同以及它们与资本和劳动力的关系，就不能完全解开资本劳动比率计算结果中出现的大部分奥秘。实际上，一些产品既不属于劳动密集型产品又不属于资本密集型产品，而属于自然密集型产品。在美国进出口中，初级产品占60%～70%，而这些初级产品大部分是矿产和木材。如果把这些产品归为资本密集型产品，那么美国进出口的资本和劳动比率就会无形中被加大。里昂惕夫对美国的贸易结构进行检验时，在投入产出表中去掉了19种自然资源型产品，取得了与要素禀赋理论一致的结果，解开了“谜”。这种方法也同样解开了日本、加拿大、印度等国的“谜”。

（三）理论的局限性

虽然里昂惕夫反论首次采用投入—产出的方法，结合经济理论、数学方法和统计技术对国际分工和国际贸易商品结构进行了定量的分析，对西方传统理论起到了修改和补充的作用，具有一定的现实意义。但是，该学说只是从产品分工和市场交换的表面现象来分析问题，对问题的实质和国际生产关系并不涉及，存在着一定的局限性。

(1) 掩盖了国际分工和国际贸易的性质，把国际分工与国际贸易作为分配世界资源的中性机制，而不是一定条件下发达国家对发展中国家利益侵吞的工具。

(2) 仅从生产力的角度研究国际分工与国际贸易的产生、发展和利益问题，而未从历史的角度考察资本主义国际分工、贸易的产生和发展的实际过程。

(3) 仅从不同角度揭示和论述了当代国际分工和国际贸易中存在的一些问题，理论缺乏独立性和完整性。

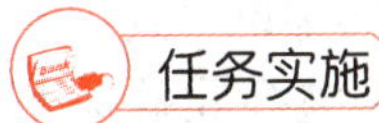

任务实施

古典贸易理论只是初创时期的理论，它直接观察现实生活，用实例来说明作者的理论主张，但缺乏严密的逻辑推理过程。而新古典国际贸易理论则以新的分析方法和工具，围绕国际贸易的三大中心议题（格局、条件和利益）完善并发展了古典学派的国际贸易理论，同时更为直观，更具有说服力。

任务三　分析现代贸易理论

任务情境

第二次世界大战以后，特别是20世纪50年代以来，随着国际贸易的迅速发展，科学技术的进步、生产力的不断发展以及国际政治经济形势的相对稳定，国际贸易出现了许多新的倾向。传统国际贸易理论的一些诸如完全竞争、要素不能跨国转移等假设前提显然与现实情况不符，传统贸易的一些观点已经难以解释当代国际贸易中的某些现状。国际贸易该何去何从？

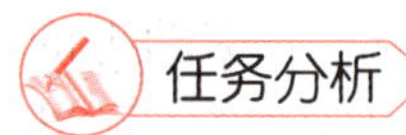

任务分析

随着国际贸易理论的不断发展，各大学者纷纷著书立说，阐述自己的观点。虽然学派众多，观点不一，但其核心却基本一致，即各个国家如何通过对外交换，获得最大限度的利益，以实现经济增长、增加财富的目的。

知识精讲

一、规模经济理论

传统贸易理论都假设产品的规模报酬不变，即假设产出的增长或下降与要素投入的增长或下降的幅度是一样的，所有的投入增加一倍，产出也增加一倍。在以初级产品生产为主的前工业化时代，这个假设基本是接近现实的。但是，在现代化社会，尤其是在工业生产中，许多产品的生产具有规模报酬递增的特点，即扩大生产规模，增加每单位生产要素的投入会有更多的产出。尤其是现代化的工业，大规模的生产反而会降低单位产品成本，即存在着规模经济。规模经济是指产出的某一范围内，平均成本随着产出的增加而递减。

（一）理论的主要内容

规模经济理论是由著名经济学家保罗·克鲁格曼(Paul Krugman)与埃尔赫南·赫尔普曼(Elhanan Helpman)在1985年合著的《市场结构和对外贸易》一书中提出的学说。其主要观点为：规模收益递增为国际贸易直接提供了基础，当某一产品的生产发生规模收益递增时，随着生产规模的扩大，单位产品成本递减而取得成本优势，由此导致专业化生产并出口这一产品。

企业的长期平均成本随着产量增加而下降，企业面对的是市场需求曲线，市场需求量会随着价格的下跌而增加。在参与国际贸易以前，企业所面向的只是国内的需求。由于国内市场需求有限，企业不能生产太多，从而使生产成本和产品价格不得不保持在较高的水平上。如果企业参与国际贸易，产品所面临的市场就会扩大，国内需求加上国外需求，企业生产就可以增加。由于生产处于规模经济阶段，产量的增加反而使产品的平均成本降低，从而在国际市场上提高了竞争能力。规模经济效应使资源禀赋即使在无差异的国家之间也能凭生产规模大的优势形成竞争力，取得贸易利益。

规模经济又分为内部规模经济和外部规模经济两种，它们都是国际贸易产生的重要原因。内部规模经济是指单位产品成本取决于单个厂商的规模而不是其所在行业的规模。由于生产规模扩大和产量的增加，分摊到每个产品上的固定成本(如管理成本、信息成本、科研成本等)会越来越少，产品的平均成本下降。具有内部规模经济的一般都为大企业、大公司，多集中于设计、管理、销售成本较高的制造业和信息产业。外部规模经济指的是单位产品成本取决于行业规模而非单个厂商的规模。由于同行业内企业的增加和相对集中，在信息收集、产品销售等方面的成本会降低。外部的规模经济一般会出现在竞争性很强的同质产品行业中，如美国的硅谷、中国北京的中关村、浙江的小商品市场等，每家商户的规模都不是很大，但集中在一起，形成了外部规模经济。我们用下例说明内部规模经济和外部规模经济。

【例 2-4】　假设第一个在天津数码广场开业的计算机销售公司只有一间铺面，每天出售一台电脑。设在天津开发区的计算机生产基地不得不专程开一辆车将计算机送到数码广场，收取 100 元，也就是每台计算机的运输成本为 100 元。但如果该公司增加了铺面，扩大了规模，每天可以售出 10 台计算机，此时计算机生产基地仍然用一辆车送 10 台计算机到数码广场，那么每台计算机的运输成本就是 10 元，由此产生的平均成本下降就是内部规模经济。另一方面，如果现在有 10 家计算机公司聚集在数码广场，每家公司每天只出售 1 台计算机，这些公司可以共同雇佣一辆车送计算机，每个公司为此只需支付 10 元运费，由此产生的成本的下降就是外部规模经济。

（二）理论的价值

该理论标志着传统国际贸易理论向现代贸易理论的转变，说明了在当代国际贸易中普遍存在的产业内贸易现象，解释了当代国际贸易格局形成的根本原因，修正了传统国际贸易理论关于要素价格效应的观点，揭示了当代贸易利益的又一重要来源，具有一定的进步作用。

小案例

韩国的出口导向战略（1961—1979 年）

韩国曾经是一个很落后的国家。1910 年《日朝合并条约》签订后，朝鲜沦为日本的殖民地。1945 年光复后，由于美、苏两大国的介入，朝鲜处于南北分裂状态。1950—1953 年朝鲜战争后，南朝鲜（即现在的韩国）成为世界上最贫穷的国家之一，1961 年人均国民生产总值不足 100 美元，人均收入、工业生产能力都落后于北朝鲜（即现在的朝鲜）。为了振兴国家经济，韩国采取了“先工后农”和“贸易立国”的发展道路，对外贸易成为韩国外向经济的支柱，在经济增长中发挥了“火车头”的作用。1963 年前后，韩国基本实现从进口替代到出口导向战略的转变；到 20 世纪 80 年代后期，韩国成为世界上 190 多个国家中经济增长最快的国家之一，韩国从一个贫穷的国家转变为富裕的国家。

考察韩国 20 世纪 60 到 80 年代的经济可以看出，经济的快速发展同该国出口导向战略分不开。1961 年朴正熙将军通过“5・16”军事政变上台，提出“经济问题高于政治问题”、“通过出口建设国家”的主张。1967 年在国民经济第二个“五年计划”中，出口第一主义、出口导向战略成为韩国经济发展的总方针。根据该项计划，韩国出口贸易 5 年要翻一番，平均每年递增 16.7%。这一增长幅度远远超过国民生产总值、农林渔和工矿业、公共设施及服务业增长的幅度。该计划制定者希望通过出口贸易的产业关联把国内经济带动起来。根据这一战略，政府和一些公司为商人确定了具体的出口指标，并把这些指标看做是必须完成的指令，除非有正当的理由，否则完不成出口指标任务的公司将受到政府严厉的行政制裁。

20 世纪 60 年代，韩国制定扩大出口战略，政府成为韩国公司的主要决策人。不仅如此,为了降低出口商品的国内成本以增强其国际竞争能力,政府以各种方式奖励出口企业,包括给予出口企业种种优惠政策,如直接补贴(1964 年停止);免征进口税,对加工进口原材料、半成品免征进口税(后来改为进口退税);减征国内税,在规定范围内对出口企业减征企业所得税和法人税;对出口企业提供低息贷款等。这些优惠政策使 60 年代韩国出口企业在国际市场上每创汇 1 美元,便可节省国内成本大约 26 美分。

在贸易管理上,韩国实行"官民"结合的方式。政府在拟定经济政策、方案、措施时,采取"上下结合"的决策程序,邀请经济专家、商人共同参与,相互交换意见。从 1962 年开始,韩国出口工作会议每月召开一次,会议邀请重要的政府官员以及同贸易有关的专家参加,包括总统的经济秘书、经济企划院长官、商工部长、贸易促进机构的负责人以及商人协会主席。会议期间总统亲临会场,了解出口的进展情况及出口企业的表现,并对每个月出口卓著的商人授勋并予以嘉奖,大大鼓励了这些企业对外贸易的拓展。以出口贸易为目的的出口导向战略,使得韩国的出口贸易额以年均 14%的速度高速增长,出口产品结构从初级产品转变为工业制成品,贸易依存度也从 20 世纪 60 年代中期的 20%提高到 1979 年的 69%。作为出口导向型工业化战略的结果,韩国出口结构发生变化,这一变化引起工业结构变化。60 年代初期韩国出口商品以初级产品为主,制成品的出口在全部出口中所占比重极低,然而到 1974 年,初级产品所占比重由过去的 73%下降到 10%,制成品比重由 27%上升为 90%。同时,制成品的主要种类也发生了变化,60 年代出口的制成品主要是胶合板、针织套衫等劳动密集型产品;70 年代主要是纺织品、船舶、钢板等产品;80 年代初期,出口商品变为更加盈利的资本密集型的产品,这以后逐渐变为计算机、半导体、彩色电视机、汽车等技术密集型产品。这一变化过程很大程度上是日本的翻版:出口产品从劳动密集型产品转变为资本密集型产品,又从资本密集型产品转变为资本和技术密集型,然后再转变为高技术密集型产品。

二、产品生命周期理论

对于行业内和工业国家之间的贸易,不完全竞争和规模经济的贸易理论已经做了很好的解释,但怎样解释贸易模式的动态变动和在一些产品中领先地位的变化呢?美国经济学家雷蒙德·弗农(Raymond Vernon)分析了产品技术的变化及其对贸易格局的影响,提出了产品周期学说,用来解释产品生命周期不同阶段贸易流向的变化。此后,又有经济学家威尔斯(Louis T. Wells)、赫希哲(Hirsch)等人对该理论进行了校验,并进一步充实和发展了该理论。

产品生命周期理论是一种动态的经济理论。根据产品生命周期各阶段要素的密集性特点,在产品生命周期的不同阶段,其生产要素比例会发生规律性的变化,比较优势将从某一国家转向另一国家,这就使得赫—俄原理的静态要素比例学变成一种动态的要素比例学。

(一)理论的主要内容

产品生命周期原来是一个销售学的概念,是指一种产品从诞生,经过发展到衰退,以致最后被替代所经历的各个阶段及其规律。一般经济学家将其分为四个阶段:导入阶段、成长阶段、成熟阶段、衰退阶段。

弗农通过对技术差距理论的总结与扩展，把贸易参与国分为三类：一是发明与出口新产品的工业发达国家，其技术、知识与资本充裕；二是较小的工业发达国，其资本与技术充裕；三是发展中国家，其劳动力充裕。他把新产品的生命周期划分为三个阶段：新产品阶段、成熟阶段、标准化阶段。

1. 新产品阶段

少数在技术上领先的创新国家的创新企业根据本国资源条件和市场需求，开发出类型新颖、技术先进的新产品，并投入生产，产品在满足国内市场需求的情况下还出口到与创新国家收入水平相近的国家和地区。除了发明国外，其他国家对这一新技术知道的不多，生产者对于新产品生产技术还在不断摸索及改进。在此时期，该企业在新产品的生产和销售方面享有垄断权，企业几乎没有对手。

2. 成熟阶段

随着技术的成熟，生产过程已经比较标准化，成熟的生产技术也随着产品的出口而转移，一些产品进口国能够迅速模仿并掌握技术，进而开始在本国生产该产品并出口到其他国家。随着生产企业的增加，企业之间的竞争日趋激烈，产品的成本和价格变得日益重要。创新国家的企业不仅要面临着国内原材料供应绝对或相对紧张的局面，还要面对产品出口运输能力和费用的制约、进口国的种种限制及进口国企业仿制品的竞争。在这种情况下，企业若想保持和扩大对外市场的占有率就必须选择对外直接投资，利用当地各种廉价资源，减少关税、运费、保险费的支出，降低劳动成本，提高产品的竞争力。

3. 标准化阶段

技术和产品都已经实现标准化，技术已经不再是什么秘密了，许多技术经济已经包含在生产该产品的机器中。任何国家只要购买了这些机器也就购买了技术，技术本身的重要性已经逐渐消失，新产品的技术完成了其生命周期。由于参与此类产品生产的企业越来越多，竞争更加激烈，产品成本与价格在竞争中的作用也日益突出。在这种情况下，企业通过对各国市场、资源、劳动力价格进行比较，选择生产成本最低的地区建立子公司或分公司来从事产品的生产活动。由于发达国家的劳动力价格较高，生产的地点由发达国家向发展中国家转移，创新国的创新企业要想继续保持优势必须进行其他新产品的发明和创新。

从产品的要素密集性上分析，不同时期产品存在不同的特征：在新产品阶段，需要投入大量的研究与开发费用，这时期的产品表现为技术密集型；在成熟阶段，技术的投入逐步减少，资本和管理要素的投入逐步加大，高级的熟练劳动投入越来越重要，这时期的产品表现为资本密集型；在标准化阶段，产品的技术趋于稳定，技术投入微乎其微，虽然资本要素投入仍然重要，但非熟练劳动投入大幅度增加，产品要素密集性也将随之改变。在产品生命周期的各个阶段，由于要素密集性、产品类型、技术程度及产品价格的不同，各种不同类型的国家在产品处于不同时期具有的比较利益也不同。

（二）理论的局限性

产品生命周期理论不具有普遍性，因为经济中存在着许多不确定因素，各国面临的影响工业发展方向的条件和环境各异，产品生命周期阶段的循环未必就会发生。尤其在国际资本移动不断加快，跨国公司在经济中的地位日益重要的今天，跨国公司完全可以通过将生产进行跨国转移来实现对整个产品生命周期的掌握。

三、产业内贸易理论

20世纪中期出现的第三次科技革命大大推进了经济的发展，使国际贸易格局发生了巨大的变化。发达国家间的贸易比重迅速提高，成为了国际贸易的主要类型，而在发达国家间的贸易中，“产业内贸易”成为了主要的贸易形式。由于传统的生产要素禀赋理论无法解释这种新现象，一些当代经济学家进行了深入的研究。美国经济学家保罗·克鲁格曼系列阐述了产业内贸易理论，引起了国际贸易理论界的广泛重视。

（一）产业内贸易的定义

从产品内容上看，国际贸易可以分为两种基本类型：一种是一国进口和出口属于不同产业部门生产的产品的产业间贸易，也称为部门间贸易；另一种是两国互相进口和出口属于同一部门或类别的制成品的产业内贸易，又称为部门内贸易。

（二）产业内贸易的特点

（1）产业内贸易是产业内同类产品的相互交换。

（2）同一产业内的产品，可以在两国之间相互进出口，即产品流向具有双向性。

（3）产业内贸易的产品具有多样化的特点，它既可以是资本密集型产品，又可以是劳动密集型产品；既可以是高技术产品，又可以是标准技术产品。

（4）产业内贸易的产品必须具备两个条件，即在消费上能够互相代替和在生产中需要相近或相似的生产要素投入。

（三）理论的主要内容

1. 同类产品的异质性是产业内贸易产生的重要基础

从实物形态上，同类产品可以由于商标、包装、规格等差异而被视为异质产品，也可以由于信贷条件、交货时间、广告宣传等差异被视为异质产品。由于这种同类的异质产品可以满足不同消费心理、消费层次的需要，因此不同国家间会发生产业内贸易。

2. 规模效益是产业内贸易产生的主要动因

生产要素比例相近或相似的国家之间能够进行有效的国际分工和获得贸易利益，其主要原因是其企业规模经济的差别。企业通过扩大规模，取得规模经济的效果，使生产成本具有比较优势，让自己生产的产品具有竞争优势。产品的竞争实力增强，就可以扩大产品的出口，产业内部的分工和贸易也就形成了。

3. 经济发展水平的相似性是产业内贸易的重要制约因素

随着经济发展水平的提高，产业部门内异质性产品的生产规模会逐渐加大，形成异质性产品的供应市场。同时，经济水平的提高也会带动人均收入水平的提高，收入水平的提高也会带动消费水平的提高，随着消费水平的提高，对异质性产品的需求就会加大，形成异质性产品的需求市场。当国家间的收入水平趋于相等时，需求结构也会趋于接近，产业内贸易的发展倾向就会越来越强。

（四）产业内贸易与产业间贸易的比较

1. 产业内贸易体现了更高的生产力发展水平

产业内贸易的产生源于产品的差异和规模经济，而这两项因素都与生产力发展水平有关。从贸易现实来看，产业内贸易往往都发生在技术水平高的制造业部门，劳动密集型产品在产业内贸易的比重较低，发展中国家的产业内贸易额低于发达国家。这些都说明，生产力发展水平是产生产业内贸易的基础。

2. 产业内贸易可以使贸易参加国获得更大的收益

由于规模经济的存在，企业可以通过扩大规模生产使企业降低生产成本，消费者就会从更低的产品价格和更多的选择中获益。产业间贸易以比较优势为基础，生产者是靠出口产品相对价格的提升而获益，这样势必会使消费者的福利发生减少，进而降低贸易参加国的整体收益。

3. 产业内贸易对贸易参加国国内的收入分配影响较小

产品的相对价格是贸易参加国国内收入分配的重要影响因素，产业内贸易并不依靠产品相对价格的变化而使贸易参加国获益，因此，对贸易参加国不同利益集团的收入分配影响不大。而产业间贸易是以比较优势为基础的，其恰恰是依靠产品相对价格的变化使贸易参加国获益，因此对贸易参加国不同利益集团的收入分配影响较大。

（五）理论的局限性

虽然产业内贸易理论弥补了传统贸易理论的不足，其假定前提更加符合实际，解释了大量的新贸易现象，但也具有一定的局限性。

（1）虽然在政策建议上该理论赞同动态化，但仍使用静态分析方法。虽然发现了需求差别及需求多样化对国际贸易的静态影响，但没能发现需求偏好及产品差别是随着经济发展、收入水平和价格的变化而变化的。

（2）只能解释现实中的部分贸易现象，对于产业内贸易发生原因的解释角度不够全面。虽然产业内贸易理论强调了规模经济、产品差异和需求偏好对国际贸易的影响，但对于不存在规模收益递增规律的产业的国际贸易问题不能给出合理的解释。

任务实施

一些经济学家从国际贸易的实际情况着手，对传统的国际贸易理论的假设前提进行了不同程度的修改，提出了一些新的理论来充实和丰富国际贸易理论，使得国际贸易理论更加贴近现实。

任务四 分析贸易保护理论

西方国际贸易理论分为两大学派：自由贸易理论和保护贸易理论。在自由贸易理论的代表人物纷纷阐述自己的观点时，保护贸易理论的代表人物也不甘示弱，两派展开了长期的激烈论战。

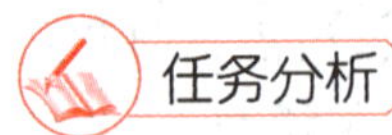

自由贸易理论的开端就是亚当·斯密的绝对成本理论，后经过李嘉图和俄林等人的发展逐步形成了较为完整的理论体系。保护贸易理论最早开始于重商主义理论，经汉密尔顿、李斯特、凯恩斯等人的发展逐步形成了保护贸易理论体系。作为能与自由贸易相对抗的力量，保护贸易理论一直影响着国际贸易的格局、规模、流向、利益等诸多方面。

知识精讲

一、重商主义理论

15 世纪末至 16 世纪初，随着西欧各国生产力的发展，商品经济日益发达，交换的目的已经从以互通有无为主变成了以积累货币财富为主。当时积累财富主要靠获取黄金，但当时西欧本身的黄金开采和储备已经很有限，急需通过国际贸易和对外掠夺来满足获取黄金的渴望。在他们看来，国际积累财富的途径除了对外掠夺之外就是贸易顺差，而贸易顺差则是最可靠和有效的积累财富的途径，重商主义理论就此提出。

（一）理论的主要内容

重商主义理论主要经历了两个阶段，早期为重金主义，晚期为贸易差额论。其中早期重商主义流行于 15～16 世纪，晚期重商主义流行于 16 世纪下半叶至 17 世纪中叶。

早期重商主义的代表人物是英国人威廉·斯塔福，他认为积累财富的主要途径就是对外贸易顺差，因此在对外贸易活动中必须使每笔交易和对每个国家都保持顺差，以使金银流入本国；而在顺差中流入本国的金银必须窖藏起来，以通过金银积累实现国家力量的增强，为了增强国力，应阻止本国金银币外流，禁止金银输出。因此，早期重商主义也称为重货币主义、重金主义和货币差额论。由于各国都主张金银留在国内，这必然阻碍了贸易的发展。

晚期重商主义的代表人物是英国的托马斯·孟（Thomas Mun），其著作《英国得自对外贸易的财富》被称为重商主义的“福音书”。他认为尽管对外贸易顺差是利润和财富的源泉，但本国国内金银积累过多也不是绝对的好事。因为金银积累增加，国内商品价格上涨，会使国内消费减少和出口量萎缩，直接影响贸易顺差，甚至出现贸易逆差和金银外流现象。因此，最好的办法就是将金银投入流通，通过不断流通，持续为本国带来利益。与此相对应的是，一国保持贸易顺差的办法应是保持本国对外贸易总额的顺差，而不必使对每个国家的每笔交易中都保持顺差。晚期重商主义的主要观点认为：在货币与商品的关系上，货币与商品具有统一性；主张把货币作为资本投入流通以获得更多的货币；一国的财富和国力应由贸易差额来衡量。由于晚期重商主义主张控制或调节商品的运动并发展工场手工业以追求贸易顺差，因此也称为贸易差额理论。

重商主义在上述理论观点的基础上提出了一系列的政策主张，但基本点是国家干预对外贸易，实行贸易保护主义。

早期重商主义的主要政策为：禁止货币出口，由国家垄断所有的货币交易；要求外国人来本国进行贸易时，必须将其销售货物的全部货款用于购买本国的货物。晚期重商主义为了鼓励出口，主要的政策是：以补贴和出口退税等措施鼓励出口；禁止重要原料的出口，但允许自由输入原料加工后再出口；减低或免除出口税；与国外签订贸易条约；设立特权贸易公司，实行独占性的殖民地贸易政策。英国在此基础上还采取以下政策：颁布《谷物法》，限制谷物进口；颁布《职工法》，禁止技术工人离境，鼓励外国技工移入；颁布《航海法》，规定一切输往英国的货物必须用英国的船只或原出口国的船只运输，一切输出到亚洲、非洲、北美洲的货物必须使用英国或殖民地的船只，由此来限制英国对外贸易中外国运输业与英国运输业的竞争；鼓励人口繁殖；为了限制进口，直接禁止若干种外国商品，尤其是奢侈品的输入；征收保护关税。

（二）理论的局限性

虽然重商主义的理论和政策在历史上起到过一定的进步作用，促进了资本的原始积累，对资本主义生产方式的建立和发展起到了很重要的作用。但是，重商主义的局限性是显而易见的，主要表现在：理论不成体系，对真实财富与货币等同的理解错误，忽略生产领域等。

资料卡

古今重商主义的比较——正视外汇追求的代价

17、18世纪欧洲国家的重商主义的目的是富国强兵，但君主们眼中所盯住的主要目标是黄金——通过出口，赚得国外黄金，有了黄金，就可以招募和雇佣士兵来进行战争，从而赚取更多的黄金。不过，一味猎取黄金，即使是在重金属货币时期，也具有极大的风险，因为黄金多了的时候，金价也会贬值。当西班牙把拉美的黄金大量输入欧洲时，黄金便大幅贬值。如果一个经济体在从事出口贸易的同时，相应地进口必需的商品和服务，那么出口对于任何经济体都是有益的。但如果出口仅仅是为了积蓄黄金和美元，那么这种追求就变得极其危险。

当今中国的重商主义，在一定程度上也成了以美元为目标的重商主义。在20世纪80年代，创汇是为了进口，但到了20世纪90年代后期，创汇更多地是为了抵御风险。西方金融"大鳄"制造的金融危机给发展中国家带来了极其不利的影响，为了防范和抵御西方金融带来的冲击，发展中国家要额外地积蓄外汇，这在一定程度上造成了本国资源的输出和浪费，并且在一定程度上为西方大国的"进贡经济"作了贡献。

如此来看，古今重商主义存在的风险是一致的，那就是目标货币——黄金或美元的贬值。美元在今天是明显被高估的。一旦贬值，发展中国家所储存的美元财富部分将化为乌有。特别是当今世界已经放弃了金本位制和重金属货币的使用，在这样一个汇率浮动的货币体系下实施重商主义，危险较大。所以传统重商主义的目标必须改变，那就是从紧盯黄金和美元变为实物进口，尽可能掌握实物财富。重视进口的实质是有效利用外部资源，加快国内的经济建设。

二、幼稚工业保护理论

19世纪初，美国和德国与"世界工厂"之称的英国相比，工业发展比较幼稚，因此国内市场经常受到英国廉价工业品的冲击。为此，美国第一任财政部长亚历山大·汉密尔顿（Alexander Hamilton)于1971年在《关于制造业的报告》中提出了以保护幼稚产业为核心的保护贸易理论，即幼稚工业保护论，后又由美籍德国经济学家弗里德里希·李斯特(Friedrich Liszt)进行了完善和发展。

(一)理论的主要内容

下面主要介绍汉密尔顿和李斯特的理论的主要内容。

1. 汉密尔顿的保护幼稚工业贸易学说

汉密尔顿是美国独立运动时期的政治家和经济学家，当时美国在经济上严重依赖英国，在此情况下汉密尔顿从美国工业资产阶级的利益出发，提出了主张贸易保护的观点。通过推行保护贸易排除外部竞争的不利影响，为国内工业发展创造良好的环境。但它并不主张对一切进口商品都征收高关税或禁止出口，只提出对本国能生产但竞争力薄弱的同类进口商品实施严厉的限制进口政策。其主张的主要内容为：首先，提出幼稚产业的概念，明确指出由于外来的竞争力可能会在最初试验阶段和资金方面承受较大的压力，尚未发展起来的工业是幼稚产业，应该保护；其次，进一步分析了为什么需要保护幼稚工业；再次，提出了向私营工业发放政府贷款，实行保护关税制度，保护国内新兴工业，限制重要原料出口，免税进口本国急需的原料，给各类工业发放奖励金，并为必需品工业发放津贴等多种措施。

2. 李斯特的幼稚工业保护论

李斯特是德国著名的经济学家和社会活动家，其代表作为《政治经济学的国民体系》，他在汉密尔顿理论的基础上建立了以生产力理论为基础、保护关税制度为核心的保护幼稚工业理论。其主要理论的内容包含以下几方面。

(1) 反对不加区别的自由竞争，主张一定条件下的保护制度。他认为，古典学派比较成本贸易理论形成的国际分工没有考虑各国性质和各自特有利益，阻碍了各国参加自由竞争和综合国力的提高。因此，他提出只有当两者在工业发展上处于基本相等的地位时，才能实现各国在竞争下的共同获利，保护制度是让落后国家同先进国家地位平等的唯一方法。

(2) 反对比较成本贸易理论，主张发展生产力。他认为比较成本说不利于德国生产力的发展，财富的生产力比财富本身要重要得多。各国应首先着眼于生产力的发展来制定外贸政策，不要局限于眼前的利益。采取保护政策尽管会有所损失，但可以建立独立的工业体系。

(3) 反对自由放任，主张国家对经济的干预。他认为发展生产力就必须要借助国家力量，为了国家和民族的长期利益，国家应干预经济生活。一国应根据经济发展的不同阶段确定自己的对外贸易政策，并根据国民经济的发展程度将各国经济发展分为渔猎、畜牧、农业、农工和农工商五个时代，不同时代应采取和设定相应的贸易政策和目标。

(4) 提出保护贸易的具体原则和措施。李斯特认为保护贸易是为了促进和保护国内民族工业的发展，在实施保护时应视不同情况给予不同程度的措施。这些产业必须是无法对抗他国竞争的新兴工业，而且保护时间不能超过30年。其主要措施有采取禁止输入与征收高关税的办法来保护幼稚工业，以免税或征收轻微进口关税的方式鼓励复杂机器进口。

(二)理论的评价

李斯特幼稚工业保护理论有许多正确或积极的观点：国家综合生产力水平直接关系到国家的兴衰存亡，一切经济活动应以提高生产力为目的；建立本国高度发达的工业是提高生产力水平的关键，要对本国工业采取适当的保护措施；经济发展的不同阶段应选择不同的对外贸易政策，同一发展阶段中对不同的工业部门要因其与国民经济关系的紧密程度有区别地进行保护；保护制度的实施是有条件和渐进的，随着生产力的发展它将被自由贸易制度所取代；灵活运用关税税种，适时调整关税税率。

但该理论也存在不少不科学的观点：用生产力理论同劳动价值论相对抗，以资产阶级利益替代国家利益，无限夸大了国家干预经济的积极作用；用社会经济发展阶段说明人类社会的变迁，撇开了生产关系的根本因素；片面扩大了保护制度的积极作用和自由贸易制度的消极作用；带有明显的主观随意性。

三、对外贸易乘数理论

约翰·凯恩斯(John Keynes)是英国著名的经济学家，他处在资本主义进入垄断阶段的时代，科学技术的进步促进了国际分工和世界市场的迅速发展。在新的历史条件下，传统的经济贸易理论已经不能对新情况和新问题作出合理和科学的解释。在经济大危机后，凯恩斯出版了他的代表作《就业、利息和货币通论》，并在书中批判了传统经济贸易理论，以有效需求不足为基础，以边际消费倾向、边际资本效率和灵活偏好为核心，以国家对经济生活的干预为政策目标，将对外贸易和国内就业相结合，创立了对外贸易乘数理论，在国际贸易理论界又被称为超保护贸易理论。

（一）理论的基本内容

1. 投资乘数原理

凯恩斯认为，一国投资量的增加或减少与国民收入之间存在着客观的依存关系，即投资乘数或倍数。增加投资不仅可以增加本部门的生产和投入、降低失业率，还能带动许多其他部门增加投资和就业，提高人们的收入，引起消费与投资的扩大，如此反复，可以使国民收入总量提高到原来增加投资量的若干倍。他认为，国家要解决有效需求不足的问题，可以采取对经济生活进行行政干预、鼓励消费、利用货币与财政政策、增加公共投资等手段来扩大社会总的有效需求。

2. 对外贸易乘数原理

弗里茨·马克卢普(Fritz Machlup)和罗伊·哈罗德(Roy Harrod)等人在对外贸易中引入了凯恩斯的理论，创立了对外贸易乘数原理。该理论认为，一国的进出口波动会对国民收入的变动产生巨大的影响，国民收入的变动量将几倍于进出口的变动量。一国的出口与国内投资都有增加国民收入的作用，进口则有减少国民收入的作用。

3. 对外贸易顺差

根据上述原理，凯恩斯认为传统贸易理论忽略了国际贸易自动平衡过程对一个国家的经济，尤其是对一国收入和就业水平可能引起的有利或不利的影响。贸易逆差会造成金银的外流，收入和消费的减少，国内经济活动的萎缩，经济危机的加重和国内就业率的降低。相反，贸易顺差会增加黄金的流入，扩大支付手段，通过物价的上升和利率的降低刺激投资的增长和就业的扩大。贸易顺差可以增加一国的有效需求，提高国民收入水平，增加人民的收入，扩大消费，增加其他产业部门的生产，增加就业，增加投资，提高国内有效需求。如此发展，收入增加将为出口增加的若干倍或乘数倍。因此，对外贸易必须实现顺差，政府应该干预对外贸易，实行“奖出限入”的超保护贸易政策。

（二）理论的评价

对外贸易乘数理论纠正了以往经济学中关于供给自身创造需求的错误假设，引入了总量分析方法，指出了自由放任的缺陷，强调了国家干预的必要性，关注一国经济内外之间的平衡关系，说明了一国对外贸易量与该国宏观经济各变量之间的相互依存的关系，在一定程度上阐述了对外贸易与一国经济发展之间的内在规律性。

但该理论也存在明显的局限性，由于其是建立在具有明显辩护目的的凯恩斯宏观经济理论的基础上，把经济危机看成是有效需求不足的产物，因而无法科学地揭示出经济危机产生的原因，虽然可以在一定程度上减轻经济危机的压力，但不能从根本上解决经济危机和失业问题。

四、战略性贸易政策理论

第二次世界大战以来，随着产业内贸易、公司内贸易的发展，跨国投资成为普遍现象。里昂惕夫之谜引起了人们对传统贸易理论的反思，产生了一些新的贸易理论。战略贸易理论是保罗・克鲁格曼等经济学家提出来的。1984 年，克鲁格曼在《美国经济学评论》上发表了论文《工业国家间贸易新理论》，认为传统的国际贸易理论都是建立在完全竞争市场结构的分析框架基础上的，因而不能解释全部的国际贸易现象，尤其难以解释工业制成品贸易，从而提出应对国际贸易理论的分析框架进行更新的主张。1985 年，克鲁格曼又在其与赫尔普曼合著的《市场结构与对外贸易》中，运用垄断竞争理论对产业内贸易问题进行了系统的分析和阐释，并建立了以规模经济和产品差别化为基础的不完全竞争贸易理论模型，即战略贸易政策理论。

（一）理论的基础

战略性贸易政策理论主要是基于不完全竞争的市场理论和规模经济理论。与传统理论相比，不完全竞争市场理论和规模经济理论有一些创新观点，主要体现为以下几点。

（1）工业产品的世界市场不是完全竞争的，产品的差异性使得各国企业在某些工业产品上具有垄断或垄断性竞争的力量成为可能。

（2）许多工业产品的生产具有规模经济，生产越多，单位成本越低。

总之，战略性贸易政策理论的基础，既具有自由贸易政策理论的色彩，又具有保护贸易政策理论的色彩。该理论认为，发生贸易的双方不仅能从资源和技术差异互补中获得利益，还能通过专业化生产不同产品，获得规模经济，让本国消费者有以较低价格享受选择同类不同品种商品的机会。此外，通过创造更大、竞争力更强的市场，在不完全竞争市场中引入竞争。该理论还认为，在规模收益递增和不完全竞争条件下，市场本身处于一种次优的境界，这种境界并不能保证一定能实现潜在的收益，适当的政府干预可以改进市场的运行结果，因而提出适当运用关税、补贴等战略性的贸易措施，将有利于一国的贸易利益。

（二）理论的主要观点

由于国际市场上的不完全竞争性质和规模经济的存在，市场份额对各国各企业越来越重要。市场竞争成为一场少数企业间的博弈，谁能占领市场谁就能获得超额的利润。战略性贸易政策理论主张通过政府补贴等手段来帮助本国企业在国际竞争中获胜，而企业获胜之后所得的利润会远超过政府所支付的补贴。为了说明此道理，经济学家常用美国波音公司与欧洲空中客车公司（简称空客公司）的竞争作为例子。

【例 2-5】 假定波音公司和空客公司的生产技术和能力相近，都能生产可坐 500 人的大型客机，而生产这种客机又具有规模经济，生产越多成本越低。在市场需求有限的情况下，如果两家公司都生产，两家都会亏损。如果两家公司都不生产，虽然都不亏损，但也都没有利润。只有在一家生产而另一家不生产的情况下，生产的公司才会有足够的生产量而获得利润。表 2-8 列出了两家公司在各种情况下假设的收益值和亏损值。每对数字中，左边数字表示波音公司的利润或亏损，右边数字表示空客公司的利润或亏损。由表 2-8 可知，纳什均衡①的结果是谁先进入该市场谁就会生产，另一家公司就不再进入。因此，有两种博弈均衡，即如果波音先进入，对空客来说，只有亏损生产和不生产不亏损两种选择，理性的选择当然是不生产不亏损；如果是空客先进入市场，那么对波音来说也是同样的两个选择，最终结果也是放弃生产。

表 2-8　波音公司和空客公司在相同情况下的利润/亏损

决　策		空客公司	
		生产	不生产
波音公司	生产	－5 万，－5 万	100 万，0 万
	不生产	0 万，100 万	0 万，0 万

现在假设欧洲政府采取战略性贸易政策，只要空客公司生产，便补贴它 10 万美元。这种补贴使这两家的利润和亏损情况发生了变化。如果只是空客生产，总利润就达到 110 万。即使两家都生产，空客在减去亏损后仍会有 5 万美金的盈利。而波音公司由于没有补贴，其利润与亏损没有变化。具体如表 2-9 所示。

表 2-9　欧洲政府进行贴补后的利润/亏损

决　策		空客公司	
		生产	不生产
波音公司	生产	－5 万，5 万	100 万，0 万
	不生产	0 万，110 万	0 万，0 万

在新情况下，空客只要生产就有利润，而不管波音是否生产。对空客来说，不生产的选择已经被排除。而波音公司也只剩下两种可能，即自己不生产，让空客生产，此时没有利润也不亏损；坚持生产，而空客也不退出，结果自己要承担 5 万美元的亏损，而空客仍有 5 万美元盈利。在这种情况下，波音公司已无获利的可能，其理性选择自然是退出竞争。因此博弈结果是，空客独占市场，获得 110 万元的利润。无论对空客公司还是对欧洲政府来说，这种结果自然很有吸引力，政府只投入 10 万元就能换来 110 万元的收益，净利润为 100 万。

从此例可以看出，政府的保护政策可以使本国企业在国际竞争中获得占领市场的优势并让国家受益。战略性贸易政策理论常用此来说明保护政策在国际竞争中的重要性。

---

①　纳什均衡又称为非合作博弈均衡，是博弈论的一个重要术语，属于完全信息静态博弈。在一个博弈过程中，无论对方如何选择策略，当事人一方都会选择某个确定的策略，则该策略被称为支配性策略。如果博弈当事人的策略组合分别构成各自的支配性策略，那么这个组合就被定义为纳什均衡。在纳什均衡中，每个博弈者的均衡策略都是为了达到自己期望收益的最大值，与此同时，其他所有博弈者也遵循这样的策略。

【小思考】

在上例中，如果美国政府对波音公司也进行补贴，那么两家公司在政府补贴下能否获利？整个经济净收益是多少？如果波音公司与空客公司在生产技术或经营管理上略有区别，比如空客比波音的生产成本高，那么如果两家都生产，情况会是怎样？

（三）理论的局限性

(1) 该理论未就政府的贸易干预和补贴给出通用的解决办法，其成立依赖于一系列的严格限制条件。此政策的实施除了需要产业必须具备不完全竞争和规模经济的必要条件外，还需要以下条件：政府拥有齐全可靠的信息，对实行干预或补贴可能带来的预期收益心中有数；接受补贴的企业必须与政府行动保持一致，能在一个相对较长的时期内保持自身的垄断地位；市场需求旺盛，被保护的目标市场不会诱使新厂商加入，以保证企业的规模经济效益不断提高；别国政府不会采取针对性的报复措施。一旦这些条件得不到满足，战略性贸易政策的实施就不会取得理想的效果。

(2) 背弃了自由贸易传统，采取富于想象力和进攻性的保护措施，掠夺他人市场份额与经济利益。这也是贸易保护主义者用来曲解和滥用的口实，会恶化全球贸易环境。

(3) 在研究方法上，缺乏不完全竞争条件下政策干预效应的统计分析，需要进行更多的定量分析和实证研究。

资料卡

战略性贸易政策理论的应用

世界上成功运用战略性贸易政策理论的典型是欧盟、日本和美国。欧盟的前身欧共体实行共同农业政策，推行农业一体化，建立了内部统一的农产品价格体系和统一的农产品市场，并为排挤外来农产品的市场设立统一的对外农产品关税壁垒，为了对内部农产品实行价格支持和出口补贴而建立了共同农业基金。这一政策使欧共体农产品竞争力大为提高，从农产品进口大户摇身一变成为世界农产品市场的主要供应者。

同样情形也发生在日本，日本的产业政策一向为人们称道。20世纪70年代初，日本电子行业还名不见经传，大藏省对企业提供低息融资，通产省对本国市场的保护和对外国企业投资及进口技术进行严格审查，政府控制中小企业过多进入而只限于几家大公司重组形成卡特尔组织以联合出资进行科研开发，政府与企业间协商出口目标，政府的干预一方面保护国内市场，为本国工业的建立提供市场需求的支持，另一方面较好地将外部经济效果滞留于国内，使其完全服务于国内经济体系。

如果说欧盟和日本的成功基于特定的历史环境（冷战期间美国出于政治目的默许了这种行为），那么美国的国家促进出口战略则是对战略性贸易政策理论具有时代特色的修正和完善，值得我们了解和借鉴。

美国对外经贸政策实质上是政府运用国家政权力量帮助企业获得竞争优势，具体包括以下方面。

(1) 通过其在世界贸易组织的影响,制定和修改各种贸易规则及框架协议,促使别国开放市场,以使美国从中占据更多的市场份额。《服务贸易总协定》、《与贸易有关的投资措施协定》、《与贸易有关的知识产权协定》无一不是美国积极促成发达国家占尽优势领域的协议。

(2) 强化单边政府行为,通过国内法规来监督、调研和评价贸易伙伴国不公平贸易行为。如在对外经贸关系上,动辄援引 301 条款(即美国《1974 年贸易法》第 301 条的俗称)对别国进行报复和制裁。

(3) 经济安全放于首位。美国取消第二次世界大战后相当长时间运作的"巴黎统筹委员会"中对社会主义国家和有反美倾向国家的出口管制。

(4) 开展经济外交,成立数个出口援助中心,采取多种措施(如派高级贸易代表团出访,通过大使、内阁成员、甚至政府政治干预)为美国企业拓展国内市场。在日美贸易大战中,美国曾数度迫使日本提高日元对美元的比价并敦促日本开发国内市场。而在其本国内,则通过政策扶持和全方位的外贸新机制保障管理贸易战略的实施。

任务实施

和自由贸易相比,保护贸易理论似乎更强调其实用性,表现在保护贸易理论都有一套针对性很强的政策体系,尽管都是针对相关国家一定发展时期的特定产业或部门而言的,但也具有普遍意义。

知识巩固

1. 比较亚当·斯密和大卫·李嘉图的贸易理论的异同,解释为什么说斯密的绝对优势论是比较优势论的特殊形式。
2. 赫克歇尔—俄林要素禀赋理论的主要内容是什么?
3. 人们对里昂惕夫之谜都有哪些解释?
4. 什么是规模经济?它如何成为现代贸易理论的基础?
5. 产业内贸易与产业间贸易的本质区别是什么?
6. 重商主义的贸易观点主要是什么?该理论对国际财富概念的阐释与现在的不同之处?
7. 早期重商主义和晚期重商主义的不同之处有哪些?
8. 幼稚工业保护理论的主要论点是什么?
9. 战略性贸易政策理论的主要内容是什么?

案例讨论

1. 中国是全世界人均耕地面积最少的国家之一,根据大卫·李嘉图的比较优势理论,中国的农产品出口应该是处于劣势,农产品对外贸易方面应该主要以进口为主。但是,事实却是中国的农产品出口每年都以两位数的速度增长。以中国加入世界贸易组织前后几年为例,1999年的农产品进出口总额为216.3亿美元,其中出口总额为115.9亿美元;而2003年中国农产品进出口总额403.6亿美元,其中出口总额为214.3亿美元。试问中国农产品出口的比较优势在哪里?

2. 在下述例子中,决定贸易模式的主要是比较优势还是规模经济?

(1) 加拿大是主要的新闻纸出口国。

(2) 英特尔生产了世界上半数以上的CPU。

(3) 美国和日本相互出口复印机。

(4) 中国是主要的电视机出口国。

(5) 东南亚大量出口运动服装。

3. 在下述例子中,主要显示的是外部规模经济还是内部规模经济?

(1) 美国的大型家庭农场。

(2) 天津的食品街。

(3) 苹果公司。

(4) 荷兰的郁金花市场。

(5) 上海是中国的金融中心。

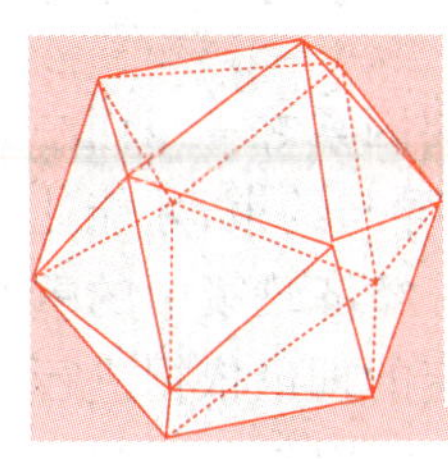

学习情境三
制定国际贸易政策

知识目标

- 了解国际贸易政策的类型、不同历史背景下的应用及其演变历程；
- 掌握各种关税措施的含义及使用；
- 掌握各种非关税措施的含义及使用；
- 掌握鼓励出口的各种措施的含义及内容；
- 理解出口管制的原因、商品和形式；
- 理解经济特区的类型，掌握出口加工区和自由贸易区的区别。

能力目标

- 结合国际市场环境及国内经济发展情况，能提出适当的贸易壁垒措施或出口鼓励及管制措施，从而发挥各种贸易措施的职能和作用。

任务一 了解国际贸易的政策与演变

任务情境

1978 年，我国的进出口总额为 206.4 亿美元。改革开放以来，特别是自 2001 年加入世界贸易组织(WTO)之后的十年间，我国出口和进口分别以年均 18.3%和 17.6%的速度增长，远高于同期世界年均 8.9%和 9.0%的增长速度，我国的国民经济也以年均 9.6%的速度增长。2018 年，我国外贸进出口总值达 30.51 万亿美元，同比增长 9.7%，我国已经跃居成为全球 GDP 第二大国，第一大出口国，第二大进口国。中国作为一个全球货物贸易大国兴起于世界舞台。因此，对外贸易对我国国民经济的贡献是显而易见的。但中国也面临着人民币升值、贸易摩擦加剧、国际收支顺差过大、国际能源价格大幅波动等重大外部冲击以及发达国家经济缓慢复苏等外部环境影响。因此，我国的对外贸易政策应该如何调整，以应对新的国际形势，促进中国国民经济的发展？

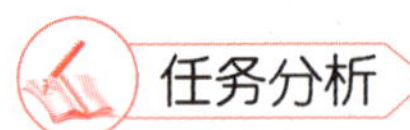

中国对外贸易的发展是改革开放后中国经济发展取得巨大成就的重要因素之一。而中国对外贸易的发展离不开对外贸易政策的制定与调整，只有正确的政策引导与约束，才能让对外贸易更好地发展。因此，对外贸易政策的制定和调整是各国政府所有经济政策中的重要组成部分，政府必须根据本国的经济发展、国际经济环境的变化以及一定的理论依据进行对外贸易政策的制定与调整，以促进对外贸易的发展。因此，我们首先要了解对外贸易政策的类型，其次要借鉴历史，了解对外贸易政策的演变过程及理论依据。最后，根据经济发展及国际经济环境现状制定适宜的对外贸易政策。

知识精讲

一、对外贸易政策的构成与作用

对外贸易政策是指各国根据本国的发展状况、发展目标和国际经济环境而制定的一定时期内出口和进口贸易所实行的政策。对外贸易政策是各国总经济政策的组成部分，是为各国经济发展和对外政策服务的。国际贸易政策是各国对外贸易政策的总和。

（一）对外贸易政策的构成

一国的对外贸易政策一般由以下三个部分构成。

1. 对外贸易总政策

对外贸易总政策是从一国国民经济出发，在一个较长的时期内实行的对外贸易总的原则、方针和策略。如我国在改革开放前，实行的是国家管制下内向型的保护贸易政策；改革开放后至加入 WTO 前，实行的是开放型的、适度的保护贸易政策；加入 WTO 后，实行的是遵守国际贸易规则的自由贸易政策。

2. 进出口商品政策

进出口商品政策是按照对外贸易总政策及国内的产业结构、不同商品在国内外的供需状况、国内市场状况等而制定的不同的政策，如我国对重点扶持的产业，限制同类产品的进口，鼓励本国产品出口。如 1986 年，我国对进口汽车排气量为 3.0 升以上的征收 220%的关税，以限制国外汽车的进口。

3. 对外贸易国别政策

对外贸易国别政策是一国根据对外贸易总政策、对外政策、与他国的经济关系等，针对不同的国家，采取的不同对外贸易政策。如美国对某些国家实施的经济封锁、经济制裁以及其他的歧视性政策。

在现实生活中，以上三部分内容并不是截然分开和完全独立的，而是互相交融、相辅相成的。

（二）对外贸易政策的作用

1. 保护本国市场

对外贸易与国内经济发展是相互影响、相互促进的。对外贸易的发展离不开国内经济的支持，而国内经济与市场的稳定与协调发展也离不开对外贸易的开展与管理。如一国对本国缺乏竞争力的某些商品采取限制进口的政策，减少了国内同类产品竞争，便在一定程度上保护了本国同类产业发展。

2. 扩大本国产品的出口市场

对外贸易政策能够扩大本国产品的出口市场。例如，一国对本国的某些产品采取鼓励出口的外贸政策，如提供出口补贴、出口信贷、出口退税等措施，便能降低产品成本，提高其国际竞争力，使其扩大或占领国际市场，获取更多外汇。

3. 促进本国产业结构的改善

对外贸易政策能够促进本国产业结构的改善。例如，一国对本国高新技术产品采取鼓励出口以及鼓励高新技术设备进口等政策，在一定程度上促进了高新技术产业的发展，从而有利于改善本国产业结构。如我国 2010 年取消原来对高耗能、高污染、资本型的部分钢材及化工产品 9%～13%的出口退税，不鼓励其生产和出口，目的就是从根本上调整产业结构，转变中国经济发展模式，加快技术更新，提高竞争力。

4. 扩大资本积累

对外贸易政策能够扩大资本积累。例如，通过实行鼓励出口等进出口商品政策，可以扩大商品出口，获取外汇，从而增加一国的外汇储备，增强国家经济实力。如解放之初，由于各方原因，我国对外贸易发展的制约因素较多，1950 年我国的外汇储备仅有 1.57 亿美元，而到 2019 年 9 月，我国外汇储备已达 30 924.31 亿美元，雄踞世界第一位，这得益于我国对外贸易政策引领下的对外贸易的开展。

5. 维护本国对外政治经济关系

在当前以和平与发展为主题的国际形势下，各国奉行的外交策略或是以政策外交为经济交往打开道路，或是以经济交往为政治外交服务，因此对外贸易政策与外交政策的关系非常密切。所以对外贸易政策的制定必须考虑到本国外交的需要以及与其他国家的利益，以利于本国对外的政治经济关系。

二、对外贸易政策类型的演变

对外贸易政策具有多种类型，会根据不同的时期和环境演变为不同的形式。

（一）对外贸易政策的类型

1. 自由贸易政策

自由贸易政策的主要内容是：国家取消对进出口贸易的限制和障碍，取消对本国进出口商品的各种特权和优待，使商品自由进出口，在国内外市场上自由竞争。这种政策主要适用于在国际分工中地位较高的国家，或其商品科技含量很高，具有很强的竞争力。

2. 保护贸易政策

保护贸易政策的主要内容是:国家广泛采用各种限制进口的措施保护本国市场,避免其与外国商品竞争,并对本国出口商品给予优惠和补贴以鼓励商品出口。这种政策主要适用于在国际分工中地位较低的国家,或其产品技术含量低,产品竞争力不强,无法与其他国家同类产品相抗衡。

(二)对外贸易政策的演变

一国的对外贸易政策是根据国内经济状况和国际经济环境而制定的。不同的国家、不同的历史时期、不同的国际经济环境,所采取的对外贸易政策也就不同。纵观对外贸易的产生与发展,自由贸易政策和保护贸易政策总是交替实施,但在不同的历史阶段和经济阶段,即使是相同类型的外贸政策,其具体手段、措施也有所不同。

1. 资本主义生产方式准备时期

15 世纪末至 18 世纪是资本主义萌芽时期,其发展最需要的是获得资本。为了促进原始资本积累,西欧各国普遍实行重商主义保护贸易政策,通过限制货币出口和扩大贸易顺差的办法来积累财富。这一时期以英国保护贸易政策最具代表性。

2. 资本主义自由竞争期

18 世纪中叶到 19 世纪中叶,资本主义生产方式占据了统治地位。随着以英国为代表的一些欧洲国家完成产业革命,商品供应量增加,世界经济进入商业资本国际化的阶段,但由于各国工业发展水平不同,出现了两种贸易政策,其中,以英国为代表的经济较发达国家推行自由贸易政策,但一些经济起步较晚的国家为赶超先进工业国,鼓励本国工业的生存与发展,实行严厉的保护贸易政策。

3. 资本主义垄断时期的前期

19 世纪 70 年代末到第二次世界大战期间,垄断代替了自由竞争,资本主义国家实现了资本的高度集聚,由此国内市场变得相对狭义。为了争夺世界市场,各国陆续完成产业革命,世界市场竞争空前激烈,不断爆发的经济危机又使市场矛盾进一步尖锐化,尤其是 1929 年到 1933 年的资本主义世界爆发的经济危机,将所有的经济强国都卷入到保护贸易的浪潮之中,各国纷纷实行战略性保护贸易政策,即超保护贸易政策,通过提高关税、限制外汇、限制数量等方法加强对外侵略,瓜分世界市场,转嫁危机。

4. 贸易自由化时期

第二次世界大战后到 20 世纪 70 年代中期是贸易自由化时期。第二次世界大战后,世界政治经济力量重新分化组合,美国的实力空前增强,资本主义国家特别是德国和日本等国政治环境好转,经济迅速复苏,以美国为代表的发达资本主义国家,迫切需要一个自由贸易环境以推动商品和资本的流动。于是,各国积极推行自由贸易政策。

5. 新贸易保护主义时期

20 世纪 70 年代中期至 80 年代初,国际市场竞争越来越激烈,两次石油危机使世界经济增速放缓,失业率不断增高;随着日本、德国的经济恢复并日益强大,美国的自由贸易政策遇到挑战;随着美元的贬值,第二次世界大战后建立的布雷顿森林体系(以美元为中心的国际货币体系协定)崩溃。在此情况下,以美国为首的发达国家对经济政策进行了调整,对内实行自由化和私有化的改革，对外则加强保护。贸易政策的连锁反应使得其他各国也采取了或明或暗的报复性措施，从而使新贸易保护主义得以蔓延与扩张。

6. 管理贸易时期

20 世纪 80 年代中期至今是管理贸易时期。在很长一段时间，自由贸易和保护贸易政策是对立的。在 20 世纪 80 年代中期以后，各国政治经济关系发生深刻变化，各国经济相互依赖性增强，发达国家竞争优势发展不平衡，在这种背景下，为了既保护本国市场，又不破坏国际贸易秩序，保证世界经济的正常发展，各国政府纷纷加强了对外贸易的管理和协调，从而逐步形成了管理贸易政策，即协调贸易政策。管理贸易是介于自由贸易和保护贸易之间的一种对外贸易政策，是一种协调和管理兼顾的国际贸易体制，是各国对外贸易政策发展的方向。它属于一种有组织的自由贸易政策，以协调为中心，对内制定各种对外贸易法规和条例，加强对本国进出口的管理，对外通过协商、签订贸易协定、加入世界性贸易组织等协调与他国之间的贸易关系。

任务实施

纵观贸易发展的历史，各国在不同的历史阶段、不同的经济发展状况以及不同的国际经济形势下，实行了不同的对外贸易政策。中国的对外贸易政策主要分为三个阶段，即改革前实行了国家管制的内向型保护贸易政策；改革后至加入 WTO 前采取了开放型的适度保护贸易政策；加入 WTO 后，则为自由贸易政策。在对外开放方面，我国采取了多层次、滚动式、逐步向广度和深度发展的方针，这都是由我国的国情决定的。

任务二　采取关税措施

任务情境

从 2018 年开始，中美两国之间不断产生贸易纠纷，演变成贸易摩擦。2019 年 8 月，特朗普宣布将从 9 月 1 日对中国 3000 亿美元输美商品加征 10%关税。中国外交部长王毅表示，单方面加征关税肯定不是处理经贸摩擦的正确办法，而且违反 WTO 规则。在回答记者关于是否已向美国提出抗议提问时，王毅说："我还没有见到他们。"

特朗普宣布对中国输美商品加征 10%关税后，引发市场大幅震动，三大股指纷纷下跌。保德信金融集团首席市场策略师昆西·克罗斯比表示，无论紧张局势升级与否，贸易一直是笼罩在市场之上的一个问题。美国肯定会看到中国的反制措施。问题是在美联储货币政策会议结束、财报季接近尾声时，市场将对波动更为敏感。鉴于疲软的经济数据，投资者相信美联储将在 9 月份的货币政策会议上再次降息，美股 1 日上午涨幅明显。但当特朗普宣布对更多中国输美商品加征关税后，市场迅速作出反应。当日公布的经济数据显示美国制造业活动有所放缓。

在对外贸易中，经常会出现贸易纠纷与摩擦，对于我国来说，我们该如何应对，保护本国的合法利益呢？

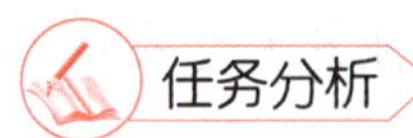

任务分析

从任务情境可知，我国商务部在美国做出决定后，立即给予了反应。由于反应迅速，措施得力，让美国始料不及。我国之所以在此次贸易摩擦中占据主动，原因之一就是我国利用了多样的关税税种与税率的税收政策，快速应对突发事件，真正发挥出关税的职能作用。通过以上原因分析，我们应在明确关税的作用、税种与税率的基础上，掌握其应用与实施的方法，从而发挥关税在对外贸易中的积极作用。

知识精讲

一、关税概述

（一）关税的概念

关税(customs duties，tariff)是进出口商品经过一国的关境时，由政府设置的海关向进出口商所征收的一种税。

关境是海关征收关税的领域，是海关管辖和执行有关各项法令和规章的领域。关境可以大于、小于或等于国境。海关作为设在关境上的国家行政管理机构，其主要职能是：根据本国有关进出口政策、法令和规章对进出口商品进行管理，征收关税、查禁走私货物、临时保管通关货物和统计进出口商品等。海关还有权对不符合国家规定的进出口货物采取不予放行、罚款，直至没收或销毁的措施。

（二）关税的性质

关税作为国家税收的一种，同其他税收一样，是国家财政收入的一种方式，也是管理社会经济和国民生活的一种手段，因而它具有强制性、无偿性和预定性。

强制性是指税收是凭借法律的规定强制征收的。凡要交税的，都要按照法律规定无条件地履行自己的义务，否则就要受到国家法律的制裁。

无偿性是指征收的税收，除特殊例外，都是国家向纳税人无偿取得的财政收入，国家不需付给纳税人补偿，也不必把税款再偿还给纳税人。

预定性是指国家事先规定一个征税比例或征税数额，纳税双方必须共同执行，不得随意变化。

（三）关税的特点与作用

除具有一般税收的共性之外，关税作为一种单独税种，又具有不同于其他税收的特点与作用。

1. 关税是一种间接税

关税是对进出口商品征收的税款，其税款可以先由进出口商垫付，然后把它作为成本的一部分加在货价上，在货物出售给买方时，再由货物的实际使用人或消费者负担，即最终转嫁给消费者，因此关税属于间接税。

资料卡

直接税与间接税

按照纳税人的税负转嫁与归宿为标准，税收通常可分为两大类：直接税和间接税。直接税是指由纳税人依法纳税并直接承担，不能转嫁给他人，如个人所得税、房产税、遗产税、社会保险税等。间接税是指纳税人依法纳税，但可通过契约关系或交易过程将税负一部分或全部转嫁给他人，如关税、消费税、营业税、增值税等。简单地说，直接税是由纳税人自己负担，不能转嫁；间接税可在一定条件下由纳税人转嫁出去，由他人负担。

2. 关税的税收主体是进出口商，而税收客体是进出口商品

税收主体也称课税主体，是指在法律上负担纳税的自然人和法人，也称纳税人。税收客体也称课税客体或课税对象。当商品进出国境或关境时，进出口商应根据海关法规对进出口商品按照不同税目、税率向海关交纳关税，这时进出口商是税收主体即关税的纳税人，而进出口商品就是税收客体。

3. 关税是对外贸易政策的重要手段

关税体现了一国的对外贸易政策，如一国实施自由贸易政策时会降低关税，而实施保护贸易政策时则会提高关税。如中国加入世界贸易组织后，税率由 2001 年的 15.3%调整到 2010 年的9.8%，体现了中国保护贸易政策的放松。

4. 关税起到保护和调节进出口贸易的作用

在进口方面，提高进口关税就等于提高进口货物的价格，能削弱它与本国同类产品的竞争能力，以保护本国的生产，免受外国竞争者的损害，同时，进口商品价格提高以后，也同样提高了国内同类产品的市场价格，从而可以鼓励本国产品生产的积极性；在出口方面，提高出口关税，限制出口，保证本国市场供应，防止资源外流。反之，在进口或出口方面降低关税，作用相反。

二、关税的主要种类

按照不同的分类方法，关税可分为不同种类。

(一) 按征收的对象或商品流向分类

1. 进口税

进口税(import duties)是指进口国家的海关在外国商品进入关境或国境时以及从外国货物由自由港、自由贸易区或海关保税仓库等提出运往进口国的国内市场销售时，对本国进口商所征收的关税。

进口税可分为最惠国税和普通税两种。最惠国税适用于与该国签订有最惠国待遇条款的贸易协定的国家或地区所进口的商品；普通税适用于一般的国家或地区所进口的商品。普通税一般比最惠国税高 1～5 倍，少数商品可高达 10～20 倍。如美国对玩具进口，普通税

为79%，最惠国税为6.8%，大部分国家因是WTO成员，因此之间都使用最惠国税，只有少数国家之间使用普通税率。通常，商品加工程度不同，税率也会有所不同。如欧共体以前对棉花是免税的，棉纱的进口税率则为8%，而棉织品却达到了14%。而在美国，对棉纺衬衣的普通税率高达45%，即使是最惠国税率也达21%。

资料卡

高额进口税

资本主义国家通过征收高额进口税提高进口商品的价格，以削弱这些商品的价格竞争力。因此高额进口税也被称为关税壁垒。进口国并不是对所有进口商品都一律征收高关税，一般是对某些敏感产品的进口征收高关税。主要经济体均把农业作为敏感部门，对农产品进口采取高关税和配额保护。中国自入世以来，关税税率逐年降低，关税总水平由2001年的15.3%降至2018年的7.5%。

2. 出口税

出口税(export duties)是出口国的海关对本国商品输往国外时，对出口商所征收的关税。目前，大多数国家对绝大部分的出口商品不征收出口税，但有些国家仍对某些产品征收出口税，其目的主要有以下几点。

(1) 增加财政收入。拉丁美洲的一些国家对所有出口商品均征收税率5%以下不等的出口税，以增加财政收入。

(2) 保证本国的生产。有些国家对出口的原料征税，以保障国内生产的需要和增加国外商品的生产成本，从而加强本国产品的竞争能力。如瑞典、挪威对于木材出口征税，以保护其纸浆工业。

(3) 对某些本国生产不足而又需求较大的生活必需品征收出口税，以保证本国市场供应。如2002年3月，阿根廷比索大幅贬值，物价飞涨。不少生活必需品的价格一周之内上涨30%左右，大批失业的贫困居民面临饥饿威胁。政府决定征收预期为一年临时出口税，税率分别为初级产品10%，制成品5%，石油产品20%。通过这项税收，政府可以收入14亿美元，以用于政府制定的救济贫困人口的社会救助计划。

(4) 控制和调节某些商品的出口流量，防止盲目出口，以保持在国外市场的有利价格。例如，因国际市场对焦炭需求强劲，同时为了保护国内资源，2004年底我国取消了焦炭出口退税政策，2006年底开始对焦炭开征5%的出口关税，此后经过多次的关税上调，至2008年8月20日，我国焦炭出口暂定税率由25%进一步提高至40%。

(5) 为了防止跨国公司利用“转移定价”逃避或减少在所在国的纳税，向跨国公司出口产品征收高额出口税，维护本国的经济利益。

资料卡

跨国公司的内部转移定价

转移定价又称转移价格、调拨价格、内部价格，是指跨国公司内部母公司与子公司、子公司之间进行商品、劳务或技术交易时所采用的内部价格，在一定程度上它不受国际市场供求关系的影响，只服从于跨国公司的全球战略目标和跨国公司全球利益最大化目标，并由总公司确定。转移定价是跨国公司一种有效的经营策略，在不同的情况下以转移高价提供商品或服务或以转移低价提供商品或服务获得跨国公司利益最大化，具体如表 3-1 所示。

表 3-1　跨国公司转移定价策略

转移高价提供商品或服务的应用情况	转移低价提供商品或服务的应用情况
存在当地合资或合作方	较低的公司所得税率
东道主存在政治风险	较高的从价关税
存在外汇和利润汇出限制	当地市场竞争激烈
存在以产品成本为依据的最终产品价格限制	需要改善子公司财务形象，以获取当地贷款或其他优惠
工会可能要求提高工资待遇	较低的通货膨胀率
子公司的高盈利可能会引诱竞争者进入	政府对进口商品实施配额管理
	存在出口补贴或出口退税等优惠政策

通过跨国公司转移定价策略，除了获得成本转移之外，也可利用转移定价方法来转移利润，以达到逃避税收的目的，或推行其资本倾销策略。

例如：当跨国公司在 A 国投资有 X 部门，由于利用了当地廉价资源而产生了极高的利润，但面对当地政府很高的利润税时，跨国公司便可借助于转移低价的策略，把 X 部门所产生的高额利润转移到本公司在税率较低的 B 国投资的 Y 部门，以增加公司的总利润。

3. 过境税

过境税(transit duties)又称通过税，是一国对于通过其本国关境的外国货物所征收的关税。这种税收开始于资本主义萌芽时期，虽然其目的是增加税收，获得财富，但却抬高了商品价格，减少了贸易量，阻碍了国际贸易发展。19 世纪下半叶以后，各国相继取消过境税。第二次世界大战后，《关税及贸易总协定》①(以下简称《关贸总协定》)明确规定：缔约国不能

① 《关税及贸易总协定》(General Agreement on Tariffs and Trade，GATT)是一个政府间缔结的有关关税和贸易规则的多边国际协定。它的宗旨是通过削减关税和其他贸易壁垒，消除国际贸易中的差别待遇，促进国际贸易自由化，以充分利用世界资源，扩大商品的生产与流通。该协定于 1947 年 10 月 30 日在日内瓦签订，于 1948 年 1 月 1 日开始临时适用。

征收过境税，只能收取少许行政费或服务费，并使过境商品顺利过境。

（二）按征税的目的分类

1. 财政关税

财政关税（revenue tariff）又称收入关税，是指以增加国家财政收入为主要目的而征收的关税。财政关税是关税产生的基本职能，并在一个历史时期中具有非常重要的地位，其作用大小随一国经济发展水平而变化，经济越是落后，关税的财政作用越强，反之越弱。因为随着经济的发展，其他税源增加，关税收入在国家财政收入中所占的比重相对下降，而且各国广泛利用保护关税限制外国商品进口，财政关税逐渐被保护关税所代替。

2. 保护关税

保护关税（protective tariff）是指以保护本国工业或农业发展为主要目的而征收的关税。一般而言，保护关税税率越高，对该国的保护程度就越高。当关税高达100%以上，就等于禁止进口，成为禁止关税。对于进口商品来说，如果进口税等于或超过进口商品价格与进口国竞争商品之间的差额，则进口商品的价格优势完全丧失，税率达到保护目的。就出口税而言，如果出口税等于或超过出口商品的国内价格同国际价格的差额，则国内商品的价格竞争优势丧失，起到了抑制产品出口，保证国内工业生产所需或市场所需的目的。

资料卡

中国对进口轿车的保护关税的9次调整

1985年以前，中国整车进口关税为120%～150%，同年6月，在原有基础上加征80%的调节税。1986年，关税与进口调节税合并征收，汽油轿车排量3.0升以上的进口关税税率为220%，排量3.0升及以下的税率为180%。该税率一直沿用了8年。在此期间，我国的进口轿车价格较国际市场高出3～4倍。

1994年，中国对进口汽车关税第一次进行下调，排量3.0升以下的轿车关税降为110%，3.0升及以上排量的关税降为150%，分别下降了70个百分点。

1997年10月1日，排量3.0升以下的进口汽车关税税率降到80%，3.0升及以上降到100%。

2001年中国加入世界贸易组织，排量3.0升以下的进口汽车关税税率降到70%，3.0升及以上降到80%。

2002年1月1日，排量3.0升以下的进口汽车关税税率降到43.8%，3.0升及以上降到50.7%。

2003年1月1日，排量3.0升以下的进口汽车关税税率降到38.2%，3.0升及以上降到43%。

2004 年 1 月 1 日，排量 3.0 升以下的进口汽车关税税率降到 34.2%，3.0 升及以上降到 37.6%。

2005 年 1 月 1 日，我国按照承诺取消了进口汽车配额许可证制度，对汽车产品实行自动进口许可管理，同时将进口汽车关税水平降到 30%。

2006 年 1 月 1 日，我国再次将进口汽车关税税率从 30%下调至 28%，日历终于翻到了我国完全履行加入世贸组织承诺的最后一年。

2006 年 7 月 1 日，我国进口汽车关税税率最终在第 9 次调整后降至 25%，进口汽车零部件的关税税率降至 10%，按照入世承诺下调到位。

（三）按照差别待遇和特定的实施情况分类

1. 进口附加税

进口附加税(import surtaxes)是指进口国家或地区除对进口商品征收一般的正常进口关税外，还会根据某种目的再加征的额外关税。进口附加税通常是一种特定的临时性措施，其开征目的包括：应付国际收支危机，扭转贸易逆差，维持进出口平衡；抵制外国的倾销；对某个国家实行歧视政策或报复，等等。开征进口附加税的直接效果是阻碍商品的进口。因此，进口附加税又称特别关税。进口附加税主要有以下两种。

(1) 反倾销税(anti-dumping duties)。反倾销税是对于实行商品倾销的进口商品所征收的一种进口附加税。判定商品是否属于倾销要看一国是否以远低于国际市场价格向国外抛售商品，并对进口国的已建立的工业造成重大损害或重大威胁，或对国内某一新建工业造成严重阻碍。只有满足上述条件才可判定为商品倾销，才可征收反倾销税。征收的反倾销税的税额一般不超过产品倾销差额，即正常价格与出口价格的差额，其目的在于抵制商品倾销，阻止国外商品进口，保护本国市场与工业。

(2) 反补贴税(counter vailing duties)。反补贴税是针对以直接或间接形式接受出口补贴或任何奖金的外国商品在进口时所征收的进口附加税。反补贴税税额的征收一般不得超过补贴数额，征收的目的在于提高进口商品的价格，抵消其所享受的补贴金额，削弱其竞争力。对于受到补贴的倾销商品，进口国不得同时对它既征收反倾销税又征收反补贴税。2003 年以前我国并没有受到国外反补贴调查，但自 2004 年首次遭到反补贴调查后，开启了国外对我国出口产品发起反补贴调查并被征收反补贴税的历史。2004 年针对我国的反补贴调查共有三起，且全部由加拿大发起，占当年总立案的 37.5%，此后，美国、欧盟等也纷纷对华发起反补贴调查。据我国商务部统计，2009 年我国出口量约占全球总量的 9.6%，但遭受反补贴调查案件的比例却占了全球的 75%左右。

资料卡

《关贸总协定》第6条有关反补贴税的规定

(1) 补贴税一词应理解为：为了抵消商品于制造、生产和输出时所直接和间接收受的任何资金和补贴而征收的一种特别关税。

(2) 只有当补贴的后果会对国内某项已建工业造成重大损害或产生重大威胁，或对国内某一新建工业造成严重阻碍时，才能征收反补贴税。

(3) 反补贴税的征收数额不得超过补贴数额。

(4) 对于受到补贴的倾销商品，进口国不得同时对它征收反倾销税和反补贴税。

(5) 在某些特殊情况下，如果延迟征收将会造成难以补救的损害，那么进口国可以未经缔约国全体事前批准的情况下征收反补贴税，但应立即向缔约国全体报告，如未获批准，这种反补贴税应立即予以撤销。

(6) 对产品在原产国或输出国所征的捐税在出口时退还或因出口而免税，进口国对这种退税或免税不得征收反补贴税。

(7) 对于初级产品给予补贴以维持和稳定其价格而建立的制度，如符合该项条件，不应作为造成了重大损害来处理。

此外，《关贸总协定》还在第16条补贴和第23条对利益的丧失或损害的有关方面又作了某些规定。这些条款在统一反补贴税的某些规定和调节有关国家之间的某些分歧方面起到一定的作用。但由这些条款比较简单、笼统和约束力不强，在执行过程中经常发生分歧。因此，在东京回合谈判(关贸总协定第七轮多边贸易谈判)中制订与通过《补贴与反补贴守则》。它进一步明确和补充了《关贸总协定》中有关补贴和反补贴税方面的条款。其目的在于保证签字国不使用补贴来损害其他签字国的贸易利益，不采用反补贴措施来不合理地阻碍国际贸易。

2. 差额税

差额税(variable levy)又称差价税，是指当一国进口商品的价格低于国内同类商品的价格时，为了削弱进口商品的竞争能力，保护国内生产和市场，按国内价格与进口价格之间的差额所征收的关税。由于差额税是随着国内外商品价格差额的变动而变动，因此它是一种滑动关税。

资料卡

欧盟差额税的征收

欧盟为了实行共同农业政策，建立农畜产品统一市场、统一价格，对进口的谷物、猪肉、食品、家禽、乳制品等农畜产品，征收差额税。欧盟对成员国征收某种农产品的差额税的目的在于实现统一价格，通常只在实行共同农业政策的过渡时期内征收，过渡期一旦结束，即予废除。而对非成员国的农畜产品进口征收差额税，目的在于排挤这些国家的农畜产品大量进入欧盟市场。

欧盟征收差额税的方法比较复杂，如对谷物进口的差额税征收分为以下三个步骤。

(1) 制定指标价格和干预价格。欧盟委员会对有关谷物按季节分别制定统一的指标价格，即欧盟市场内部以生产效率最低而价格最高的产品在内地中心市场的价格为基准而制定的价格。这种价格一般比该产品在世界市场的平均价格高。为了维持这种高价格，欧盟还会确定干预价格，一旦中心市场的价格跌到干预价格水平，有关机构便从市场上购进谷物，以防止价格继续下跌。

(2) 制定门槛价格，即从指标价格中扣除把有关谷物从进口港运到内地中心市场所付一切开支的余额。此价格是差额税估价的基础。

(3) 确定差额税税额。它是由有关产品的进口价格与门槛价格的差额所决定的，其差额的大小决定差额税的高低。

3. 特惠税

特惠税(preferential duties)又称优惠税，是指一国对来自特定国家或地区进口的全部或部分商品给予的特别优惠的低关税或免税待遇。它不适用于从非优惠国家或地区进口的商品。特惠税可以是互惠的，也可以是非互惠的。第二次世界大战之前，特惠税主要在宗主国与殖民地附属国之间实行，目的在于保护宗主国在殖民地附属国市场上的优势，最著名的是1932年英联邦国家在渥太华会议上建立的英联邦特惠税(后于1974年1月至1977年1月逐步取消)。非互惠特惠税中影响较大的是《欧洲经济共同体—非洲、加勒比和太平洋地区(国家)洛美协定》(简称《洛美协定》)。它规定了欧共体(现为欧盟)向参加洛美协定的非洲、加勒比和太平洋地区的发展中国家单方面提供特惠税。

资料卡

《洛美协定》

1975年2月28日，欧共体成员国同非洲、加勒比和太平洋地区46个发展中国家签订了《洛美协定》。《洛美协定》规定：欧共体成员国接受参加协定的发展中国家的全部工业品和96%的农产品在免税、不限量的条件下进入欧洲共同市场，而不要求对方给予反向优惠；对从这些国家进口的牛肉、甜酒、香蕉等商品给予一定数量的免税进口配额；在原产地规定中，确定了“充分累积”制度，即所有销往欧共体的商品，只要在任何一个《洛美协定》成员国境内进行进一步制作或加工，仍将被视作原产国的产品，因而相关商品仍可望获得欧共体特惠税待遇。

1979年10月31日《洛美协定》续签(协定时间为1980—1985年)时，该协定规定非加太国家的全部工业品和99.5%的农产品可以免税或不受限额限制地向欧盟出口，签订国家增至63个。

1984年12月8日续签(协定时间为1985—1990年)时，签订国家增至66个。

1989年12月15日续签(协定时间为1990—2000年)时，签订国家增至68个。

4. 普遍优惠制税

普遍优惠制税(generalized system of preferences duties)简称普惠制税，是实施普遍优惠制的发达国家(给惠国)对从发展中国家(受惠国)输入的商品所征收的一种优惠关税，是发达国家对从发展中国家输入的制成品和半制成品给予普遍的、非歧视的、非互惠的一种关税优惠待遇。1968 年 3 月，在印度新德里召开的第二届联合国贸易与发展会议通过了《对发展中国家出口至发达国家的制成品及半制成品予以优惠进口或免税进口》的决议，确定了普惠制的原则、目的和实施期限。

普惠制的主要原则是普遍性、非歧视性、非互惠性。其中，普遍性是指发达国家应对发展中国家或地区出口的所有制成品和半成品给予普遍的优惠待遇；非歧视性是指应使所有发展中国家或地区都不受歧视，无例外地享受普惠制待遇；非互惠性是指发达国家应单方面给予发展中国家或地区的关税优惠，而不要求发展中国家或地区提供反向优惠。

普惠制的目的是扩大发展中国家出口，提高发展中国家或地区的经济增长率，促进发展中国家或地区工业化和经济增长。

自 1971 年实施普惠制以来，现世界上约有 40 个给惠国，170 多个受惠国家或地区。1979 年我国开始试签。

资料卡

普惠制的限定条件

(1) 对受惠国家的地区的规定。普惠制原则上应对所有发展中国家或地区都无歧视、无例外地提供优惠待遇，但各给惠国在普惠制方案中都列有受惠国家或地区的名单，把某些受惠国或地区排除在外，如美国将社会主义国家、石油输出国组织、敌对国家、人均国民生产总值低于 500 美元的国家排除在外。

(2) 对受惠商品范围的规定。普惠制原则上应对受惠国和地区的制成品和半成品普遍实行关税减免，而各给惠国都列有给惠产品清单与排除产品清单，随其经济贸易政策的需要而有所增减，将一些敏感性商品，如某些农产品、纺织品、服装、鞋类以及某些皮革制品和石油制品排除在外。

(3) 对受惠商品减税幅度的规定。减税幅度又称普惠制优惠幅度，其大小取决于最惠国税率和普惠制税率间的差额，一般工业品减税幅度大，农产品减税幅度小。如日本对农产品实行优惠关税，而对工业品除选择性产品外全部免税。如有些给惠国对某进口产品规定普通税率为 60%，最惠国税率为 20%，普惠制税的税率为 5%。

(4) 对给惠国保护措施的规定。对给惠国的保护措施主要有免责条款、预定限额、竞争需要标准和毕业条款。

免责条款又称例外条款，是指当给惠国从受惠国优惠进口某些产品的数量增加到对该给惠国相同或同类产品的生产者造成或可能造成损害时，给惠国保留对该产品完全或部分取消关税优惠待遇的权利。

预定限额是指给惠国根据本国和受惠国经济和贸易状况，预先规定某项产品优惠进口限额，超过限额的进口产品按规定征收最惠国税率。

竞争需要标准又称部分需要排除，是指一年内对来自受惠国的某种进口商品，如超过当年给惠国所规定的进口限额，或超过给惠国该产品进口总额的50%，下年度该受惠国此项产品的优惠即被取消。美国采用的便是这种标准。

当某个受惠国的产品在国际市场上显示出较强的竞争力时，受惠国的此项产品乃至全部产品享受优惠的资格即被取消，称为“毕业”。毕业条款按适用范围，可分为“产品毕业”和“国家毕业”，前者指取消从受惠国或地区进口的部分产品的普惠制待遇；后者指取消从受惠国或地区进口的全部产品的普惠制待遇。

(5) 原产地规则。原产地规则是衡量受惠国出口产品能否取得原产地资格、享受优惠的标准，主要包括原产地标准、直接运输规则和原产地证书三部分内容，其目的是确保发展中国家或地区的产品利用普惠制扩大出口，防止非受惠国的产品利用普惠制待遇扰乱贸易秩序。

原产地标准把原产地分为两类——完全的原产品和含有进口成分但经过加工后产生了实质性变化的产品。

直接运输规则是指受惠国的原产品必须由受惠国直接运到给惠国，货物在过境时不可进行任何加工。

书面证明书是指受惠国必须向给惠国提交出口商品的原产地证明文件和符合直运规则的证明文件(直运提单、联运提单、过境国海关当局签发的证明等)。

(6) 有效期。普惠制实施期限以10年为一个阶段。为适应需要，有些给惠国在方案有效期内定期或不定期地公布方案的修改内容。

(四) 按征收的一般方法分类

1. 从量税

从量税(specific duties)是按商品的计量单位为标准征收的关税。其中，计量单位主要有重量、数量、容量、长度、面积、体积等。美国的税目中约有33%是适用从量关税的；挪威适用从量关税的比例也占到28%。如美国对薄荷脑的进口征收从量税，普通税税率为50美分/磅，最惠国税率为17美分/磅。我国对啤酒征收的从量税，普通税率为7.5元人民币/升，优惠税率为3.5元人民币/升。从量税的计算公式为：

从量税额＝商品的数量×每单位数量的从量税额

如我国也对冻鸡、原油、感光胶片等进口货物采用从量税的课税标准。

【小思考】

欧盟对香槟酒征收的从量税为40欧元/100升，现进口价格为2欧元/瓶的香槟酒(1升/瓶)和20欧元/瓶的香槟酒(1升/瓶)各10 000瓶，需要分别计征多少从量税？如果现进口价格分别下降到1欧元/瓶(1升/瓶)和15欧元/瓶(1升/瓶)，而数量不变，那么计征的从量税有无变化？

从上例可以看出，从量税额与商品数量的增减成正比关系，但与商品价格无直接关系。第二次世界大战之前，资本主义国家普遍采用从量税的方法计征关税。二战后由于商品种类、规格日益繁杂和通货膨胀加剧，大多数国家普遍采用从价税的方法计征关税。

2. 从价税

从价税(advalorem duties)是按照进口商品的价格为标准计征的关税，其税率表现为货物价格的百分率。例如，我国对税则号为 9004.1000 项下的太阳镜征收 20%从价税。从价税是各国采用的主要征税方式，计算公式如下：

从价税额＝商品总值×从价税率

其中，商品总值指的是完税价格，其确定方法有三种：一是包括运费、保险费在内的 CIF 价格；二是装运港船上交货的 FOB 价格；三是海关估价。假如海关确定完税货物价值为 1 000 美元，那么按照 10%的从价税率就得征收 100 美元的关税；如果海关确定完税价格为 1 200 美元，那么进口商就不得不为同一商品交纳 120 美元的进口关税。按从价税征收关税除了具有税率明确、征收方法简单的优点之外，其税额会随商品价格的高低而增减，较符合税收的公平原则。

【小思考】

假设欧盟对香槟酒按 10%的从价税率征收关税，进口价格为 2 欧元/瓶的香槟酒(1 升/瓶)和 20 欧元/瓶的香槟酒(1 升/瓶)各 10 000 瓶。问：应分别计征多少从价税？

3. 混合税

混合税(compound duties)又称复合税，是指对某种进口商品同时征收从量税和从价税的一种方法。其计算公式如下：

混合税额＝从量税税额＋从价税税额

混合税的征收方法分为两种：一种是以从量税为主，加征从价税，如美国规定，对每磅价格在 18 美元以上的进口男式开司米羊绒衫征收每磅 37.5 美分的从量税，另加征 15.5%的从价税；另一种是以从价税为主，加征从量税，如日本对价格在 6 000 日元以下的手表征收混合税，每只征收税率为 15%的从价税，再加征从量税 150 日元。

【小思考】

(1) 美国对每磅价格在 18 美元以上的进口男式开司米羊绒衫征收每磅 37.5 美分的从量税，另加征 15.5%的从价税。现美国从我国进口一批该商品 500 打，每件重 1 磅，单价为 20 美元，问：应征收多少关税？

(2) 日本对价格在 6 000 日元以下的手表征收混合税，每只征收税率为 15%的从价税，再加征从量税 150 日元。现日本进口手表 1 万只，每只价值 3 000 日元。问：应征收多少关税？

4. 选择税

选择税(alternative duties)是对于一种进口商品同时订有从价税和从量税两种税率，择其税额较高或较低者计征的一种征税方法。选择税的征收方法比较灵活，进口国可以根据进口商品的价格变动和国内经济情况的需要选择有利的课税方法，这样既能保证税款数量，又能充分发挥其保护作用。

（五）按关税保护的程度和有效性分类

1. 名义关税

名义关税(nominal tariff)是指某种进口商品进入该国关境时，海关根据海关税则所征税的关税。对于名义关税税率，世界银行的定义是“由于实行保护而引起的国内市场价格超过国际市场价格的部分与国际市场价格的百分比”，用公式可表示为：

$$名义关税税率=\frac{国内市场价格-国际市场价格}{国际市场价格}\times 100\%$$

如在国际市场上某种轿车的售价为每辆 10 000 美元，某进口国的国内市场相同轿车价格在各种保护措施作用下为每辆 12 000 美元，那么该进口国对该种轿车的名义关税税率计算为：(12 000－10 000) / 10 000×100%＝20%。

从公式可以看出，实际上一国的名义关税税率等于该国对该商品征收进口关税的从价税率，因而有时我们又把名义关税税率称为名义保护率。在其他条件相同或不变的情况下，名义关税税率越高，对本国同类产品的保护程度就越高。

2. 有效关税

有效关税(effective tariff)是指对某种工业单位产品“增值”部分的从价税，代表着进口关税对本国同类产品的真正有效的保护程度，所以其税率又称为有效保护率。有效保护率的计算公式如下：

$$E=(T-P\times t)/(1-P)$$

式中，E——有效保护率；

T——进口产品的名义关税税率；

P——原材料在最终产品中所占的比重；

t——进口原料的名义关税税率。

现就该公式作简要说明：

(1) 当 $T>t$，即当产品的名义进口关税税率高于所用原材料的名义进口关税税率时，该产品的有效保护率大于名义保护率，即 $E>T$。

(2) 当 $T=t$，即当产品的名义进口关税税率等于所用原材料的名义进口关税税率时，该产品的有效保护率等于名义保护率，即 $E=T$。

(3) 当 $T<t$，即当产品的名义进口关税税率低于所用原材料的名义进口关税税率时，该产品的有效保护率小于名义保护率，即 $E<T$，甚至会出现负有效保护率，即 $E<0$。如果出现负保护率，意味着生产者虽然创造了价值，但是由于关税制度的作用，使这种价值降低，生产者收入减少或无利可图，或者说用外汇买来的原材料或中间产品，经过加工反而贬值了。

【例 3-1】 在未征收关税前，一件皮夹克的国内价格为 1 000 元人民币，其中 500 元是进口皮革的价格，原材料在最终产品中所占的比重为 50%。

(1) 若皮夹克进口征收 20%的关税，进口皮革免税，则有效保护率为：

$$E=(20\%-50\%\times 0)/(1-50\%)=40\%$$

(2) 若皮夹克和皮革进口都征收 20%关税，则有效保护率为：

$$E=(20\%-50\%\times 20\%)/(1-50\%)=20\%$$

(3) 若皮夹克免税，而皮革进口征收 20%关税，则有效保护率为：

$$E=(0\%-50\%\times20\%)/(1-50\%)=-20\%$$

由此可以看出,当最终产品的名义关税税率一定,原材料或中间产品名义税率越低,则最终产品名义税率的保护作用越大;反之,则越小。因此,各国同类进口商品的名义关税税率即使相同,这些进口商品的有效保护率也可能不同。

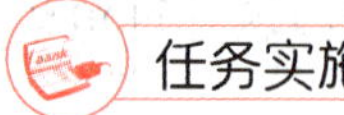

任务实施

通过对关税措施知识的学习,可知关税不仅可以用来增加财政收入、保护和调节进出口贸易,更重要的是国家可以运用税率杠杆进行公开、公平的市场化调控,发展本国生产和优化资源配置。因此,了解各种关税种类的概念与作用,可充分根据现实情况,灵活运用各种关税措施,快速、高效、有针对性地就某个(些)产品、项目或产业等进行直接调控。无论是美国对从中国进口的所有小轿车和轻型卡车轮胎在原有3%~4%关税基础上实施为期三年的惩罚性关税,还是我国对从美国进口的部分汽车产品和肉鸡产品启动反倾销和反补贴立案审查程序,均是充分利用多样的关税措施灵活、快速、高效地处理对外贸易问题的一种体现。但关税措施毕竟是敏感的措施,容易使贸易摩擦加剧,因此在使用过程中应讲究策略和技巧,充分发挥其职能作用。

任务三 规避非关税壁垒

任务情境

纺织业是我国具有比较优势的产业。我国纺织工业纤维消费量占全球的1/4左右,棉纱、化纤、丝绸、服装等纺织品产量居世界第一位,我国也是世界上最大的纺织品生产国和贸易国,纺织品服装出口总额居全球第一位。加入WTO前,我国受限配额类别有275个,阻碍了我国纺织品的出口。2005年1月1日起,延续了30多年的全球纺织品配额制度全部取消,我国纺织业应是最大受益者。但2005年5月13日,美国商务部宣布对棉质裤子、棉质衬衫和内衣裤三类中国纺织产品重新实行进口配额限制。2005年6月11日,中国和欧盟签署《中华人民共和国与欧盟委员会关于中国部分输欧纺织品备忘录》,就未来三年中国对欧盟纺织品出口的增长达成协议。不但如此,美国、欧盟、日本等发达国家和地区的环保法规定对纺织品生命周期中的各个阶段,包括纤维生产、棉花种植和处理、产品的加工及制造、消费者使用等都有明确的环保的要求和规定。面对重重障碍,限制我国纺织业出口的根本原因到底是什么?我们应如何应对?

任务分析

中国纺织品2005年前受到各类进口配额限制,2005年全球取消纺织品配额制度以后,又遭受到诸如数量、技术标准、劳工标准等各种新的限制。所有这些,我们都可称为非关税措施或非关税壁垒。为了分析我国纺织业出口受限的根本原因并寻求解决措施,首先需要了解非关税壁垒的相关概念以及各国采用的非关税壁垒的种类。

知识精讲

一、非关税壁垒的概念和特点

非关税壁垒是指除关税以外一切限制进口的各种措施与手段的总和，其目的是调节、管理和控制本国对外贸易活动，保护国内市场和国内产业的政策发展，是与关税壁垒相对而言的概念。

非关税壁垒和关税壁垒都有限制进口的作用，但是非关税壁垒与关税壁垒相比，主要具有以下特点。

1. 灵活性和针对性

一般来说，关税税率的制定必须通过立法程序，且具有一定的延续性，若要对税率进行调整或更改，也需经历较为烦琐的法律程序，因而迟缓并难以适应紧急限制进口的需要。另外，关税税率往往受到最惠国待遇条款的约束，税率上调较为困难。

而非关税壁垒通常采用行政程序，制定的程序与手续快捷、简单，能随时针对某国的某种产品采取或更换相应的限制进口措施，从而较快地达到限制进口的目的。

2. 直接有效性和难以超越性

关税壁垒是通过征收高额税款，提高进口商品成本和价格，削弱其竞争力，间接地起到限制进口的目的，但如果进口国对产品需求旺盛，即使采用关税，也难以起到限制进口的作用。而非关税壁垒则能直接起到限制或禁止进口的作用，如采用进口配额时，进口国预先规定某类商品的进口数量、金额等，若进口商品超过限额就直接禁止进口，因此不仅有效，而且难以超越。

3. 隐蔽性和歧视性

一般来说，关税税率一旦确定，往往公之于众，依法执行，有相关贸易协定的国家之间，税率一般都无歧视性。而非关税壁垒往往不公开，透明度差，隐蔽性强，如进口国可将某类商品的进口程序和标准设定得异常复杂，而且时常变化，使出口商难以了解其具体内容，从而难以适应和应付，使其不能轻易进入进口国市场。同时，进口国还可以根据其政治经济关系针对某个国家采用相应的非关税壁垒措施，带有很强的差别性和歧视性。例如，1989 年欧共体禁止进口含有荷尔蒙的牛肉的规定就是针对美国作出的。又如，英国生产的糖果在法国市场上曾有很好的销路，后来法国在食品卫生法中规定禁止进口含有红霉素的糖果，而英国的糖果正是普遍使用红霉素染色的，这样英国糖果就失去了其在法国的市场。

4. 复杂多样性和适用范围广泛性

根据《关贸总协定》的统计，目前非关税壁垒已达 1 000 多项，且有不断增长之势。其适用范围也在不断扩大，从货物贸易领域逐步扩大到服务贸易，其中货物贸易领域内的商品范围也不断扩大，既有初级产品（如农产品），又有工业制成品（如服装、鞋帽、汽车、钢铁等）。

二、非关税壁垒的种类

（一）进口配额制

进口配额制（import quotas system）是指一国政府在一定时期（如一个季度、半年或一年)内,对某些商品的进口数量或金额加以直接限制的制度。在规定的期限内,配额以内的货物可以进口,超过配额的部分不准进口或对进口商征收较高的关税或罚款后才能进口。进口配额主要有以下两种

1. 绝对配额

绝对配额(absolute quotas)是指在一定时期内,对某些商品的进口数量或金额规定一个最高限额,达到这个限额后,便不准进口。这种配额实施又有以下两种方式。

(1) 全球配额(global quotas/unallocated quotas)。全球配额是指政府主管部门规定在一定时期内某种商品进口的最高限额,适用于来自任何国家的进口,不作国别分配,通常按进口商申请进口的先后顺序或过去某一时期各进口商的实际进口数量分配给各进口商一定额度,直到总配额发放完为止,超过总配额就不准进口。由于全球配额不限定进口国别或地区,因而进口商对这种配额的争夺非常激烈。

【小思考】

加拿大规定,从1981年12月1日起,对除皮鞋以外的各种鞋实行为期3年的全球配额。其中,第一年的配额为3 560万双,以后每年进口量递增3%。加拿大外贸主管当局根据有关进口商自1980年4月1日至1981年3月31日期间所进口的实际数量来分配额度,但对进口国家或地区不加限制。问:全球配额对邻近国家和较远国的影响有区别吗?

从上例可知,虽然全球配额制不限制国别和地区,但由于邻近国家或地区具有优越地理因素,在竞争中明显处于有利地位。因此,为了避免或减少这种不足,一些国家采用了国别配额制。

(2) 国别配额(country quotas)。国别配额是指政府主管部门在规定一定时期内某种商品的进口最高限额后,将这些配额按国别或地区进行分配,在某国或某地区的进口数量达到所分配的配额后,超过固定限额部分便不准进口。国别配额又可分为以下两种。

① 自主配额(autonomous quotas)。自主配额是指进口国单方面强制规定一定时期内从某个国家或地区进口某些商品的配额,不需征求输出国的同意。例如,2005年5月18日,美国纺织品协议执行委员会以“市场扰乱威胁”为由,做出了对来自中国的化纤制针织衬衫、化纤制裤子、棉及化纤制梭织男衬衫和精梳棉纱采取纺织品特别限制措施的决定。

② 协议配额(agreement quotas)。协议配额是指进口国和出口国政府或民间团体之间协商规定的在一定时期内某种商品的进口配额。如1978年美国与波兰签订的关于纺织品进口的协定。

2. 关税配额

关税配额(tariff quotas)是指对商品的进口数额不加以绝对限制,而是在一定时期内,对关税配额以内进口的商品给予低税、减税或免税待遇,对超过配额的进口商品征收较高的关税、附加税或罚款。如自2000年12月16日至2001年12月31日,俄国实行原糖进口配额制,总额为365吨,第一季度为115吨,第二季度为150吨,第三季度为60吨,第四季度为40吨,对此征收5%关税,超过额度部分征收30%的关税,但每千克原糖的关税不低于0.09欧元。

（二）“自动”出口配额制

“自动”出口配额制(voluntary export quotas)是指出口国家或地区在进口国的要求或压力下，被迫地“自动”规定某一时期内某些商品对该国的出口限制，在限定的配额内自行控制出口，超过配额即禁止出口的制度。根据出口配额是否协定可分为以下两种。

1. 非协定的“自动”出口配额

非协定的“自动”出口配额是指未受到国际协定的约束，出口国迫于来自进口国方面的压力，自行单方面规定出口限额。

2. 协定的“自动”出口配额

协定的“自动”出口配额是指进出口双方通过谈判签订“自限协定”或“有秩序销售协定”。在协定规定的有效期内，出口国应按照协定的数量或金额实行出口许可证制或自行限制商品出口，进口国则根据海关统计进行检查。例如，20 世纪 50 年代，日本向美国大量出口纺织品，使美国的纺织业受到损害，在美国的要求下，日本与美国签订了一个为期 5 年的“自动限制协定”，“自动”地把对美国的棉纺织品出口限制在 2.13 亿平方米之内，从而由美国开创了对纺织品出口进行限制的先例。

（三）进口许可证制

进口许可证制(import license system)是指国家为了管制对外贸易，规定某些商品必须到国家指定的机构申领进口许可的证件，方可进口，否则一律不准进口的制度。进口许可证是国家许可外贸经营者进口货物的凭证，也是海关对进出境货物监管的重要依据。进口许可证可从不同角度进行分类。

1. 按照进口许可证与进口配额的关系划分

(1) 有定额的进口许可证。即一国政府有关部门预先规定有关商品的进口配额，然后在配额的限度内，根据进口商的申请，对于每笔进口货物发给进口商有关一定数量或金额的进口许可证，配额用完即停止发放。例如，德国对纺织品的进口便是通过有定额的许可证进行管理的。德国有关当局每年分三期公布配额数量，然后据此配额数量发放许可证，直到进口配额用完为止。

(2) 无定额的进口许可证。这种许可证不与进口配额相结合，即预先不公布进口配额，只是在个别考虑的基础上颁发有关商品的进口许可证。由于这种许可证的发放权完全由进口国主管部门掌握，既不事先公开，也无固定数额，因此更具有隐蔽性，给正常的国际贸易带来很大的困难，起到更大的限制进口作用。

2. 按商品许可程度划分

(1) 公开一般许可证。公开一般许可证又称公开进口许可证、一般许可证或自动进口许可证。其特点是对进口国别或地区没有限制，凡列明属于公开一般进口许可证范围的商品，进口商只要填写公开一般许可证后，即可一律予以批准签发，获准进口。因此，这一类商品实际上是可“自由进口”的商品。实施公开一般许可证的主要目的不在于限制有关产品的进口，而是为国家统计进口贸易数据提供方便。

(2) 特种商品许可证。特种商品许可证又称非自动进口许可证，即进口商必须向政府有关当局提出申请，经逐笔审查批准后才能进口。这种进口许可证对进口的管制最严，而且多数都指定进口国或地区。

资料卡

我国的进口许可证制

为了合理配置资源，规范进口经营秩序，营造公平透明的贸易环境，履行我国加入的国际条约、协定，促进对外贸易健康发展，我国对部分限制进口的货物实行进口许可证管理措施。

商务部会同海关总署及国家质检总局制定、调整和发布了年度《进口许可证管理货物目录》。2016 年实行进口许可证管理的货物共有两种，商务部负责签发重点旧机电产品的进口许可证，地方发证机构负责签发消耗臭氧层物质的进口许可证。进口许可证管理实行“一证一关”管理。一般情况下，进口许可证为“一批一证”，如要实行“非一批一证”，应当同时在进口许可证备注栏内打印“非一批一证”字样。进口许可证的有效期为 1 年，年度内有效；特殊情况需要跨年度使用时，有效期最长不得超过次年 3 月 31 日；只能递延 1 次，延期最长不超过三个月；有效期内使用，逾期自行失效，海关不予放行。

(四) 外汇管制

外汇管制(foreign exchange control)也称外汇管理，是指一国政府通过法令对国际结算和外汇买卖加以限制，以平衡国际收支和维持本国货币汇率的一种制度。一般来说，实行外汇管制的国家，大都规定出口商须将其出口所得外汇收入按官方汇率出售给外汇管理机构，而进口商也必须向外汇管理机构申请进口外汇。此外，外汇在该国禁止自由买卖，携本国货币出入境也受到严格的限制。这样政府就可以通过确定官方汇率、集中外汇收入、控制外汇支出、实行外汇分配等方法来控制进口商品的数量、品种和国别。例如，日本在分配外汇时趋向于鼓励进口高精尖产品和发明技术，而不是鼓励进口消费品。外汇管制一般可分为以下三种。

1. 数量性外汇管制

数量性外汇管制，即国家外汇管理机构对外汇买卖的数量直接进行限制和分配，其目的是集中外汇收入，控制外汇支出，实行外汇分配，以限制进口商品品种、数量和国别。一些国家实行数量性外汇管制时，往往规定进口商品必须获得进口许可证后，才可得到所需外汇。

2. 成本性外汇管制

成本性外汇管制，即国家外汇管理机构对外汇买卖实行复汇率制，利用外汇买卖成本的差异来间接影响不同商品的进出口，达到限制或鼓励某些商品进出口的目的。所谓复汇率，也称多重汇率，是指一国货币对外汇率实行两个或两个以上，分别适用于不同的进出口商品。

3. 混合性外汇管制

混合性外汇管制，即同时采用数量性和成本性外汇管制，对外汇实行更为严格的控制，以影响商品进出口。

（五）进出口的国家垄断

进出口的国家垄断（state monopoly）也称国营贸易，是指对外贸易中，对某些或全部商品的进出口由国家机构直接经营，或者把这些商品的垄断权给予某些垄断组织或专业贸易公司。经营这些受国家专控或垄断的商品的企业，称为国有贸易企业。国有贸易企业一般为政府所有，但也有政府委托私人企业代办。

绝大多数国家的进出口垄断主要集中在烟酒、农产品、武器和石油这四类商品。

关于国有贸易企业，《关贸总协定》第17条中规定：它们在购买和销售时，应只以商业上的考虑（包括价格、质量、货源、推销及其他购销条件）为根据，并按商业惯例对其他缔约国提供参与购买或销售的适当竞争机会，不得实行歧视政策。该条款旨在防止国有贸易企业利用其特殊的法律地位，妨碍自由贸易政策的实施。

（六）歧视性政府采购政策

歧视性政府采购（discriminatory government procurement）政策是指国家通过法令和政策明文规定政府机构在采购商品时必须优先购买本国商品。有的国家虽未明文规定，但优先采购本国产品已成惯例。这种政策实际上是歧视外国产品，起到了限制进口的作用。

（七）国内税

国内税（internal taxes）是指一国政府对本国境内生产、销售、使用或消费的商品所征收的各种捐税，如周转税、零售税、营业税等。任何国家对进口商品不仅要征收关税，还要征收各种国内税。国内税通常不受贸易条约或协定限制，国内税的制定和执行属于本国政府机构的权限，有时甚至是地方政权机构的权限。

利用国内税来抵制外国商品的进口，主要是利用国内商品与进口商品之间的不同税率（对国内产品免征或退还，对进口商品如数实征）来增加进口商品的纳税负担，削弱其与国内产品竞争的能力。如法国曾对引擎为5匹马力的汽车每年征收养路税12.15美元，对于引擎为16匹马力的汽车每年征收养路税30美元，因为当时法国生产的最大型汽车为12匹马力，实行这种税率的目的在于抵制进口汽车。此外，美国、瑞士和日本进口酒精饮料的消费税都大于本国制品。

（八）最低限价和禁止进口

1. 最低限价

最低限价（minimum price）是指一国政府规定某种进口商品的最低价格，凡进口商品的价格低于此标准，就加征进口附加税或禁止进口。

【小思考】

1977 年，美国为抵制欧洲、日本等国的低价钢材和钢制品的进口，制定并实施了启动价格制，其实质也是一种最低限价制。它规定了进口到美国的所有钢材及部分钢制品的最低限价，即启动价格，当商品进口价低于启动价格时就必须加以调整，否则就要接受调查，并有可能被征收反倾销税。此后，欧共体步美国后尘，也对钢材及钢制品实行启动价格制。欧共体为保护其农产品而制定的“闸门价”是另一种形式的最低限价。它规定了外国农产品进入欧共体的最低限价，即闸门价，如果外国产品的进口价低于闸门价，就要征收附加税，使之不低于闸门价，然后在此基础上再征收调节税。我国农产品对欧出口就深受闸门价的影响。欧共体于 1991 年 4 月大幅度提高冻鸡肉的闸门价、附加税和调节税，导致鸡肉的进口成本从原来每吨 1 337 美元上升到 1 826 美元。这样，我国冻鸡肉对欧出口业务被迫中断，造成每年数百万美元的出口损失。

2005 年 5 月，巴西葡萄酒生产行业指责阿根廷的葡萄酒入侵巴西市场，由 1996 年的 60 万升猛增至 2004 年的 1 120 万升，占巴西市场消费量的 17%。2005 年 7 月，巴西对阿根廷的葡萄酒进口采取最低限价的措施，即每箱(12 瓶，每瓶 750 毫升)低于 8 美元的产品不能进入巴西市场。2006 年 1 月，巴西又将该最低限价提高到每箱 10.8 美元。

2009 年 4 月 7 日，阿根廷对原产于中国的瓷餐具及其他家用或卫生用瓷器临时采取 FOB(装运港船上交货)离岸价格每千克 4.65 美元的最低限价措施，有效期 4 个月。

问：从以上案例来看，最低限价的表现形式有几种？它们是如何限制进口的？

2. 禁止进口

禁止进口(prohibitive import)是一种限制进口的极端措施。当一些国家感到实行进口数量限制已不能走出经济与贸易困境时，往往会颁布法令，公布禁止进口的商品清单，禁止这些商品的进口。如 2003 年底，疯牛病“撞开”了美国的安全大门，使得 50 多个国家先后宣布禁止进口美国牛肉及其制品。美国普渡大学农业经济学家克里斯・赫特随即指出，美国牛肉业将因此蒙受 20 亿美元的巨额损失。之后，为了使美国牛肉能早日恢复对外出口，美国官员多次到进口牛肉大国韩国和日本进行游说，希望其恢复进口美国牛肉。正当一些国家准备恢复进口美国牛肉之际，2005 年 6 月 24 日，美国又确诊了第二例疯牛病病例，这对美国牛肉的出口无疑是雪上加霜。

(九) 进口押金制

进口押金制(import deposit system)又称进口存款制或进口担保金制，是指进口商在进口商品前，必须预先按进口金额的一定比率和规定的时间，在指定的银行无息存储一笔现金的制度。这种制度无疑加重了进口商的资金负担，起到限制进口的作用。

进口押金制要发挥限制进口的作用需要两个前提条件：外国出口商不愿融通资金或者利率水平较高。如果出口商愿意融通资金，尤其愿意无息或低息融通资金，则进口押金制无法限制进口。如果利率比较低，进口存款的票据能作为抵押而获得贷款，则进口商资金的流动性不成问题，只是负担一定的低利息，所以此时对于进口的影响也不会太大。

(十) 海关估价制度

海关估价制度(customs valuation system)原本是海关为了征收关税而确定进口商品价

格的制度，但在实践中它经常被用做一种限制进口的非关税壁垒措施。进口商品的价格可以有许多确定办法，同一种商品也可以按不同的价格计征关税，比如：成交价，即货物出售给进口国后经调整的实付或应付价格；外国价，即进口商品在其出口国国内销售时的批发价；估算价，即由成本加利润推算出的价格；等等。不同计价方法得出的进口商品价格高低不同，有的还相距甚远，海关可以选择较高的一种价格作为完税价格以提高进口商品的应税税额，这样一来，就可增加其关税，削弱进口商品竞争力，达到限制进口的目的。在各国专断的海关估价制度中，以“美国售价制”最为典型。

资料卡

美国的海关估价制度

长期以来，美国对完税价格的估算有详细规定：优先选择国外价格和出口价格中较高的价格；如果当事人不同意，则采用美国售价；若再不同意则采用生产成本；如果外国商品生产成本低于美国，威胁国内生产，则按美国售价为完税价格。

海关估价的基本原则是“就高不就低”，高估进口商品价格。东京回合谈判签署了《海关估价守则》后，海关估价的非关税壁垒效果才得以遏制。美国海关当局对煤焦油产品、胶底鞋类、蛤肉罐头、毛手套等商品，依“美国售价制”这种特殊估价标准进行征税。这四种商品都是国内售价很高的商品，按照这种标准征税，使这些商品的进口税率大幅度地提高。

（十一）进口商品征税分类

进口商品征税分类即海关强行把进口商品归在税率高的税则项下，目的是增加进口商品关税负担，从而限制进口。例如，美国海关对日本产卡车的驾驶室和底盘进行分类时，把它从“部件”类归为“装配汽车”，其进口税率就相应从4%提高到25%。又如，美国对一般的进口打字机不征关税，但如果将它归类为玩具打字机，则要开征35%的进口关税。不过，大多数国家采用的《布鲁塞尔税则目录》内容比较完善，一般产品该在哪个税则下都比较清楚，因此，利用产品分类来限制进口的作用相对有限。

（十二）技术性贸易壁垒

技术性贸易壁垒(technical barriers to trade)是指一国以维持生产、消费安全以及人民健康为理由，制定一些复杂、苛刻的技术、安全和卫生等标准去衡量进口商品，使外国产品难以适应，从而导致这些商品无法符合标准而被进口国拒之门外，起到限制外国商品进口的作用。

1. 技术标准

技术标准主要适用于工业制成品。发达国家普遍规定了严格、繁杂的技术标准，不符合标准的商品不得进口，但其中有些规定往往是针对特定国家的。这些技术标准不仅在条文本身上限制了外国产品的销售，而且在实施过程中也为外国产品的销售设置了重重障碍。

2. 卫生检疫标准

卫生检疫标准主要适用于农副产品及其制品。各国更加广泛地利用卫生检疫的规定限制商品的进口，在卫生检疫方面的规定越来越严，项目越来越多，要求卫生检疫的商品也越来越多。如日本对茶叶的农药残留规定不得超过百万分之零点二至百万分之零点五；美国和加拿大规定进口陶瓷的含铅量不得超过百万分之七；日本、加拿大、英国要求花生中黄曲霉素含量不超过百万分之二十，花生酱中不超过百万分之十；日本对大米进口检验的理化指标从 1993 年的 20 项增加到 2000 年的 104 项，2002 年 2 月日本对中国产活鳗鱼及冷冻的鳗鱼实施 11 项抗生素残留检测，包括一些从不用于鳗鱼的抗生素，4 月 24 日，日本开始对中国产活鳗鱼实行机场吊水 48 小时以上，逐批检查磺胺类药物残留。

3. 商品包装和标签规定

商品包装和标签规定适用范围很广。许多国家对进口商品的包装材料、包装形式、标签、使用文字等都有详细规定，而且差异很大。对于国内市场上销售的商品，要求符合各种包装和标签条例。这些规定内容复杂，手续烦琐。进口商必须符合这些规定，否则不准进口或禁止相关商品在其市场上销售。许多外国产品为了符合有关国家的这些规定，不得不重新包装和改换商品标签，进而费工费时，增加了进口成本，削弱了商品竞争能力，影响了商品销路。如法国禁止进口容量和本国不同的罐头产品；加拿大规定进口食品的标签必须以英文和法文标明，并在显眼位置标明商品重量、国外生产者以及进口商的名称、地址；美国规定，进口食品必须在包装上标明所含各种成分及其所占比重，说明中不得写有介绍该食品具有治疗效果的文字，否则，就要列入药品范围，药品则需特殊批准才能进口，而且对标签的版面格式、字体尺寸、标示用语等都有严格的规定。

近几年来，国际贸易中还不断出现新的壁垒形式，如绿色壁垒，即借着保护环境、保障人民生命安全的名义将大量的进口商品阻拦在国门之外。2009 年，美国通过征收进口产品"边界调节税"法案，将从 2020 年起开始实施"碳关税"。其中，碳关税是指对如铝、钢铁、水泥和一些化工产品等高耗能产品的进口征收二氧化碳排放关税。发达国家凭借其自身已积累起来的先进的环保技术，通过向发展中国家收取"碳关税"阻碍这些国家的产品进入本国市场，"以保护环境之名，行贸易保护之实"。再如，西方发达国家最近使用电子数据交换(EDI)后，出现了带有歧视性通关秩序安排，即优先安排利用 EDI 报关的西方发达国家商品的进出口，将未能广泛利用 EDI 的发展中国家的进出口商品滞后安排。这些新的壁垒形式对国际贸易造成了许多新的障碍。

任务实施

无论是此前我国纺织服装面临的出口配额及许可证管理措施，还是在低碳经济的形势下即将实施的碳关税，都属于非关税壁垒。在金融危机后，各国加强贸易保护主义，由于非关税壁垒具有灵活性、针对性、隐蔽性、歧视性、有效性等特点，非关税壁垒措施会更加多样化，这些都会直接削弱我国商品出口的全球竞争力，阻碍我国商品的正常出口。为突破这些非关税壁垒需要做到以下几点：一是发挥行业商会等作用，保持有序生产与出口，避免盲目扩张产能；二是企业积极转型升级，积极研发绿色技术，建立从原材料到产品全过程的质量管理体系，着力提高产品的质量和附加值；三是有关主管部门增强服务意识，建立反壁垒预警机制，及时了解国际产品标准的制定与变化，引导企业应对，为企业扩大出口服务；四是建立和维护国际合作与协调机制，建立与国际和国外权威机构认证的相互认可机构，为申请与环境标准相关的认证工作创造条件。

任务四 实施出口鼓励和出口管制

任务情境

中国人民银行前行长周小川在参加第十一届陆家嘴论坛时表示，打贸易战没有赢家，会使得双方国家的GDP都面临不同程度的收缩。周小川提出，在短期宏观政策调整下，应该追求更治本的办法。他认为治本的办法有两个。一是通过贸易谈判，推动WTO改革，使"搞错"的贸易政策回归正常。二是对于中国来说，出口中对美国减少出口的部分要尽可能通过扩大销售渠道出口到其他国家。在政策制定上，也要有一些鼓励出口多元化发展的举措，两三年时间内中国可以找到并建立新的出口市场。

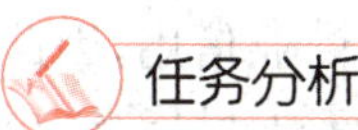

任务分析

各国除了采用各种关税和非关税壁垒的措施，直接或间接限制进口之外，对产品的出口还要采取各种措施来进行管理。一是鼓励某些产品的出口，二是限制或禁止某些产品的出口。出口鼓励和出口管制都有哪些措施，这些措施都能产生哪些作用，采用什么措施对钢铁进出口进行管理更符合我国国情，都是本任务需要学习的内容。

知识精讲

一、出口鼓励的措施

出口鼓励的措施主要体现在以下几点。

（一）出口信贷

1. 出口信贷的概念

出口信贷(export credit)是指一国为了鼓励商品出口，增强商品在国际市场上的竞争能力，通过银行对本国出口厂商或外国进口厂商(或其银行)提供的优惠贷款。它是一国的出口厂商利用本国银行的货款扩大商品出口的措施，特别适用于金额较大、贷款期限较长的商品，如大型成套设备、飞机、船舶等的出口。

2. 出口信贷的种类

(1) 按贷款期限，可将出口信贷分为短期信贷、中期信贷和长期信贷。

① 短期信贷是指贷款期限一般在一年以内的信贷，主要适用于原料、消费品及小型机器设备的出口。例如，为鼓励巴基斯坦购买美国农产品，美国在2004财年向巴基斯坦提供了总额为9 500万美元的短期出口信贷支持；2002年5月13日，时任美国总统的布什签署了有效期为6年(2002—2007年)的《2002年农业保障和农村投资法》(即《2002年FSRI

法》),美国在 2002 年至 2007 年间继续提供出口信贷。到 2007 年,美国商品信贷公司每年至少提供 55 亿美元的资金,以促进加工品和高价值农产品的出口,同时将还款期由 180 天延长为 360 天。

② 中期信贷是指贷款期限为一年以上、五年以下的信贷,常用于中型机器设备的出口。

③ 长期信贷是指贷款期限通常为五年以上(不含五年),常用于重型机器、飞机、船舶、成套设备的出口等。如日本就曾大量利用"海外经济协力基金"向某些发展中国家提供利率为 3.5%、期限为 20 年的出口信贷。

(2) 按照借贷关系,可将出口信贷分为卖方信贷和买方信贷。

① 卖方信贷(supplier's credit)是由卖方与银行签订货款协议,由出口方银行向本国出口厂商(即卖方)提供的贷款。进口商购进大型成套设备、飞机、船舶等大型商品时,往往需要大额资金,很难一次性全部付清货款,因而一般采用延期付款的办法进行支付,这给出口厂商的资金周转带来困难。出口国为了鼓励出口,加快卖方资金周转,由卖方所在国银行给卖方提供贷款,并签订协议,由卖方支付银行利息,但利息计入货价或在货价外单列,由进口商(即买方)负担。

由于卖方信贷是由出口商向银行贷款,再向进口商提供延期付款的一种商业信用,因此进口商难以比较货价和利息,不能讨价还价。对于出口商来说,一旦进口商不支付货款,出口商就要承担向银行还本付息的风险。

② 买方信贷(buyer's credit)是出口方银行直接向进口商(即买方)或进口方银行提供的贷款。这种贷款的附有条件是要求进口商必须利用贷款购买出口商的产品,即约束性贷款,因而起到促进出口的作用。下面分别介绍出口方银行直接向进口商和向进口方银行提供贷款的流程。

出口方贷款给进口商的买方信贷:首先,进口商与出口商签订买卖合同,由进口商以即期付款的方式向出口商交纳买卖合同金额的 15%~20%的订金;第二步,其余 80%~85%的货款由进口商与出口方银行签订贷款协议进行贷款;第三步,出口商交付货物,进口商付清剩余的 80%~85%货款;最后,由进口商按照贷款协议还本付息。因贷款协议是由进口商和出口方银行签订,因此由出口方银行承担信用风险。

出口方贷款给进口方银行的买方信贷:首先,出口商和进口商签订买卖合同,由进口商以即期付款的方式向出口商交纳买卖合同金额的 15%的订金;第二步,其余 85%的货款由进口方银行与出口方银行签订贷款协议进行贷款;第三步,由进口方银行与进口商签订贷款协议,将款项贷给进口商;第四步,出口商交付货物,进口商付清剩余的 85%货款;第五步,由进口商按照与进口方银行的贷款协议分期还本付息。因贷款协议是由进口方银行和出口方银行签订,因此由进口方银行承担信用风险。

买方信贷中是由进口商或进口方银行直接向出口方银行贷款,利息由进口商或进口方银行支付,因此利于进口商了解真实货价,便于讨价还价,且此信贷方式由出口方银行或进口方银行承担信用风险,于出口商来说风险性极小,是一种最常用的出口信贷方式。如以色列对中方采购以方设备提供 12 年以上的贷款。自 20 世纪 90 年代以来,以色列财政部通过其 HaPoalim 银行对我国 90%的贷款都用于中方采购以方投资设备,其中大多数为医疗设备。

（二）出口信贷国家担保制

1. 出口信贷国家担保制的概念

出口信贷国家担保制(export credit guarantee system)是指各国为了扩大出口，对于本国出口厂商或商业银行向外国进口厂商或银行提供的信贷，由国家设立的专门机构出面担保的一种制度。当进口商或银行拒绝付款即发生呆账或坏账时，这个专门机构即按照承保的数额给予补偿。该制度的实质是国家代替出口商承担风险，扩大出口，争夺国外市场。

出口信用保险之所以由政府经营，是因为它属于政策性保险，旨在为扩大出口提供服务，收费不高而风险较大，往往会因保险费收入总额不抵偿付总额而发生亏损。例如，1986年，英国出口信贷担保署亏损 11.99 亿美元，美国进出口银行亏损 3.33 亿美元，日本通产省出口担保课亏损 8.1 亿美元。严重的亏损情况使得私人保险公司不愿也无力经营，所以，出口信用保险只能由政府来经营并承担经济责任。

2. 担保的项目与金额

(1) 政治风险。出口信贷国家担保制能对进口国发生政变、革命、暴乱、战争以及政府实行禁运、冻结资金或限制对外支付等政治原因所造成的损失，可给予补偿。这种风险的承保金额一般为合同金额的 85%～95%。

(2) 经济风险。因进口商或其银行破产倒闭无力偿还，或因货币贬值、通货膨胀等经济原因所造成的损失，出口信贷国家担保制可给予补偿，担保金额一般为合同金额的 70%以上。

3. 担保对象

(1) 对出口厂商的担保。出口商出口商品时向进口商提供的信贷，可向国家担保机构申请担保，一旦进口商不能按期还本付息，出口方或其银行可直接从担保机构得到补偿。

(2) 对出口方银行的直接担保。通常银行所提供的出口信贷均可申请担保，有些国家为了鼓励出口信贷业务的开展和提供贷款安全保障，往往给银行更为优厚的待遇。

4. 担保期限与费用

(1) 担保期限可按时间长短分为短期和中长期。其中，短期信贷担保期为 6 个月左右。为了简化手续，有的国家采用综合担保的方式，出口商一年只要办理一次投保，就可承保在这期间对海外的一切短期信贷交易。中长期信贷担保期通常为 2～15 年，因时间长、金额大，因而采用逐笔审批的特殊担保方式。承保时间可从出口合同成立日或装运出口日直到最后一笔款项付清为止。

(2) 担保费用。因担保机构的主要目的是担保出口商及出口方银行在海外的风险，扩大商品出口，因此担保费用一般较低，以减轻出口商和银行的负担。其担保费用根据承保的出口项目、金额、期限等不同而有所不同。如巴西对短期出口信贷担保的主要产品是日用消费品、轻工产品等，担保费率最低为出口金额的 0.5%、最高达 3%；对中长期出口信贷担保的主要出口产品是资本货物，担保费率最低为出口金额的 2.5%，最高达 10%。此外，各国保险费率不一样，因此担保费用也有所不同。

（三）出口补贴

出口补贴(export subsidy)是指一国政府在某种商品出口时给予出口商的现金补贴或

财政上的优惠待遇，目的在于支持出口商降低出口商品的价格，增强其在国际市场上的竞争能力，扩大出口。出口补贴主要有两种方式。

1. 直接补贴

直接补贴(direct subsidy)是指出口某种商品时，直接付给出口商的现金补贴。当某产品国内价格高于国际市场价格时，按国际市场价格出口会出现亏损，这种差价或亏损部分便由该国政府直接给予出口商现金补贴。其补贴幅度和时间长短随国内价格与国际市场价格的差额的变化而变化，甚至为鼓励生产积极性，国家给予的现金补贴会高于价格的差额。

这种补贴方式以欧盟对农产品的出口补贴最为典型。据统计，1994 年欧盟对农民的补贴总计高达 800 亿美元。再如罗马尼亚为了鼓励农业发展，从 2003 年开始，国家财政预算拨出 2 000 亿列伊(1 美元约合 3.299 4 列伊)的专款用于农产品和食品直接出口补贴，这些出口产品包括奶制品、菜油、肉及肉制品、粮食等。

2. 间接补贴

间接补贴(indirect subsidy)是指政府对某些出口商品给予财政上的优惠。其形式主要有以下几种。

(1) 退还或减免出口商品所缴纳的国内税。这种间接补贴形式也称边境税收调整，是指商品出口后，本国政府将出口商品在国内缴纳的营业税、周转税或国内消费税等间接税退还给出口商。许多国家减免出口商品国内税的理由是：这些出口商品未在生产国国内消费，而在进口国消费，因此在生产国不用征收国内税，而在进口国国内可能被征收同种或类似的国内税，这样可避免重复纳税。例如，欧共体市场对钢铁等产品就采用退还增值税的办法，这种措施可以大大降低出口产品的税收成本，增强产品在国际市场上的竞争能力。

(2) 免征或退还进口税。即对那些为加工出口商品而进口的原料或中间产品，可免征进口税，如来料加工。若原料或中间产品在进口时已征进口税的，当商品出口后，退还已缴纳的进口税，如进料加工。例如，英国曾对进口人造纤维加工成衣服、台布等产品，在出口时退还人造纤维进口税。再如美国政府规定，进口原料加工后再出口的商品，出口时可退还已缴纳的进口税。

(3) 免征出口税，即对进口商品征收进口税，对出口商品免征税，从而提高出口商品的竞争力。

(5) 其他措施，如延期纳税、降低运费、提供低息贷款、复汇率等。如美国政府规定，出口的成套设备所应付税款的 50%可以延期交付，而且对延期交付的时间也不作具体规定，实际上就是减征税款的 50%。

(四) 商品倾销

商品倾销(dumping)是指出口商以低于国内市场价格，甚至低于商品生产成本的价格，在国外市场大量抛售商品的行为。

1. 商品倾销的种类

(1) 偶发性倾销(sporadic dumping)。这种倾销通常是因为销售旺季已过或因公司改造其他业务等，向海外市场以低价抛售“剩余物资”或积压库存的产品。这种倾销因具有临时性和偶然性，时间短暂，进口国很少采用反倾销措施。

(2) 间歇性或掠夺性倾销(intermittent or predatory dumping)。这种倾销是先以低于

国内市场的价格，甚至低于生产成本的价格在国外市场上大量抛售商品，待击败了竞争对手，挤占部分市场以后，再大幅度提高价格，获取高额利润，以挽回由于倾销引起的损失。这种倾销违背公平竞争的原则，破坏国际贸易的正常秩序，往往遭到进口国反倾销税的抵制或其他报复。

(3) 长期性倾销(persistent dumping)。这种倾销是指出口厂商为了实现规模经济效益而大规模地进行生产的同时，维持其国内价格的平衡，而将一部分商品长期以低于正常价值的价格在国外市场上出售。其尽管不具占领或掠夺外国市场之目的，但由于它持续时间长，在客观上损害了进口国同类产业的利益，通常遭到进口国反倾销税的抵制或其他报复。

资料卡

商品倾销的其他类别

除以上三种倾销之外，隐蔽性倾销、间接倾销和社会倾销也引起了国际社会的重视。

(1) 隐蔽性倾销是出口商按照国际市场上的正常价格出售商品给进口商，而进口商则以倾销性的低价在进口国国内市场上抛售，其亏损部分由出口商给予补偿的倾销形式。

(2) 间接倾销也称第三国倾销，是指甲国的产品倾销至乙国，再由乙国销往丙国，并对丙国的有关产业造成损害的倾销形式。在这种情况下，丙国同类产品生产商可依反倾销法申请对乙国的生产商和出口商进行反倾销调查，也可要求乙国对甲国的产品采取反倾销措施。至于乙国当局是否会根据丙国的请求对甲国的倾销产品实施反倾销措施，往往取决于乙国与丙国的政治与贸易关系。

(3) 社会倾销是发展中国家由于廉价劳动力和生产环境的低标准等种种因素，使其出口商品在国际市场和国内市场上的价格都比较低的现象，还不能按现有的法律定义确定其倾销。但由于这些廉价出口商品对发达国家的市场带来冲击，因此近年来，发达国家，特别是欧盟的贸易保护主义者，一直在呼吁制止这种所谓的社会倾销。

2. 补偿措施

商品倾销可能会使出口商的利润暂时减少甚至亏本，一般可采用以下办法取得补偿。

(1) 垄断高价或压低工资，即通过维持国内市场上的垄断高价或压低工人工资等办法，榨取高额利润，以补偿出口亏损。

(2) 国家出口补贴，即由国家提供出口补贴以补偿该企业倾销时的亏损。

(3) 占领市场后再抬高价格，即待打垮了国外竞争者，占领了国外市场后，再抬高价格，赚取高额利润，弥补过去的损失。

(4) 规模效益。企业通过大规模生产，可以降低生产成本，获得规模经济效益，即现有厂房、机器设备等固定成本因出口增加而能充分利用，或者固定成本用国内销售部分就可以补偿。

（五）外汇倾销

1. 外汇倾销的概念

外汇倾销(exchange dumping)是出口企业利用本国货币对外贬值的机会，争夺国外市场的特殊手段。本国货币贬值后，以外币衡量的本国出口商品价格相对便宜，这就提高了出口产品的竞争能力，而以本国货币衡量的进口商品则相对昂贵，从而达到了限制进口、扩大出口的目的。

2. 外汇倾销的条件

(1) 货币贬值的程度大于国内物价上涨的程度。假设，美元与人民币的汇率为 1∶5，现人民币贬值，该汇率变为 1∶10。此时，如果国内物价上涨，原来 10 元的出口商品现在涨为 15 元，价格上涨 0.5 倍，则用美元表示的出口商品价格由原来的 2 美元变为 1.5 美元，出口价格降低，有利于扩大出口。但如果国内物价上涨到 20 元，用美元表示的出口商品价格仍为 2 美元，没有变化，因为国内物价上涨程度刚好抵消人民币贬值带来的商品降价，在美国市场均为 2 美元，前后无差异。因此，当国内物价上涨程度赶上或超过货币贬值程度时，对外商品出口的价格优势消失，外汇倾销的条件便不存在了。在实际生活中，物价上涨与货币贬值之间有一迟滞现象，即本国货币贬值，物价并不立即相应上涨，而是有一个过程，在一定时期内物价上涨总是落后于货币对外贬值的程度。出口商可以利用这一迟滞性现象来获取外汇倾销的利益。所以，外汇倾销虽然可以带动出口，但只是暂时的，它既有利的一面，也有弊的一面，一般不能随意使用。

(2) 其他国家不同时实行同等程度的货币贬值或采取其他报复性措施。如果其他国家也实行同幅度的贬值或征收高关税等其他限制进口的报复性措施，则会抵消外汇倾销带来的收益。

（六）行政措施

1. 设立专门组织

由国家设立专门机构进行社会及经济调查，为政府提供有关信息，研究和制定出口战略，并帮助制定各项措施和政策，扩大出口。如美国建立的贸易政策顾问委员会三级体系，即一级为总统贸易政策与谈判顾问委员会，二级为政府间政策顾问委员会、非洲贸易政策委员会等 6 个政策顾问委员会，三级为 26 个技术、行业部门及职能顾问委员会。

2. 建立商业情报系统

设立官方的商业情报机构，在海外设立商情网，负责向出口厂商提供商业情报服务。如英国设立专门的出口情报服务处，装备有计算机情报收集与传递系统。情报由英国 220 个驻外商务机构提供，经分析后，供有关出口厂商无偿使用，以促进商品出口。

3. 组织贸易中心和贸易展览会

政府出资组建贸易中心，可通过举办展会，宣传并推广本国出口产品；另外，由政府出资或给予补贴，组织企业到国外参展，从而宣传并推广产品。如意大利对参加国外展出的企业给予其费用 30%～40%的补贴。

4. 组织贸易代表团出访和接待来访

政府定期或不定期地组织贸易代表团出访并承担出国的费用，为本国企业带回各种信息;设立接待处,专门接待官方代表团和协助企业、社会团体接待来访工商界,从事贸易活动。

5. 组织出口商的评奖活动

对于出口成绩卓著的厂商,国家授予奖章、奖状,并通过活动推广成功经验。这种精神鼓励的方法对激发出口厂商的积极性很有帮助。

(七) 其他措施

1. 外汇分红

外汇分红是指政府允许出口厂商从其所得的出口外汇收入中提取一定比例的外汇用于进口,鼓励其出口积极性。

2. 出口奖励政策

政府在出口商出口某种商品以后发给一种奖励证,持有该证可以进口一定数量的外国商品,或将该证在市场上自由转让或出售,从中获利。

3. 复汇率制

政府规定不同的出口商品适用不同汇率。对于政府希望促进某种商品的出口,对该出口厂商的外汇收入按高于牌价的汇率收兑;对于政府不希望出口的商品,其外汇收入按较不利的汇率汇总。

4. 进出口连锁制

政府规定进出口商必须履行一定的出口义务方可获得一定的输入权利,或获得一定的进口权利的进出口商必须承担一定的出口义务。通过进出口相联系的方法,达到有进有出,以进带出,或以出许进的方式,扩大出口。

二、出口管制的措施

一般情况下,国家对商品的出口是不进行管制的,但有些国家为了达到一定的政治、军事、经济目的或履行协议,对某些商品,特别是战略物资与先进技术资料,实行限制出口或禁止出口,称为出口管制。

(一) 出口管制的商品

国家实施出口管制的商品主要有:国内供不应求的原材料、半制成品和生活必需品;战略物资、尖端技术、先进产品及有关的技术资料;在进口国的要求及压力下,实行"自动"出口限制的商品;为了采取经济制裁而对某国或地区限制甚至禁止出口的商品;重要的历史文物、艺术品、黄金、白银等特殊商品。

(二) 出口管制的形式

1. 单方面的出口管制

单方面的出口管制是指一国根据本国的出口管制,设立专门的执行机构对本国某些商品出口进行审批和颁发出口许可证,实行出口管制。

资料卡

美国的单边出口管制体系

美国的军需品和高科技产品出口管制很早就开始了。1949年，美国国会通过《出口管制法》，建立了两用物项(敏感物项和易制毒化学品的总称)出口管理制度。其目的就是要保持美国在世界上的科技优势和军事技术优势，维持其霸权地位，保障其所谓的“国家安全”。1979年，国会对1970年开始实施的《出口管理法》进行第二次全面修订，由商务部依据《出口管理条例》实施管理。1989年以来，总统一再援引《国际紧急状态经济权力法》以维持两用物项出口管制工作的合法性。武器出口管制制度正式创设于1976年，由美国国务院依据《国际武器交易规则》负责执行。出口管制一直是一把“双刃剑”，在限制高技术产品外流的同时，对美国国内工业界也带来了巨大损失。美国的出口管制非常严格，但放松管制与扩大出口、创造就业机会、增强产品竞争力紧密相连。2008年的金融危机成为美国出口管制政策改革的有力推手，美国的出口管制总体逐步放松，单一的管制清单的管制范围缩小、审批程序简化。

2. 多边出口管制

多边出口管制是指几个国家政府，通过一定的方式建立国际性的多边出口管制机构，商讨和编制多边出口管制货单和出口管制国别，规定出口管制的办法等，以协调彼此的出口管制政策和措施，达到共同的政治和经济目的。冷战时期存在的巴黎统筹委员会和之后的《瓦瑟纳尔协定》组织就是典型的国际性多边出口管理机构。

资料卡

国际上主要的多边出口管制机构

(1) 巴黎统筹委员会。为了在经济上遏制苏联等社会主义国家，1949年11月由美国发起，与西欧一些国家联合成立了一个多边出口控制协调委员会，由于其总部设在巴黎，故通常被称为“巴黎统筹委员会”，简称巴统。该委员会共有17个成员国，下设调查小组，对苏联、东欧等国家实行禁运，后于1952年增设了“中国委员会”，是对中国实行禁运的执行机构。在整个冷战时期，巴统对封锁和禁止高技术及战略性物资向社会主义的输出发挥了重要的作用。例如，1987年，日本东芝机械公司向前苏联出口了属于巴统管制货单中的特殊专用精密机床，使前苏联潜艇的制造技术有了很大改进，对美国和西方国家造成了威胁，美国国会便通过决议对日本东芝公司予以制裁，5年内(后改为3年)禁止东芝公司对美国的出口，从而给东芝公司造成了巨大的经济损失。

随着冷战时代的结束，巴黎统筹委员会已于1994年宣告解散。虽然它已不复存在，但是其后续影响仍是不可低估的。

(2)《瓦瑟纳尔协定》组织。1996年9月，美国与其他32个国家共同签署了《关于常规武器与两用产品和技术出口控制的瓦瑟纳尔协定》(简称《瓦瑟纳尔协定》)，在此基础上建立起新的多边出口控制机制。该协定没有正式列举被管制的国家，只在口头上将伊朗、伊拉克、朝鲜和利比亚4国列入管制对象。其组织十分松散，成员国可参照共同的管制原则和清单自行决定实施出口管制的措施和方式，自行批准本国的出口许可，即所谓的“各国自行处理”原则。

三、促进外贸发展的经济特区措施

经济特区(special economic zone)是指一个国家或地区在其国境或管辖范围之内、关境之外划出一定区域，实施特殊的经济政策，改善基础设施和环境，吸引外国企业从事贸易与出口加工等活动。设立经济特区的目的是促进对外贸易的发展，鼓励转口贸易和出口加工贸易，繁荣本地区和邻近地区的经济，增加财政收入和外汇收入。常见的经济特区主要有以下类型。

1. 自由港或自由贸易区

自由港(free port)又称为自由口岸(free trade port)，是指不属于一国海关管辖，全部或绝大部分外国商品可以豁免关税自由进出口的港口或海港地区，是自由贸易区的前身。它是世界上最早出现的经济特区，16世纪到18世纪70年代，资产阶级反对封建割据和闭关自守，要求自由贸易，开辟广阔的国内市场和世界市场，主张国家不干预经济生活，商品自由出入，减免关税，因此，自由港就应运而生了。在这里，外国货物可免税进口，外国商品可以在此装卸、储存、分级挑选、改装、维修以及再出口或在港区内销售。

随着自由港不断地向四周扩展，逐渐形成了自由贸易区(如北美自由贸易区)。

一般说来，自由港或自由贸易区可以分为两种类型。

(1) 将港口或设区及其所在城市完全划为自由港或自由贸易区，如整个香港是自由港。在整个香港，除对少数指定进出口商品征收关税或实施不同程度的贸易管制外，绝大多数商品可以自由进出，免征关税，甚至允许任何外国商人在那里兴办工厂或企业。

(2) 港口或设区的所在城市的一部分划为自由港或自由贸易区。例如，汉堡的自由港和自由贸易区是由汉堡市的两部分组成，即划在卡勃兰特(Kohlprand)航道以东的为自由港，划在卡尔勃兰特航道以西的几个码头和邻近地区为自由贸易区。这个自由贸易区位于港区的中心，占地5.6平方英里(约合14.5平方千米)。因此，外国商品只有运入该区域内才能享有免税等优惠待遇。

2. 保税区

保税区(bonded area)又称保税仓库区(bonded warehouse)，多设于一些没有设立自由港和自由贸易区的国家(如日本、荷兰等)。它是指由海关所设置的或经海关批准注册的，受海关监督的特定地区和仓库。外国商品存入保税区内后，可以暂时不缴纳进口税，如再出口，不需缴纳出口税；如果运进所在国的国内市场，则需办理报关手续，缴纳进口税，运入区内的外国商品可进行储存、改装、分类、混合、展览、加工和制造等。此外，有的保税区还允许在区内经营金融、保险、房地产、展销和旅游业务。

因此，许多国家对保税区的规定与自由港、自由贸易区的规定基本相同，起到了类似自由港或自由贸易区的作用。

3. 出口加工区

出口加工区(export processing zone)是一个国家或地区在其港口、国际机场的地方划出一定范围新建和扩建码头、车站、道路、仓库和厂房等基础设施以及提供免税等优惠待遇，鼓励外国企业在区内进行投资设厂，生产以出口为主的制成品的加工区域。出口加工区是在自由港或自由贸易区的基础上发展起来的，世界上正式采用“出口加工区”这一名称是始于1966年台湾的高雄出口加工区。

出口加工区与自由港和自由贸易区有所不同：一般说来，自由港、自由贸易区分布在全世界不同类型的国家，但出口加工区主要存在于一些发展中国家。设立自由港和自由贸易区的主要目的是发展转口贸易和对进口货物进行简单再加工，增加商业收益为主，而出口加工区则是以投资的优惠条件，引进外资和先进技术，通过发展本地区的出口加工、装配工业等，取得工业方面的收益。

4. 多种经营的经济特区

多种经营的经济特区是指一国在其港口或港口附近等地划出一定的范围，新建或扩建基础设施和提供减免税收等优惠待遇，吸引外国或境外企业在区内从事外贸、加工工业、农畜业、金融保险和旅游业等多种经营活动的区域。如我国设立的深圳、珠海、汕头、厦门和海南省经济特区。

5. 自由边境区和过境区

自由边境区(free perimeter)是指设在本国的边境省市地区或地带的某一地段，按照自由贸易区或出口加工区的优惠措施，吸引国外厂商投资，以开发边区经济为目的的自由区域。与出口加工区不同的是，自由边境区的进口商品加工后大多是在区内使用，只有少数是用于出口。

过境区(transit zone)又称中转贸易区，指某些沿海国家为了便利内陆邻国的进出口货运，开辟某些海港、河港或过境城市作为货物的自由中转区。与上述地区开放的形式不同，过境货物在过境区可作短期储存，重新包装，但不能加工。

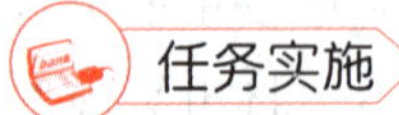

任务实施

2018年以来，中国与美国在贸易上的争端不可避免。从我国的角度来看，由于目前美方宣称拟对3000亿美元中国输美商品加征10%关税，严重违背中美两国元首大阪会晤共识，国务院关税税则委员会对2019年8月3日后新成交的美国农产品采购暂不排除进口加征关税，中国相关企业已暂停采购美国农产品。中方有关部门表示，中国市场容量大，进口美国优质农产品前景光明，但希望美方认真落实中美两国元首大阪会晤达成的共识，言而有信，落实承诺，为两国农业领域合作创造必要条件。中方将根据世贸组织相关规则，坚定维护自身合法权益，坚决捍卫多边贸易体系和国际贸易秩序。

知识巩固

1. 什么是对外贸易政策？对外贸易政策都有哪些类型？
2. 简述对外贸易政策的演变过程。
3. 什么是进口附加税？其征收的目的是什么？
4. 关税壁垒和非关税壁垒的特点分别是什么？
5. 外汇管制可分为哪几种？它是如何达到限制进口的目的的？
6. 出口信贷可分为哪两种？其中给卖方提供信贷称为什么？
7. 商品倾销分为哪几种？其中对哪种不采取反倾销措施？
8. 举例说明外汇倾销的条件。
9. 出口加工区与自由港或自由贸易区的区别是什么？

案例讨论

日本利用“自动”出口配额对出口美国的汽车限制

日本汽车自20世纪60年代开始进入美国市场，到80年代初，对美国汽车产业造成了严重的冲击。1979—1980年，美国汽车业失业率的上升和利润的下降，使福特汽车公司和美国汽车工人联合工会(United Automobile Workers,UAW)向美国国际贸易委员会申请使用201条款的保护。几位来自美国中西部各州的参议员提出了一个把1981—1983年出口到美国的日本汽车总数限制在160万辆的议案。这个议案原定在1981年5月12日的参议院金融委员会上进行讨论和修改，但日本政府在知道这一消息后主动于5月1日宣布它会“自愿”限制在美国市场上汽车的销售。其具体方案为：1981年4月到1982年3月，限制总额为183万辆，包括出口到美国的168万辆小汽车和8.25万辆公共交通工具以及出口到波多黎各的7万辆其他交通工具；在1984年配额升至202万辆，1985年起又升至每年251万辆。

在最初几年里，“自愿”限制总额几乎都用完。在1987年前，“自愿”限制对日本的汽车出口一直是有约束力的。1987年之后，日本公司开始在美国境内生产汽车，美国从日本的进口量自然下降，实际进口量逐渐低于限制总额。到1994年3月，美国对日本汽车的“自愿”出口限制就取消了。

有意思的是，1981年，即在实行限制后的第一年，销往美国的日本汽车的单价上升了20%，而1982年又在前一年的基础上上升了10%。当然，价格的上升可能反映的是一般性价格水平的上升，也可能反映了日本销美汽车质量的提高。

美国加州大学的罗伯特·芬斯阙(Robert C. Feenstra)教授于1988年建立了一个质量选择的理论模型，并利用日本出口到美国的不同车型价格数据，就“自愿”出口限制协议对日本输美汽车质量的影响进行了实证研究。通过比较“自愿”出口限制协议生效前后的变化，他发现：日本公司改变了美国市场所销售汽车的特性，转向了更高质量和价格的车型，也就是说，伴随“自愿”出口限制协议而来的日本汽车进口价格的上涨，部分原因是进口车型的质量提高。在考虑了日本进口车质量提高因素的基础上，他计算出在1983年和1984年的自愿出口配额水平下,每进口一辆小汽车,美国实际支付的福利成本超过了1 000美元。

请结合案例分析:日本政府为什么会"自愿"限制在美国市场上汽车的销售?"自愿"出口限制又是如何取消的?日本政府是如何应对"自愿"出口限制的?我国可从中吸取哪些经验?

技能训练

1. 我公司向美某公司出口功夫鞋30 000双,每双售价FOB上海2.75美元,美国进口关税最惠国税率为15%,但美按其国内售价5.25美元计税,则该批功夫鞋要比原来多征税多少?

2. 我国从美国进口一批广播级摄像机共2 000台,每台价格4 500美元。我国规定:每台完税价格高于2 000美元的,每台征收从量税,税额为4 482元,加上3%从价税;每台完税价格低于或等于2 000美元的,执行单一从价税,税率为30%。则该批产品需在我国征收多少关税?

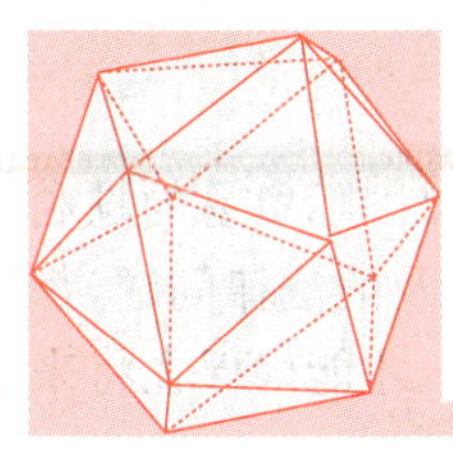

学习情境四
开展进出口交易磋商与合同签订活动

知识目标

- 掌握国际贸易的基本流程；
- 明确交易磋商的四个环节；
- 掌握发盘和接受的含义和构成条件；
- 理解发盘和接盘的生效、撤回及撤销的条件与做法；
- 了解合同成立的条件。

能力目标

- 树立按照正确程序进行贸易磋商的意识；
- 能够就某一具体商品进出口按照正确流程进行交易磋商；
- 培养贸易磋商时的判断、应变及处理问题的能力。

在进出口贸易中，由于交易方式和交易条件不同，其他业务环节也不尽相同。但是，进出口交易一般都包括交易前的准备、合同的商订和合同的履行三个阶段。为了便于学习国际贸易业务的有关问题，在此以按 CIF(成本加运费和保险费)条件交易和按 FOB(装运港船上交货)条件交易、信用证方式结算、采用海洋运输的国际贸易业务为例，介绍进出口贸易的基本流程与合同的签订工作。

任务一 解读国际贸易的基本流程

任务情境

小杨从天津某大学毕业后，到天津昌盛贸易有限公司工作。该公司长年经营服装、玩具、食品的进出口业务。公司总经理安排小杨到业务操作部工作，向资深员工学习国际贸易业务，尽快适应工作内容及环境。为此，小杨首先准备了解国际贸易的大环境和我国近年来的对外贸易政策、措施等，尔后开始熟悉进出口贸易的操作流程。

任务分析

从事国际贸易业务的人员，必须熟练掌握国际贸易业务的流程，以确保国际贸易的顺利开展。国际贸易不同于国内贸易，其交易过程、交易条件、贸易习惯及所涉及的法律问题，都远比国内贸易复杂，进出口商只有按照正确的国际贸易流程进行实务操作，才能确保在将来获得预期的利润，任何一个程序中的偏差或失误都有可能导致巨大的损失。

知识精讲

一、进口贸易的基本流程

进口业务是国际贸易的重要组成部分。目前，由于各国普遍实行扶出限进的贸易政策，我国政府也对进口实行比较严格的控制政策，一些重要、特殊商品的进口仍由国家指定一些国有企业专营；另外，对一些产品的进口，国家实行了进口配额许可证管理、进口关税配额管理和自动进口许可证管理，只有在申请、批准、领取了进口许可证后，才能在国家规定的限额内进口。我国外贸进口业务与出口业务最大的不同，就是其高度的政策性。因此，进行外贸进口业务以前，应该充分了解国家政策、熟悉国家有关法律法规，以避免因违反国家政策而遭受损失。

从具体程序讲，进口业务大体上可分为四个阶段：进口交易前的准备、交易磋商、签订合同和履行合同。

1. 进口交易前的准备

进口交易前需要准备的内容包括对国内外市场的调查研究（商品价格变化趋势和供应商资信）、核算进口成本、申领进口货物许可证、进口用汇、委托代理进口、选择交易商品和对象等。

2. 交易磋商

交易磋商主要包括询盘、发盘、还盘和接受四个过程。其中，发盘和接受是达成交易、合同成立不可缺少的两个基本环节和必经的法律步骤。在交易磋商过程中，需要进行接触客户和与客户洽谈、对客户进行资信调查、有效管理和回复客户询盘、获取客户的信任、打样与寄样、出口报价核算、争取客户订单等活动。

3. 签订合同

当交易双方就磋商达成共识后，即可签订合同。合同是买卖双方就交易事项所做的约定，明确了双方的权利和义务，具有法律效力。

4. 履行合同

履行进口合同时需要遵循以下程序。

（1）开立和修改信用证。

（2）委托装运前验货。

（3）索要商检证书。

(4) 运输和保险。
(5) 审单和付款。
(6) 进口报关纳税。
(7) 进口商品检验。
(8) 提货离岸。

二、出口贸易的基本流程

一般出口业务流程包括出口交易前的准备、交易磋商、签订合同、履行合同和出口善后五个环节,每个工作环节又包括若干个工作任务。

1. 出口交易前的准备

出口交易前的准备包括:登记进出口经营权及办理相关手续;人才、硬件、软件和资料的准备;国际商务信息的收集与整理;对国际市场的调查研究;选择出口产品、供应商,落实出口货源;出口商品经营方案的制定;建立业务关系;经贸洽谈人员的选派与洽谈内容的确定;出口商品的广告宣传;出口商品的商标注册与企业域名注册。

2. 交易磋商

出口贸易的交易磋商与进口贸易类似,也包括询盘、发盘、还盘和接受四个过程。其中出口贸易的交易磋商主要是寻找买家,而进口贸易的交易磋商主要是针对卖家。

3. 签订合同

当出口贸易的买卖双方达成交易后也应签订相应的合同,以约束双方行为。从事进出口贸易的企业一般都有固定的合同格式,一旦交易达成,便可将各项内容填入合同中。

4. 履行合同

履行出口合同时需要遵循以下程序。

(1) 外经贸机构批准,申请领取出口许可证。
(2) 经济贸易促进会批准,申请原产地证书。
(3) 接受法定检验或委托鉴定,取得检验报告或鉴定证书(商检提供)。
(4) 催证、审证、改证。
(5) 制作各类单据(如汇票、发票等)。
(6) 办理托运手续。
(7) 投保。
(8) 报关并缴纳关税。
(9) 装运并换取提单。
(10) 缮制单据。

5. 出口善后

出口完成后还有一些善后工作,包括缮制单据后提交至银行,审单复核;出口收汇核销;出口退税;资料归档等。若有违约情况发生,还需进行争议与索赔。

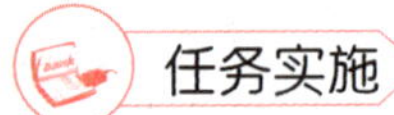

任务实施

小杨通过学习，将进出口贸易的基本流程总结成了如图 4-1、图 4-2 所示的形式。

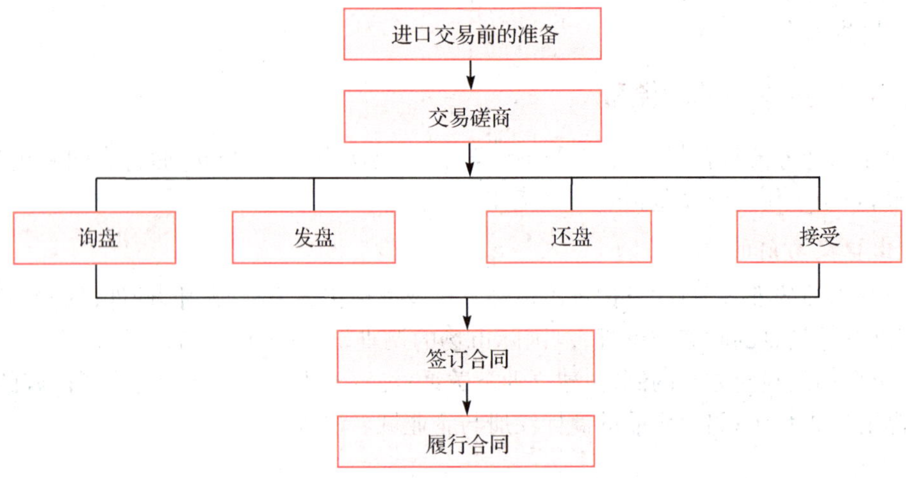

图 4-1 进口贸易的基本流程

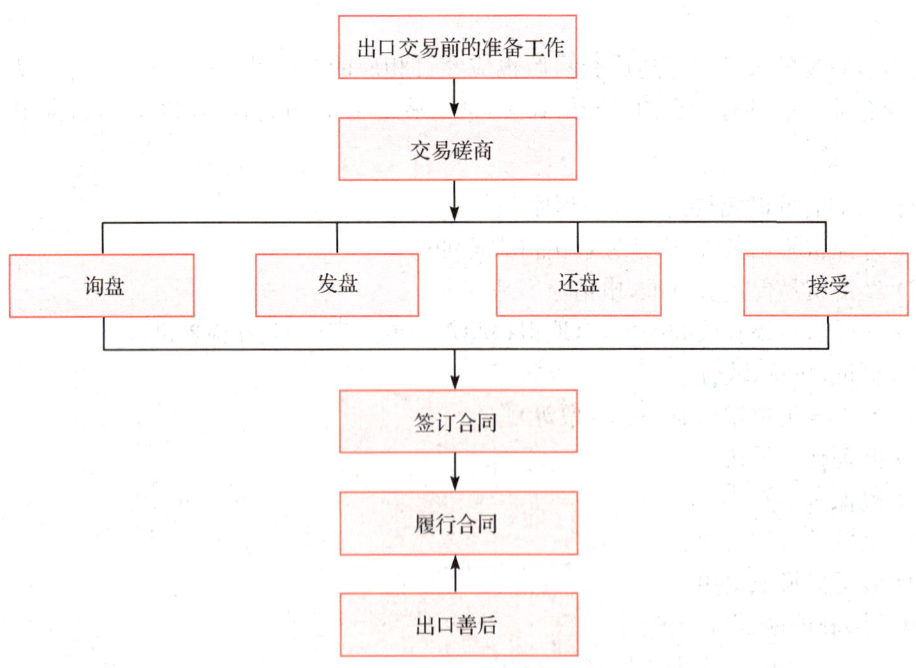

图 4-2 出口贸易的基本流程

任务二　进行交易前的准备工作

任务情境

天津昌盛贸易有限公司的业务员小杨在熟悉了进出口贸易的基本流程后，收到了来自英国 Golded Elephant Trading Co.,Ltd. 关于求购我国服装的电子邮件，为了更好地了解交易背景，小杨开始进行交易前的准备工作。

任务分析

在国际贸易磋商前，外贸企业必须认真做好交易前的各项准备工作。准备工作做得越充分、越细致，在交易磋商和签订合同的过程中也会越主动、越顺利。

知识精讲

国际贸易中的交易双方通常分属于不同的国家或地区，彼此有着不同的政治、经济、文化的背景，且双方的立场及其追求的目标也各不相同，双方都想争取到更有利的贸易条件。为了保证交易磋商有的放矢，确保交易磋商决策的准确性，磋商前必须做好各方面的充分准备。

一、进口交易前的准备工作

（一）市场调研

1. 进口商品调研

调研进口产品的质量（包括性能、特点、款式、包装及售后服务等）、价格（成本价格及出口价格等）、设计与生产（设计水平、设计和生产能力等）、交货期（如产品生产周期、特殊加工所需时间等）、法律保护（专利保护、商标注册等）等内容，以便货比三家，进口最需要的、商品质量和技术水平相对较高的商品。

2. 国际市场环境调研

对各国经济信息、政治与文化信息、市场条件、竞争环境等进行充分调研，从中选择最佳的目标进口国及适销对路的进口商品。

（二）选择交易对象与国外供应商建立业务联系

通过网站、报纸、杂志、行业名录、展会等途径寻找并结识客户，并可通过驻外商务机构、领事馆、中国银行、行业民间组织等机构对客户的政治文化背景、资信情况、经营范围、经营能力和经营作风等方面的情况进行了解和分析后选择目标客户，通过写信等方式向其表达建立业务联系的愿望。具体可分析以下几方面。

(1) 支付能力。支付能力主要考察客户的注册资本额、营业额、潜在资本、资本负债和借贷能力等，了解其财力状况。

(2) 经营能力。经营能力分析了解客户的供销渠道、联系网络、贸易关系、经营做法等经营活动能力的大小。

(3) 经营作风。经营作风主要指企业的商业信誉、商业道德、服务态度、公共关系水平等是否良好。

(4) 经营范围。经营范围主要包括企业经营的商品品种、业务范围以及是否与我国做过交易等客户背景。

(三) 取得进出口经营许可权

我国规定只有具有进出口经营权的企业才可进行对外贸易，企业必须根据隶属关系及资格条件向主管外经贸委(厅、局)办理申请手续。

(四) 落实进口许可证和外汇

我国进口商品所用的一切外汇均须按一定程序向主管部门申请批准用汇计划，才能向中国银行购买，外汇落实后，才能办理进口业务。对于国家实行进口许可证管理的商品，进口单位先到主管部门办领准许进口的批文后，填制进口许可证申请表，连同有关申请文件，向外经贸部或委(厅、局)申领进口许可证。

(五) 进口商品经营方案

进口商品经营方案是为了完成某种或某类商品进口任务而确定的经营意图以及应采取的策略、步骤和做法，是开展进口磋商的依据。

资料卡

进口商品经营方案内容

(1) 采购市场的安排。根据国家或地区的政策和国外市场条件，合理安排进口国别或地区，既要选择对我们有利的市场，又不宜过分集中在某一市场，力争使采购市场的布局合理。

(2) 交易对象的选择。一是选择资信好、经营能力强、关系友好的客户作为成交对象。二是为了减少中间环节和节约外汇，最好选择直接向厂家采购。三是由于各厂家的产品质量和贸易条件不尽相同，在反复比较和权衡利弊后，选择最有利的成交对象。如向厂家采购确有困难，也可通过代理商订购。

(3) 订购数量和时间安排。根据国内需要的轻重缓急和国外市场的具体情况，防止采购时间、数量过度集中导致外商提高价格或提出其他苛刻条件等，适当安排订货数量和进度，争取在保证满足国内需求的前提下，在有利的时机成交适当的数量。

(4) 价格的安排。价格是达成交易的关键。价格过高，于买方会影响经济效益或亏损，并浪费国家外汇；价格过低，卖方不愿成交，于买方完不成采购任务。因此，价格的安排应在对国际市场价格做出详细调查的基础上，参照近期进口成交价，拟出价格掌握幅度，作为交易磋商的依据。

(5) 贸易方式的安排。进口商品一般采用单边进口的贸易方式，除此之外，还应针对采购商品的数量、品种、贸易地区或贸易对象的贸易习惯等，采用招标、易货、补偿贸易或技术贸易等多种贸易方式。

(6) 交易条件的安排。交易条件如品质、运输、保险、商检以及价格上的佣金、折扣等内容，也要根据商品特点、进口地区、成交对象和经营意图等，机动灵活地做好安排，以便在维护我方利益的同时，利于商品成交。

二、出口交易前的准备工作

(一) 市场调研

市场调研是指运用科学的方法，有目的、有计划地设计、收集、记录、整理、分析市场有关信息资料，为企业决策提供正确依据的信息管理活动。市场调研的信息及分析数据必须客观。

1. 出口产品的调研

调研出口产品的质量（包括性能、特点、款式、包装及售后服务等）、价格（成本价格及出口价格等）、设计与生产（设计水平、设计和生产能力等）、交货期（如产品生产周期、特殊加工所需时间等）、法律保护（专利保护、商标注册等）等内容，为明确自身产品所存在的优势和劣势，选择适销对路的地区及提出适当的贸易条件。

2. 国际市场环境的调研

面对竞争激烈、需求多样化的国际市场形势，出口企业必须选择其中之一或几个有利的市场作为目标市场，销售自己的产品。选择目标市场前，需调研以下信息。

(1) 各国经济发展信息，包括各国经济环境、经济增长速度、通货膨胀率、工商业周期趋势以及相关价格、税收、外贸等方面的政策，以确定有利自身产品销售的目标市场。

(2) 各国政治与文化信息，包括社会风俗、文化、宗教、政治稳定性、生态环境等影响企业产品经营的因素，从而了解市场对产品可接受程度，选择最佳并具优势的销售市场。

(3) 各国的市场条件信息，包括各国商品市场的供求情况、市场容量、交通运输条件、各国对国际市场依赖程度等，从而选择市场容量大的目标市场。

(4) 市场竞争者的信息，包括国内、国际及进口国当地的竞争者的市场占有率、成本方面的优劣势、关税及运输等方面享有的优惠情况、采用贸易壁垒的可能性、销售渠道控制程度和方法、售前和售后服务的情况和设施等，从而选择具有较强竞争力的市场。

通过以上国际市场信息的调研，从而选择出口适销对路、市场容量大、能够发挥企业或产品销售渠道或有较强竞争力优势的市场作为目标市场。

3. 目标市场的调研

对初选后的目标市场再进行深入调研，包括目标市场对产品的质量要求、供求关系、销售价格、法律规定及贸易壁垒、文化背景及风俗习惯、外汇管制等内容，然后根据此信息提供适销对路的产品并扩大出口。

(二) 选择客户，建立业务联系

通过调研，选择合适的资信情况好的客户作为交易对象，既可减少由于情况不明而造成的损失，又可以为拓展业务扩大出口、建立稳定交易关系打下基础。客户调研包括客户的政治文化背景、支付能力、经营范围、经营能力和经营作风等方面。

(三)制定出口商品经营方案

出口商品经营方案是指为了完成某种或某类商品出口任务而确定的经营意图、目标、经营策略、步骤和做法的全面安排。它是磋商人员遵循的依据。

(四)广告宣传和无形资产的保护工作

企业面临竞争激烈、复杂的海外市场,必须善于运用广告手段,让海外市场了解产品并接受产品,从而开拓海外市场。同时还要做好知识产权的注册与保护工作,以防被侵权而得不到法律保护,痛失海外市场。

【小思考】

天津市化妆品科学技术研究所1990年3月20日批准注册“普兰娜”中文商标。同年,普兰娜化妆品作为我国第一个高新技术出口化妆品进入欧洲市场,并斥巨资在世界范围内进行大量宣传,行销海外70多个国家和地区,并在40多个国家进行了商标注册。但普兰娜产品在波兰的代理商(SP. Z. O. O. 公司)对“PULANNA”及图形在波兰等一些国家进行了恶意抢注,从而导致俄罗斯等国市场订单数量下滑,造成巨大损失。问:从此事件中,可获何教训?

任务实施

小杨在做了充分的出口交易前的准备工作后,撰写了出口商品经营方案,具体内容如下。

出口商品经营方案

(1)企业货源供给情况,包括国内生产能力,可供出口产品的数量、品质、规格、包装等方面的情况。

(2)国外市场情况,包括当前国外市场的供求情况、价格变动趋势以及对市场走向的预测等。

(3)国际市场开发情况,结合以前出口经营中出现的问题和开发国际市场的情况,提出具体的经营意见和改进措施。

(4)计划和安排工作,包括按国别或地区、品种、数量、金额等列明计划进度及措施,如出口推销的方式、销售渠道和促销手段等。

(5)出口经营的交易条件,包括价格条件、包装要求、运输安排、收汇方式等。

(6)其他存在的问题及解决的办法。

任务三 交易磋商

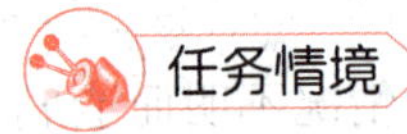

任务情境

在准备工作做好后,小杨决定与这家英国公司建立业务联系并开始交易磋商,以促成最终的服装出口贸易。

任务分析

交易磋商(business negotiation)是指在国际货物买卖中,交易双方通过口头或书面等形式,就某种商品涉及的主要贸易条件进行反复协商以期达成交易的过程。交易磋商标志着一项交易的正式开始,是一项很复杂的工作。

知识精讲

交易磋商的一般程序包括询盘、发盘、还盘、接受四个环节,其中,发盘和接受是达成一笔交易必不可少的两个基本环节。

一、询盘

询盘(inquiry)又称询价,是指准备购买或出售商品的人向潜在的供货人或买主探询该商品的成交条件或交易可能性的业务行为,在法律上称为"要约邀请"。买卖双方均可发出询盘,买方询盘又称递盘(bid),卖方询盘又称索盘(selling inquiry)。询盘是当事人订立合同的准备行为,其目的在于使对方发盘,其本身并不构成发盘,因此它对询盘人和被询盘人均不具有法律上的约束力。询盘不是每笔交易必经的程序,如交易双方彼此了解情况,不需要向双方探询成交条件或交易的可能性,则不必使用询盘,可直接向对方做出发盘。

【小思考】

ABC INTERNATIONAL TRADING CO. ,LTD.
H Street, E. Box 1234. Liverpool England
(Tel: 0044 * * * * * * * *, FAX: 0044 * * * * * * * * *)

TO: DEF TRADING CORPORATION
FM: ABC INTERNATIONAL TRADING CO. ,LTD.
DATE: October 20, 2011

Dear Sirs,

We are interested in buying large quantities of Shandong groundnut kernels. We would be obliged if you would give us a quotation per ton CIF Liverpool England. It would also be appreciated if you could forward samples and your price-list to us.

We used to purchase these products from other sources. We may now prefer to buy from your company because we understand that you are able to supply larger quantities at more attractive prices. In addition, we have confidence in the quality of your products.

We look forward to hearing from you by return E-mail.

Yours sincerely,
Herbert George
Purchasing division

问:以上函电的内容是什么,能说出其询盘内容吗?

二、发盘

（一）发盘的含义

发盘(offer)又称发价、报盘或报价，在法律上称为要约。根据《联合国国际货物销售合同公约》(以下简称《公约》)第14条第1款的规定："凡向一个或一个以上特定的人提出的订立合同的建议，如果其内容十分确定并且表明发盘人有在其发盘一旦得到接受就受其约束的意思，即构成发盘。"提出发盘的一方称为发盘人，接受发盘的一方称为受盘人。发盘可以由卖方提出，称为售货发盘；也可由买方提出，称为购货发盘。在发盘有效期内，发盘人不得任意撤销或修改其内容，如果对方在有效期内表示无条件的接受，则发盘人将受其约束，并承担按发盘条件与对方订立合同的法律责任。

【小思考】

DEF TRADING CORPORATION
68 Jiefang Road, Jinan, Shangdong, China
(Tel: 0531 * * * * * * * *, FAX: 0531 * * * * * * * *)

TO: ABC INTERNATIONAL TRADING CO., LTO.
FM: DEF TRADING CORPORATION
DATE: October 25, 2011

Dear Mr. Herbert George,

We well received your inquiry in Shandong groundnut kernels dated on October 20, 2011, as per your requirement, we quote the price as below:

Name of item: ShanDong groundnut kernels, Oil content 45%~46%, the humidity is less than 9%

Quantity: 100 Metric tons

Packaging: sack, per sack 100kg

Price: USD 2200.00 per Metric ton CIF Liverpool England

Payment terms: L/C at sight

Delivery date: no later than 1/31/2012

Term of validity: 11/30/2011

If any query, please feel free to let me know.

Best regards
Gao tian(Mr.)
Marketing Department

问：此函电中发盘的内容是什么？

（二）构成发盘的必要条件

根据《公约》的解释，构成发盘的必要条件主要有以下几个。

1. 必须向一个或一个以上特定的人提出

“必须向一个或一个以上特定的人提出”中，“特定的人”是指有个人姓名或企业名称的自然人或法人。对广大公众发出的商业广告是否构成发盘的问题，各国法律规定各不相同。大陆法系规定，商业广告原则上不作为发盘，而是“要约邀请”，邀请看到广告的人向其发盘，即为询盘；而英美法系则认为，只要商业广告内容确定，在某些场合也可视为发盘。《公约》对此问题持折中态度，第 14 条第 2 款规定，非向一个或一个以上特定的人提出的建议，仅应视为邀请发盘，除非提出建议的人明确地表示相反的意向。根据此项规定，商业广告本身并不是一项发盘，通常只能视为邀请对方提出发盘。但是，如果商业广告的内容符合发盘的条件，而且登此广告的人明确表示它是作为一项发盘提出来的，如在广告中注明“本广告构成发盘”或“广告项下的商品将售给最先支付货款或最先开来信用证的人”等，则此类广告也可作为一项发盘。

我国商家在对外做广告宣传和寄发商品价目单，尽量不要使对方理解我方有“一经接受，即受约束”的含义。在寄发商品价目单时，最好在其中注明“可随时调整，恕不通知”或“需经我方最后确认”等字样。

2. 发盘内容必须十分确定

发盘内容的确定性表现在：所列条件是完整的、明确的、终局的。

(1) 完整性。在发盘中应准确阐明品名、规格、数量、包装、价格、装运、付款等六大主要贸易条件，至少应包括下列三个基本要素：标明货物的名称，明示或默示地规定货物的数量或规定数量的方法，明示或默示地规定货物的价格或规定确定价格的方法。

(2) 明确性。发盘中各种交易条件必须清楚、具体，不能出现“大概”、“预计”、“可能”等字样。

(3) 终局性。发盘中不能有任何保留性、限制性条款，如 CIF 合同中限定到货时间、“以我方最终确认为准”等均为限制性条款。

3. 表明一经受盘人接受发盘人即受约束的意思

发盘的目的是订立合同，因此必须表明，若发盘一旦被受盘人接受，发盘人即受约束的意思。发盘是对双方订立合同的建议，因此这个意思应当体现在发盘之中。如果发盘人只是就某些交易条件建议同对方进行磋商，而根本没有受其约束的意思，则此项建议不能被认为是一项发盘。

4. 必须送达受盘人

发盘只有由发盘人以信函、电传或口头通知等方式送达到受盘人方为有效，如因线路故障、误递或由未经许可的他人转达、电文不清等原因导致受盘人没有收到或未正式收到发盘，则发盘无效，发盘人不受其约束。

值得注意的是我国《合同法》第 14 条规定，要约是希望和他人订立合同的意思表示，该意思表示应当符合下列规定：“(一)内容具体确定；(二)表明经受要约人承诺，要约人即受该意思表示约束。”

（三）发盘的有效期与生效时间

发盘有口头形式和书面形式两种。以口头方式做出的发盘，其法律效力自对方了解发盘内容时生效。以书面形式做出的发盘，发盘送达受盘人时生效，发盘到达受盘人之前，对发盘人没有约束力。

发盘的有效期是指可供受盘人对发盘做出接受的时间或期限，也是发盘人受其约束的时间或期限。它不是构成发盘的必要条件，若未规定有效期，受盘人则必须在合理时间内接受。至于合理时间，国际上并无统一明确的解释，有的规定为 8 天，有的规定为 2 周，甚至有的规定为 3 个月。因此，对于有效期买卖双方存在较大差异的，易产生纠纷。为保证交易的顺利进行，最好在发盘中规定此有效期。

资料卡

有效期的规定方法

(1) 规定最迟接受的期限。明确规定一个最迟接受的期限是确定发盘有效期较常用的一种方法。例如，“限 6 月 6 日复”或“限 6 月 6 日复到此地”。当规定“限 6 月 6 日复”时，按有些国家的法律解释，受盘人只要在当地时间 6 月 6 日 24 点以前将表示接受的通知投邮或向电报局交发即可。但在国际贸易中，由于交易双方所在地的时间大多存在差异，所以发盘人往往采取以接受通知送达发盘人为准的规定方法。按此规定，受盘人的接受通知不得迟于 6 月 6 日内送达发盘人。

(2) 规定一段接受的期限。例如，“发盘有效期为 6 天”或“发盘限 8 天内复”。按《公约》规定，采取这种方法规定有效期时，这个期限应从电报交发时刻或信上载明的发信日期起算。如果信上未载明发信日期，则从信封所载日期起算。采用电话、电传发盘时，则从发盘送达受盘人时起算。如果由于时限的最后一天在发盘人营业地是正式假日或非营业日，则应顺延至下一个营业日。

【小思考】

5 月 20 日以信件发盘，有效期为 7 天，5 月 24 日到达受盘人，问：发盘何时开始生效？发盘有效期是到几日？

（四）发盘的撤回与撤销

发盘的撤回(withdrawal)是指在发盘送达受盘人之前，发盘人将其撤回，以阻止其生效的行为。这就要求发盘人以比发盘更快的通信方式将撤回通知送达受盘人或与发盘同时到达。

【小思考】

我国某出口公司向美国纽约 ABC 公司用特快专递做出一项发盘，规定有效期 7 天，特快专递寄发后 3 小时，公司业务员发现发盘价格有误，比内部掌握价格低 20%，如该发盘为美方接受，将造成 5 万美元的损失。问：在此情况下，该公司可采取什么补救措施？为什么？

撤销(revocation)是指发盘已送达受盘人,即发盘生效之后将发盘取消,使其失去效力的行为。《公约》第16条规定,在发盘已送达受盘人,即发盘已经生效,但受盘人尚未表示接受之前这一段时间内,只要发盘人及时将撤销通知送达受盘人,仍可将其发盘撤销。如果一旦受盘人发出接受通知,则发盘人无权撤销该发盘。

资料卡

撤回与撤销的比较

发盘的撤回和撤销是容易混淆的两个概念,两者的比较如表4-1所示。

表4-1　发盘的撤回和撤销的比较

比较的项目	发盘的撤回	发盘的撤销
概念	发盘人在其发盘送达受盘人以前,将该项发盘取消的行为	发盘人将已经送达受盘人的发盘取消的行为
《公约》规定	在发盘送达受盘人之前,如果发盘人改变主意,可以将其撤回,但发盘人必须将撤回通知于发盘送达之前或与发盘同时送达受盘人	已经被受盘人收到的发盘,如果撤销通知在受盘人发出接受通知前到达受盘人,可以撤销
不得撤回和撤销的情形	在实践中,由于贸易双方多用传真和电子邮件等比较快捷的方式进行发盘,撤回基本上无法实现	发盘是以规定有效期或以其他方式表明不可撤销的;受盘人有理由信赖该发盘是不可撤销的,并已根据该信赖采取了行动

【小思考】

我国某公司5月3日以电传请意大利某供应商发盘出售钢材,我方在电传中声明:要求这一发盘是为了计算一项承造一幢大楼的标价和确定是否参加投标之用,我方必须于5月15日向招标人送交投标书,而开标日期为5月31日。意供应商于5月5日用电传上述钢材向我方发盘。5月20日意供应商因钢材市价上涨,发来电传通知撤销他5月5日的发盘。我方当即复电表示不同意撤盘。于是双方为能否撤销发盘发生争执。问:此发盘能否撤销?

(五) 发盘失效

发盘的失效是指当受盘人不接受发盘提出的条件,并将拒绝的通知送达发盘人时,原发盘失去效力,发盘人不再受其约束。它说明发盘人受发盘约束义务的结束,也表明受盘人接受发盘权利的丧失。任何一项发盘,以下情况也会导致其效力终止。

(1) 在发盘规定的有效期内未被接受。

(2) 发盘被发盘人依法撤销。

(3) 受盘人拒绝或还盘。

(4) 发盘人发盘之后,发生了不可抗力事件。

(5) 发盘人或受盘人在发盘被接受前丧失行为能力或法人破产等。

三、还盘

还盘(counter offer)又称还价,在法律上称为反要约,是指受盘人不同意或不完全同意发盘提出的贸易条件,并提出了修改或变更意见,建议原发盘人考虑,即还盘是对发盘条件进行添加、限制或其他更改的答复。交易磋商过程中可多次还盘与反还盘。

【小思考】

ABC INTERNATIONAL TRADING CO. ,LTD.

H Street, E. Box 1234. Liverpool England

(Tel: 0044 * * * * * * * *, FAX: 0044 * * * * * * * * *)

TO: DEF TRADING CORPORATION

FM: ABC INTERNATIONAL TRADING CO. ,LTD.

DATE: October 30, 2011

Dear Mr. Gao tian,

Thank you so much for your offer. We know your goods are in high quality, compared with the items which are produced in Europe. But we found your price is 5%~10% higher than your competitor's price. So we do hope you kindly reduce the price approximately by 10%, say USD 2 000 CIF Liverpool. I think this concession should be acceptable by you.

Best regards

Herbert George

Purchasing division

问:此函电中的还盘的内容是什么?

受盘人的答复如果在实质上变更了发盘条件,就构成对原发盘的拒绝,其法律后果是否定了原发盘,原发盘即告失效,原发盘人就不再受其约束。一项还盘等于受盘人向原发盘人提出的一项新的发盘,即还盘就是一项新的发盘,还盘人这时成为新的发盘人,将受到还盘内容的约束,一旦原发盘人(新受盘人)在有效期内表示接受,则新发盘人承担按新的发盘条件与对方订立合同的法律责任。还盘内容关键是要有说服力,同意的条件一般无须重复列出。

【小思考】

我国某公司于10月2日向某美商发盘,以每打84.50美元CIF纽约的价格提供全棉男衬衫500打,限10月15日复到有效。10月10日,我方收到美商加电称价格太高,若每打80美元可接受。10月13日又收到美商来电:“接受你10月2日发盘,信用证已开出。”但我方由于市价上涨未做回复,也没有发货,后美商认为我方违约,要求赔偿损失。问:我方是否应该赔偿?为什么?

四、接受

（一）接受的含义

接受(acceptance)在法律上称为承诺，它是指受盘人在发盘规定的时限内，以声明或行为表示无条件地同意发盘提出的各项条件。可见，接受的实质是对发盘表示同意。这种同意，通常应以某种方式向发盘人表示出来。一旦受盘人在发盘的有效期内表示接受，双方均要受其约束。

【小思考】

DEF TRADING CORPORATION
68 Jiefang Road, Jinan, Shangdong, China
(Tel: 0531 * * * * * * * *, FAX:0531 * * * * * * * *)

TO: ABC INTERNATIONAL TRADING CO., LTD.
FM: DEF TRADING CORPORATION
DATE: November 3, 2011

Dear Mr. Herbert George,

We received your letter dated on 10/30/2011 with many thanks. After our careful consideration, we decided to accept the following offer.

Please send your S/C to us. Hoping that we have a good start and do long-term business in the near future.

Best regards
Gao tian(Mr.)
Marketing Department

问：以上函电是何内容？

（二）构成接受的要件

1. 接受必须由特定的受盘人做出

发盘是向特定的人提出的，因此，只有该特定的人才能对发盘做出接受。由第三者做出的接受，不能视为有效的接受，只能作为一项新的发盘。有效的接受必须用声明或行动表示出来。

2. 接受必须是无条件地接受发盘的全部内容

一项有效的接受必须是同意发盘所提出的所有交易条件，只接受发盘中的部分内容，或对发盘条件提出实质性的修改，或提出有条件的接受，均不能构成接受，而只能视为还盘。但对发盘条件提出某些非实质性的添加、限制或更改，则此项接受仍为有效接受，这主要取决于发盘人是否同意。

资料卡

实质性修改与非实质性改变的区分

(1) 实质性修改。根据《公约》的规定,受盘人对货物的价格、数量、品质、付款、交货时间与地点、一方当事人对另一方当事人的赔偿责任范围或解决争端的办法等条件提出添加或更改,均作为实质性变更发盘条件。

(2) 非实质性改变。如要求增加重量单、装箱单、原产地证明或某些单据的份数,包装的改变等,而不改变发盘的条件等均属于非实质性改变。

3. 接受必须在发盘规定的时效内做出

发盘中如规定有效期,接受必须在有效期内送达发盘人方为有效,如发盘中未规定有效期,则在合理时间内送达发盘人方为有效;否则为逾期接受,对于这种迟到的接受,发盘人不受其约束,不具有法律效力。

4. 接受必须表示出来

根据《公约》第 18 条第 1 款明确规定,受盘人表示接受有两种方式。

(1) 声明即受盘人用口头或书面形式向发盘人表示同意。

(2) 作出行为,通常指卖方发运货物或买方支付价款。如果受盘人在主观上愿意接受对方的发盘,但缄默或不行动不等于接受。

(三) 接受生效时间

接受生效多采用“到达生效”的原则,即接受通知必须送达发盘人时才能生效。

《公约》第 18 条第 2 款明确规定,“接受送达发盘人时生效”。如接受通知未在发盘规定的时限内送达发盘人,或者发盘没有规定时限,且在合理时间内未曾送达发盘人,则该项接受称做逾期接受(late acceptance)。对口头发盘必须立即接受,这样接受方为有效。

(四) 逾期接受

如前所述,如果接受通知超过发盘规定的有效期或超过合理时间才传达到发盘人,即成为逾期接受。逾期接受在一般情况下无效,但存在下列情况时除外。

(1) 发盘人毫不迟延地用口头或书面通知受盘人,认为该项逾期的接受可以有效。

(2) 由于传递过程中存在问题而造成了延误,这种逾期接受可被认为是有效的,除非发盘人毫不迟延地用口头或书面通知受盘人该发盘已经失效。

由上面两种情况可以看出,逾期接受是否有效,关键要看发盘人如何表态。

【小思考】

(1) 卖方 A 公司的发盘有效期至 3 月 15 日,由于市场不稳定,买方 B 公司延至 3 月 16 日才发电传表示接受,对此 A 公司应如何处理?

(2) 我方公司发盘规定 4 月 24 日前复到有效,客户于 4 月 21 日以电报表示接受,但我方却在 4 月 27 日才收到电报。由于对方接受逾期我方公司未予理睬,拟将货物售予其他客户,但该客户坚持他的接受有效,合同成立,要求我方公司按时发货。这种情况下我方公司应该怎么办?

（五）接受的撤回与撤销

接受是在表示同意的通知到达发盘人时生效，撤回接受的通知应先于或同时与接受通知到达原发盘人手里，接受才能得以撤回。接受一旦到达发盘人即可生效，合同即告成立，因而不得撤销。

任务实施

业务员小杨书写了一封与英国公司建立业务关系的函电，并就对方感兴趣的具体产品进行交流。

Dear Sirs,

We learned from the internet that you are one of the major importers of textiles and garments in your country. We are waiting to enter into business relations with you on the basis of mutual benefits and common interests.

Our corporation is a sate-owned foreign trade organization, dealing in the import and export. Our products are of fashionable design, comfortable feeling and high quality, which enjoy high reputation both in America and Asia.

As requested, enclosed is our latest catalogue. If you have special requirements, please inform us.

Looking forward to receiving your prompt reply.

Yours faithfully

Paul Yang

任务四 签订合同

任务情境

天津昌盛贸易有限公司在和英国 Golden Elephant Trading Co., Ltd. 接触的同时，还与日本 Songangel Food Trading Co., Ltd. 商谈另一项进口交易。在与该日本公司的业务员经过多轮磋商谈判后，双方就各项交易条件达成一致，于是决定签订买卖合同。

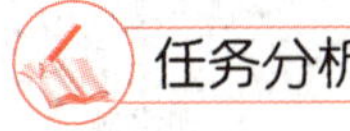

任务分析

经过交易磋商，一方发盘被对方接受后，双方之间就建立了合同关系。在实际业务中，为了进一步明确双方的权利与责任，在达成合作协议后，双方还须签订书面合同。书面合同不仅是合同成立的证据，也是双方履行合同的依据。

知识精讲

一、合同有效成立的条件

一方的发盘经对方有效接受后，合同即告成立，但合同如需具有法律效力并受到法律保护，还需具备以下条件。

1. 合同当事人必须具有订立合同的行为能力

未成年人、精神病患者等不具备行为能力的人，订立合同无效。只有精神正常的成年人以及法人或其代表人在法人经营范围内的才具有订立合同的行为能力。

2. 合同必须有对价或合法的约因

对价是指当事人为了取得合同利益所付出的代价，约因是指当事人签订合同所追求的直接目的。合同只有在有对价和约因时，才是法律上有效的合同，无对价或无约因的合同，是得不到法律保护的。

3. 合同的内容必须合法

合同的内容必须符合国家的法律、政策、国家经济计划、社会风俗以及公共道德、公共利益等。

4. 合同必须符合法律规定的形式

我国《合同法》明确规定，当事人订立合同，有书面形式、口头形式和其他形式。法律、行政法规规定采用书面形式的，应当采用书面形式，当事人约定采用书面形式的，也应采用书面形式。但我国对《公约》中关于“销售合同无须以书面订立或书面证明，可以采用任何形式订立”的规定提出了保留意见，因此我国签订的涉外经济合同必须以书面形式订立。

5. 合同当事人的意思表示必须真实

合同必须是合同当事人的真实意思表示，不可采取欺诈、胁迫手段订立合同，否则合同无效。

二、合同的形式和内容

如前所述，我国的涉外经济合同必须以书面形式订立，《合同法》中明确规定：“书面形式是指合同书、信件和数据电文(包括电报、电传、传真、电子数据交换和电子邮件)等可以有形地表现所载内容的形式。”

合同书又分为正式合同(contract)、确认书(confirmation)、协议(agreement)、备忘录(memorandum)以及订单(order)等形式。其中，我国外贸业务中主要使用的是合同和确认书，本书就这两种形式加以介绍。

(一) 正式合同

1. 约首部分

约首部分一般包括合同名称、合同编号、缔约双方名称和地址、电报挂号、电传号码以及双方订立合同的意愿和执行合同的保证等项内容。

2. 基本条款

基本条款是合同的主体部分，具体列明各项交易条件和条款，其中包括标的、品质规格、数量、价格、包装、交货条件、运输、保险、支付方式、履行期限和地点、检验、索赔、不可抗力以及仲裁条款等内容。其内容体现了双方当事人的具体权利和义务。

3. 约尾部分

约尾部分一般列明签约时间、签约地点、双方当事人签字等内容。下面所示为一销售合同的范例。

售货合同

Sales Contract

合约编号：__________
Contract No. __________
合同日期：__________
Date：__________

买方：__________
Buyers：__________
地址：__________
Address：__________
电话：______ 传真：______
Tel：______ Fax：______
邮箱：__________
E-mail：__________

卖方：__________
Sellers：__________
地址：__________
Address：__________
电话：______ 传真：______
Tel：______ Fax：______
邮箱：__________
E-mail：__________

双方同意按下列条款由买方购进卖方售出下列商品：

The buyers agree to buy and the sellers agree to sell the following goods on terms and conditions set forth below：

1. 货物名称及规格、包装及装运唛头 Name of Commodity, Specifications, Packing and Shopping Marks	2. 数量 Quantity	3. 单价 Unit Price	4. 总价 Total Value
	装运数量允许有 %的增减 Shipment quantity % more or less allowed		

5. 装运期限：
Time of Shipment：
6. 装运口岸：
Ports of loading：
7. 目的口岸：
Port of destination：
8. 保险：投保______险，由______按发票金额110%投保。
Insurance：To be covered by the ______ for 110% of invoice value against ______.

9. 付款条件:凭保兑的、不可撤销的、可转让的、可分割的即期付款信用证,信用证以卖方为受益人并允许分批装运和转船。该信用证必须在________前开到卖方,信用证的有效期应为装船期后15天,在中国________到期,否则卖方有权取消本售货合约并保留因此而发生的一切损失的索赔权。

Terms of payment: By confirmed, irrevocable, transferable and divisible letter of credit in favor of the Sellers payable at sight allowing partial shipments and transshipment. The covering letter of credit must reach the Sellers before ________ and is to remain valid in ________. China until the 15th day after the date of shipment, failing which the Sellers reserve the right to cancel this Sales Contract and to claim from the Buyers for losses resulting therefrom.

注意:开立信用证时,请在证内注明本合同号码。

Important: When establishing L/C, please indicate the numbers of contract in the L/C.

10. 商品检验:以中国________所签发的品质/数量/重量/包装/卫生检验合格证书作为卖方的交货依据。

Inspection: The Inspection Certificate of Quality/Quantity/Weight/Packing/Sanitation issued by ________ of China shall be regarded as evidence of the Sellers' delivery. OTHER TERMS:

11. 异议:品质异议须于货到目的口岸之日起30天内提出,数量异议须于货到目的口岸之日起15天内提出,但均须提供经卖方同意的公证行的检验证明。如责任属于卖方者,卖方于收到异议20天内答复买方并提出处理意见。

Discrepancy: In case of quality discrepancy, claim should be lodged by the Buyers within 30 days after the arrival of the goods at the port of destination, while for quantity discrepancy, claim should be lodged by the Buyers within 15 days after the arrival of the goods at the port of destination. In all cases, claims must be accompanied by Survey Reports of Recognized Public Surveyors agreed to by the Sellers. Should the responsibility of the subject under claim be found to rest on the part of the Sellers, the Sellers shall, within 20 days after receipt of the claim, send their reply to the Buyers together with suggestion for settlement.

12. 信用证内应明确规定卖方有权可多装或少装所注明的百分数,并按实际装运数量议付。(信用证之金额按本售货合约金额增加相应的百分数)

The covering Letter of Credit shall stipulate the Sellers' option of shipping the indicated percentage more or less than the quantity hereby contracted and be negotiated for the amount covering the value of quantity actually shipped. (The Buyers are requested to establish the L/C in amount with the indicated percentage over the total value of the order as per this Sales Contract)

13. 信用证内容须严格符合本售货合约的规定,否则修改信用证的费用由买方负担,卖方并不负因修改信用证而延误装运的责任,并保留因此而发生的一切损失的索赔权。

The contents of the covering Letter of Credit shall be in strict conformity with the stipulations of the Sales Contract. In case of any variation there of necessitating amendment of the L/C, the Buyers shall bear the expenses for effecting the amendment. The Sellers shall not be held responsible for possible delay of shipment resulting from awaiting the amendment of the L/C and reserve the right to claim from the Buyers for the losses resulting therefrom.

14. 除经约定保险归买方投保者外,由卖方向中国的保险公司投保。如买方需增加保险额及/或需加保其他险,可于装船前提出,经卖方同意后代为投保,其费用由买方负担。

Except in cases where the insurance is covered by the Buyers as arranged, insurance is to be covered by the Sellers with a Chinese insurance company. If insurance for additional amount and /or for other insurance terms is required by the Buyers, prior notice to this effect must reach the Sellers before shipment and is subject to the Sellers' agreement, and the extra insurance premium shall be for the Buyers' account.

15. 因人力不可抗拒事故使卖方不能在本售货合约规定期限内交货或不能交货，卖方不负责任，但是卖方必须立即以电报通知买方。如果买方提出要求，卖方应以挂号函向买方提供由中国国际贸易促进委员会或有关机构出具的证明，证明事故的存在。买方不能领到进口许可证，不能被认为系属人力不可抗拒范围。

The Sellers shall not be held responsible if they fail, owing to Force Majeure cause or causes, to make delivery within the time stipulated in this Sales Contract or cannot deliver the goods. However, the Sellers shall inform immediately the Buyers by cable. The Sellers shall deliver to the Buyers by registered letter, if it is requested by the Buyers, a certificate issued by the China Council for the Promotion of International Trade or by any competent authorities, attesting the existence of the said cause or causes. The Buyers' failure to obtain the relative Import License is not to be treated as Force Majeure.

16. 仲裁：凡因执行本合约或有关本合约所发生的一切争执，双方应以友好方式协商解决；如果协商不能解决，应提交中国国际经济贸易仲裁委员会，根据该会的仲裁规则进行仲裁。仲裁裁决是终局的，对双方都有约束力。

Arbitration: All disputes arising in connection with this Sales Contract or the execution thereof shall be settled by way of amicable negotiation. In case no settlement can be reached, the case at issue shall then be submitted for arbitration to the China International Economic and Trade Arbitration Commission in accordance with the provisions of the said Commission. The award by the said Commission shall be deemed as final and binding upon both parties.

17. 附加条款(本合同其他条款如与本附加条款有抵触时，以本附加条款为准)：

Supplementary Condition(s)[Should the articles stipulated in this Contract be in conflict with the following supplementary condition(s), the supplementary condition(s) should be taken as valid and binding]:

18. 备注：

Remark:

买方(The Buyers)：	卖方(The Sellers)：
签字(Signature)：	签字(Signature)：

(二) 确认书

确认书是合同的简化形式，一般适用于金额不大、批数较多的小土特产品和轻工产品，或者已订有代理、包销等长期协议的交易。卖方出具的确认书称为"售货确认书"(sales confirmation)，买方出具的确认书称为"购货确认书"(purchase confirmation)。其文字应使用第一人称的语气，确认书的法律效力与合同完全相同。下面所示为一确认书范例。

售货确认书

Sales Confirmation

Tel： S/C No：

Fax： Date：

谨启者，兹确认售予你方下列货物，其成交条款如下：

Dear Sirs，

We hereby confirm having sold to you the following goods on terms and conditions as specified below：

1. 货物名称及规格，包装及装运唛头 Name of Commodity，Specifications，Packing and Shopping Marks	2. 数量 Quantity	3. 单价 Unit Price	4. 总价 Total Value
	装运数量允许有 %的增减 Shipment quantity % more or less allowed		

5. 装运港：

Loading Port：

6. 目的港：

Destination：

7. 装运期限：

Time of Shipment：

8. 分批装运：

Partial Shipment：

9. 转船：

Transshipment：

10. 保险：

Insurance：

11. 付款条件：

Terms of Payment：

买方须于2010年4月10日前开出本批交易的信用证(或通知售方进口许可证号码)，否则，售方有权不经过通知取消确认书，或向买方提出索赔。

The Buyer shall establish the covering Letter of Credit (or notify the Import License number to the Seller) before Apr. 10，2010，otherwise，the Seller reserves the right to rescind the S/C without further notice，or to claim damage against the Seller for direct losses sustained，if any.

12. 备注：买方在开给卖方的信用证上请填注本确认书号码。

Remark：The Buyer is requested always to quote THE NUMBER OF THIS SALES CONFIRMATION in the letter of any Force Majeure incidents

买方收到本售货确认书后请立即回签一份。如买方对本确认书有异议，应于收到后五天内提出，否则认为买方已同意接受本确认书所规定的各项条款。

The Buyer is requested to sign and return one copy of the sales Confirmation immediately after the receipt of same. Objection, if any, should be raised by the Buyer within five days after the receipt of this Sales Confirmation, in the absence of which it is understood that the Buyer has accepted the terms and condition of the sales confirmation.

买方：　　　　　　　　　　卖方：
The Buyer :　　　　　　　　The Seller :

任务实施

天津昌盛贸易有限公司和日本 Songangel Food Trading Co. ,Ltd. 经过了大约 1 个月的密切磋商，于 2011 年 10 月 4 日签订了一份购货合同，具体内容如下。

PURCHASE CONTRACT

The seller: SONGANGEL FOOD TRADING. CO. ,LTD.　　Contract No: TUY13561
Address: POT Street 190, TOKYO, JAPAN　　Dated: Oct. 4, 2011
The buyer: TIANJIN CHANGSHENG IMPORT AND EXPORT COMPANY
Address: No. 89 Xingfu Road , Tianjin, China

This contract is made by and between the Buyers and the Sellers, whereby the Buyers agree to buy and the Sellers agree to sell the under-mentioned commodity

According to the terms and conditions stipulated below:

COMMODITY AND SPECIFICATIONS:

Name of the Commodities	Specifications	Quantity	Unit price	Amount
Pork can	Iron box	200 CTNS	FOB YOKOHAMA USD 100/CTN	USD 20 000
Beef can	Iron box	300 CTNS	FOB YOKOHAMA USD 150/CTN	USD 45 000
Total:		500 CTNS		USD 65 000

Total: Say US Dollars sixty five thousand only.

COUNTRY OF ORIGIN: GERMAN

PACKING: Iron box, then in cartons

TIME OF SHIPMENT: No later then Nov. 30, 2011

PORT OF SHIPMENT: Yokohama

PORT OF DESTINATION: Tianjin, China

INSURANCE: To be covered by the seller for 110% of the invoice value against ALL Risks and War Risk as per Ocean Marine Cargo Clauses of the People's Insurance Company of China Dated Jan. 1, 1981.

PAYMENT: To be effected by irrevocable letter of credit available by drafts at sight for 100% of the invoice value drawn by the sellers.

INSPECTION: Inspection result of CCIB at destination should be final.

The Seller:　　　　　　　　The Buyer:
SONGANGEL FOOD TRADING CO. ,LTD.　　TIANJIN CHANGSHENG IMPORT AND EXPORT COMPANY

知识巩固

1. 每笔交易一般经过哪几个环节？其中哪两个程序是必不可少的？
2. 简述构成有效发盘的必要条件。
3. 发盘撤回和撤销有何条件？
4. 简述构成接受的条件。
5. 说明逾期接受有效的情况。
6. 简述合同的主要形式。

案例讨论

案例一

S公司于8月12日向其客户A公司寄出一份商品目录，介绍了S公司经营的各式男女手套，并附有精美的图片。

8月20日，A公司回电表示对其中的货号为308A、309B、311B的女式手套很感兴趣，每个货号各订购100打，并要求大、中号各半，10月份交货，请S公司报价。

8月22日，S公司发盘如下：报青字牌女式羊毛手套300打，货号308A、309B、311B各100打，大、中号各半，每双CIF旧金山12美元，纸箱装，10月份装运，即期不可撤销信用证支付，8月30日复到有效。

8月28日，A公司回电：你8月22日电悉。价格过高，每双CIF旧金山10美元可接受。

次日S公司去电：你8月28日电悉。最低价每双CIF旧金山11美元，9月5日复到有效。

9月3日，S公司收到A公司的电开信用证，其中单价为每双11美元，包装条款中注明纸箱装，每箱15打，其他与发盘相符。S公司审证时发现了A公司对包装条款所作的添加。S公司的习惯包装是每箱10打，考虑到交货期临近，若提请修改，恐怕难以按时交货，另外，即使按信用证要求包装，也不会增加费用。但到9月15日，储运部门通报，公司库存中没有可装15打手套的纸箱，现有纸箱一种为可装10打的习惯包装，另一种可装20打。S公司随即与纸箱厂联系，纸箱很少见，该厂不能供应。附近的几个纸箱厂也如此答复。在此情况下，S公司一面四处落实箱源，一面于9月10日去电A公司，表示包装条款不能接受，要求改为每箱装10打或20打。请问S公司此种做法是否有效？为什么？

案例二

我方某出口企业对意大利某商人发盘限2月10日复到有效，2月9日意商人用电报通知我方接受该发盘。由于电报局传递延误，我方于2月11日上午才收到对方的接受通知，而我方在收到接受通知前获悉市场价格已上涨，对此，我方应如何处理？

案例三

2月5日，加拿大休顿电子有限公司向我国H电子集团公司发电：出售集成电路板20万块，每块FOB维多利亚港25美元。

2月7日，我H公司回电：将数量减到10万块，价格降至20美元并要求对方即期装运。

2月10日，加拿大休顿公司电传H公司，同意数量减至10万块，但价格每块只能降至22美元，新发盘有效期为10天。

2月15日，H公司电传表示接受。

2月18日，加拿大休顿公司再次来电取消2月10日的发盘。

请问：加拿大休顿公司取消发盘是否有效？为什么？

技能训练

天津永生贸易公司从一个老客户那里得知德国 James Hemded Co., Ltd. 要求订购男士衬衫(货号为 HE 998、HY 996)，现在请你写一封函电给该公司，以建立业务关系。

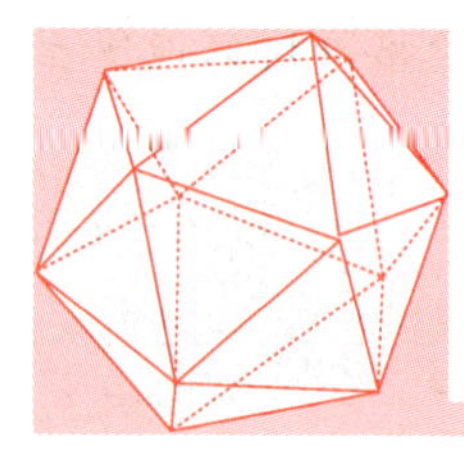

学习情境五

确定合同中的品质、数量和包装条款

知识目标

- 掌握商品品名和品质的表示方法；
- 熟悉国际贸易中惯常使用的计量单位；
- 理解包装的作用和种类；
- 学会正确订立合同的品质、数量和包装条款。

能力目标

- 培养学生的责任心和细心；
- 提升灵活运用所学知识分析案例的能力。

在国际买卖合同中明确商品的品名和品质，确定双方交易的数量、规定货物的包装，既是买卖双方交接货物的依据，也是买卖双方的基本权利和义务，更是完成交易的物质基础和前提。

任务一　表示商品的品名和品质

任务情境

英国 Golded Elephant Trading Co. ,Ltd. 有意购买中国的服装，随后与天津昌盛贸易有限公司建立了业务关系，业务员小杨已经和英国公司的工作人员 Tom 就具体业务磋商了一段时间，并且初步选定一批男士夹克衫作为交易对象，现在就具体出口夹克衫的品名和品质展开细致的讨论，准备拟定合同的品名与品质条款。

任务分析

在国际货物买卖合同中，商品的品名和品质是国际货物买卖双方首先商定的交易条件，也是合同的标的和物质基础，如果商品的品名和品质不明确，买卖双方就失去了洽商的依据，无法进行商品交易。

知识精讲

一、品名的定义

商品的品名(name of commodity)是指能使某种商品区别于其他商品的一种称呼或概念。商品的名称在一定程度上体现了商品的自然属性、用途以及主要的性能特征。

资料卡

商品命名的方法

命名商品的方法有许多，概括起来主要有以下几种。

(1) 以所使用的主要原材料命名。这种方法通过突出所使用的主要原材料反映出商品的质量。如牛奶、玻璃杯、竹椅等。

(2) 以主要成分命名。这种方法可使消费者了解商品的有效内涵，有利于提高商品的身价。如西洋参含片、人参珍珠霜、蜂王浆等。

(3) 以主要用途命名。这种方法突出其用途，便于消费者按其需要购买。如旅游鞋、消毒液等。

(4) 以外观造型命名。这种方法有利于消费者从字义上了解该商品的特征。如喇叭裤、蝙蝠衫等。

(5) 以人物名称命名。即以著名的历史人物或传说中的人物命名，其目的在于引起消费者的注意和兴趣。如东坡肉、王致和臭豆腐等。

(6) 以制作工艺命名。这种方法的目的在于提高商品的威望，增强消费者对商品的信任。如精制油、转基因大豆等。

品名条款虽然简单，但不应该忽视，确定品名条款要做到以下几点。

(1) 明确具体。规定商品名称必须确切反映交易商品的特点，避免空泛、笼统，否则会增加履行合同的难度。

(2) 使用国际通称。国际上对商品分类有一定标准，在规定品名时，应尽量使用国际通称，否则容易出现歧义。

(3) 选择合适的品名。有的商品可能有不同的名字，在规定品名时，一定要选择合适的品名，否则可能导致报关困难，税收、运费和仓储费等的提高。

二、品质的概念

商品的品质(quality of goods)是指商品的内在素质和外观形态的综合。前者包括商品的物理性能、机械性能、化学成分和生物特征等自然属性,如布料的色牢度、防水性能、回潮率、缩水率等。后者包括商品的外形、色泽、款式、味觉、软硬度、轻重和透明度等。

商品的品质是货物买卖中最重要的因素之一。因为品质的优劣直接影响商品的使用价值和价格。同时,合同中品质的约定也是买卖双方交接货物的依据。由此可见,在国际货物买卖合同中,明确规定商品的品质具有十分重要的意义。

三、表示品质的方法

在国际贸易中,由于交易的商品种类繁多,特点各异,所以表示品质的方法也不同。概括起来,国际贸易中惯常用来表示商品品质的方法主要有两大类:以实物表示和以文字说明表示。

(一) 以实物表示货物品质的方法

这种方法是指以作为交易对象的实际货物或以代表货物品质的样品来表示货物的质量。具体做法有以下几种。

1. 看货买卖

看货买卖是根据现有货物的实际品质进行买卖。其做法是由买方或其代理人在卖方所在地验看货物,如认为商品品质符合购买要求,即可成交。使用这种方式时,只要卖方交付的是验看的商品,买方就不得对品质提出异议。

在实际生活中,看货买卖的方式受到很多因素的限制,如由于交易双方远隔两地,验看货物不便,加上卖方要有现货,并在交易场所进行验货等,所以这种方式具有一定的局限性。一般只适用于一些具有独特性质的商品,如特殊的工艺品、古玩、名人字画等,而且通常是在拍卖、寄售、展卖方式时采用。

2. 凭样品成交

所谓样品,是指从一批货物中抽取出来的,或由生产部门、使用部门加工、设计出来的,足以反映和代表整批货物质量的少量实物,包括参考样品和标准样品。

凭样品成交是指买卖双方按约定的足以代表实际货物的样品,作为交货的品质依据的交易。采用凭样品买卖时,卖方必须承担所交货物的质量与样品相同的责任。

根据提供样品方的不同,可分为以下三种。

(1) 凭卖方样品买卖。凭卖方样品买卖是指以卖方样品作为交货品质的依据。在此情况下,合同中应订明"品质以卖方样品为准"。日后卖方所交整批货物的品质都必须与其提供的样品相同。

采用此方法时,要注意下列事项。

① 样品要有足够的代表性,并妥善保管;品质不能过高,以免造成生产和履约的困难;品质也不能过低,以免影响售价。

② 要留有复样、编号、日期,作为将来组织生产、交货或处理品质纠纷时用。

③ 在订立合同时,为了留有余地,可在合同中规定"卖方交货与所提供样品的品质大致

相同，或基本相同”以防买方因卖方所交货物与样品有微小差异而拒收或索赔。

(2) 凭买方样品买卖。凭买方样品买卖指以买方提供的样品磋商交易和订立合同，并以买方样品作为交货品质的依据。在我国又称“来样成交”。在此情况下，合同中应订明“品质以买方样品为准”，日后卖方所交整批货物的品质都必须与买方提供的样品相同。

采用此法可以提高卖方产品在国外市场的适销性，有助于扩大出口。但同时也应注意下列事项。

① 卖方应注意对方的来样是否是反动的、淫秽的、丑陋的式样和图案。

② 需注意原材料供应、加工生产技术和生产安排的可能性。

③ 防止侵犯第三者的工业产权。

(3) 凭对等样品买卖。凭对等样品买卖是指卖方根据买方提供的样品，加工复制出一个类似的样品提供买方确认，经确认后的样品，就是对等样品。又叫回样或确认样。当对等样品被买方确认后，日后卖方所交整批货物的品质都必须与对等样品相同。

采用此方法，卖方逃脱了凭买方样品交货的交易，避免了因为交货品质与买方样品不符而招致买方索赔、甚至退货的危险。实质上，“凭对等样品买卖”是把“凭买方样品买卖”转变成了“凭卖方样品买卖”。采用凭样品成交时，应当注意下列事项。

① 凡凭样品买卖，卖方交货的品质必须与样品完全一致。

② 以样品表示品质的方法，只能酌情采用。如木材、煤、矿产品等质量不稳定的产品就不宜采用此法。在当前国际贸易中，单纯凭样品成交的情况不多。

③ 采用凭样成交而对品质无绝对把握时，应在合同条款中相应作出灵活的规定。

【小思考】

我某公司出口纺织原料一批，合同规定水分最高15%，杂质不超过3%，但在成交前曾向买方寄过样品，订约后，我方又电告对方成交货物与样品相似。货到后，买方提出货物的质量比样品低7%的检验证明，并要求我方赔偿损失。问：我方是否该赔？为什么？

(二) 以文字说明表示货物品质的方法

凡以文字、图表、照片等方式来说明货物质量的，均属于此范畴。

1. 凭规格买卖

规格(specification)是指用来反映货物质量的一些主要指标，如成分、含量、纯度、大小、长短、粗细等。

如东北大豆出口的规格：水分含量(最高) 15%
含油量(最低) 18%
含杂质(最高) 1.5%
不完善粒含量(最高) 8.5%

当然，同一商品在交易用途不同的情况下，用来表示品质的规格也会有不同。如大豆用做榨油时，含油量是合同中必不可少的指标；而用做食物时，则不一定要求列明含油量，但蛋白质含量是合同中必须列明的重要指标。

用规格表示商品品质的方法简单易行、明确具体，而且具有可根据每批货物的具体情况灵活调整的特点，所以它在国际贸易中应用非常广泛。

2. 凭等级买卖

等级(grade)是指把同一类货物按其品质或规格上的差异，划分为不同的级别和档次，用数字或文字表示，从而产生品质优劣的若干等级。

同一类商品按其质地的差异或尺寸、形状、质量、成分、构造的不同，可以分为大、中、小，重、中、轻，一、二、三，甲、乙、丙或 A、B、C 等。如皮蛋按重量和体积分为奎、排、特、顶、大五级，奎级每千只 75 千克以上，以后每差一级，减 5 千克。我国出口的冻带骨兔(去皮、去头、去爪、去内脏)分为特级，每只净重不低于 1 500 克；大级，每只净重不低于 1 000 克；中级，每只净重不低于 600 克；小级，每只净重不低于 400 克。金六福酒根据其酿造成分的不同分为一星、二星……五星，且根据不同级别，设定不同价格。

货物的等级，通常是由制造商或出口商根据长期生产和了解该类货物的经验，在掌握其品质规律的基础上指定出来的。它有助于满足各种不同需要，也有利于根据不同需要安排生产和加工整理。买卖双方可根据合同当事人的意愿予以调整或改变，并在合同中具体订明。

3. 凭标准买卖

标准(standard)是指将货物的规格和等级予以标准化。一般是由国家或有关部门规定并公布实施的标准化品质指标。世界各国都有自己的标准，如英国的 BS 认证，美国的 ANSI 认证，法国的 NF 认证，日本的 JIS 认证，另外还有国际标准，如国际标准化组织 ISO，国际电工委员会指定的标准等。我国也有国家标准、专业标准、地方标准和企业标准。

由于商品的标准经常随着生产技术的进步而不断修改和变动，即使是同一部门对同一商品制定的标准，其内容也会因版本名称和年份的不同而有所差异，因此在援用标准的同时，必须注明所援用标准的版本名称和年份，以免引起争议。如在利福平的买卖中应写明："利福平，符合 199×年版英国药典。"

在国际贸易中，有些农副土特水产品的品质变化较大，难以确定统一的标准，一般采用"良好平均品质"和"上好可销品质"来表示。

良好平均品质(fair average quality，FAQ)一般是指一定时间内某地出口货物的平均品质水平，即中等货或大路货，适用于农副产品。如"2010 年的中国大米，FAQ ，规格要求：水分含量(最高)15%，含杂质(最高)1%，不完善粒含量(最高)30%"。

上好可销品质(good merchantable quality，GMQ)是指卖方出售的货物品质上好，适合市场销售，无须说明商品的具体品质，适用于木材和冷冻鱼虾等水产品。这种品质标准比较笼统，容易引起争议，所以使用较少。

4. 凭商标或品牌买卖

商标(trademark)是生产或经营者用来识别其所生产或出售的货物的标志，通常是由一个或几个具有特色的词汇、字母、数字、图形或图片组成。如 P&G、TCL 等。

品牌(brand)是指工商企业给其制造或销售的产品所冠的名称，以便与其他企业的同类产品区别开来。一个品牌既可以只用于一种产品，即每一个产品都使用一个品牌，如美国可口可乐公司生产的饮料有雪碧、芬达、醒目,美国通用汽车公司生产的汽车有别克、卡迪拉克等;也可以用于一个企业的所有产品,如"海尔"牌家用电器有海尔冰箱、海尔彩电、海尔微波炉、海尔空调等,"耐克"牌体育产品有耐克旅游鞋、耐克运动服、耐克护腕等。

由于商标和品牌在某种程度上已经成为商品品质的象征,而且依法注册的商标受到法律的保护,所以那些品质稳定的工业制成品或经过科学加工的具有特色的名优产品或国际市场上行销已久、信誉良好并为买主所熟悉的初级产品,可以采用此法。如汽车中的BMW(宝马)、BENZ(奔驰)、我国名酒五粮液、红双喜乒乓球、索尼电器等。

资料卡

关于商标品牌的运作

在国际贸易中,有关商标品牌的运作有OEM、ODM和OBM三种模式。OEM(origin entrusted manufacture)即原始委托制造或定牌合作生产,俗称"贴牌"。它是指品牌所有者不直接生产产品,而是利用自己掌握的关键核心技术,负责设计和开发新产品,控制销售渠道,通过合同订购的方式委托其他同类产品厂家生产,再将所订产品低价买断,并直接贴上自己的品牌商标。其特征是技术、资本、市场与生产在不同的国家或地区。ODM(origin design manufacture)即原始设计制造,是指一家厂商根据另一家厂商的要求设计和生产产品。OBM(own brand manufacture)即自有品牌制造,是指生产商自行创立产品品牌,生产、销售拥有自主品牌的产品。从OEM阶段发展到ODM阶段,最后到OBM境界,出口企业拥有其产品的知识产权后进一步自行开拓了市场,发展了自己的营销渠道,增加了盈利空间和经营自由度。

5. 凭产地名称买卖

凭产地名称买卖适用于具有地方风味和特色的产品。这些产品受产区的自然条件、传统加工工艺等因素的影响,在品质方面具有其他产区的产品所不具有的独特风格和特色。对这类产品习惯上用产地的名称来说明其品质,如"法国香水"、"瑞士军刀"、"泰国香米"、"北京烤鸭"、"庐山云雾茶"、"绍兴花雕酒"、"景德镇瓷器"等。

6. 凭说明书和图样买卖

在国际贸易中,由于机器、电器、仪表、大型设备、交通工具等技术密集型产品的结构复杂、制作工艺不同,无法用样品或简单的几项指标来反映其质量全貌。因此,这类产品一般以说明书并附以图样、图片、设计图或分析表及各种数据,来说明具体的性能及构造的特点。

四、制定品质条款时需要注意的问题

1. 针对不同商品应选用正确的表示品质的方法

一般来说,凡能用科学的指标说明其质量的商品,适用于凭规格、等级或标准买卖;有些难以规格化和标准化的商品,适用于凭样品买卖;有些质量好,并具有一定特色的名优产品,

适用于凭商标或品牌买卖；有些性能复杂的机器、电器和仪表，适用于凭说明书和图样买卖；有些具有地方风味和特色的产品，可凭产地名称买卖。

总之，表示品质的方法应视商品特性而定。凡可用一种方式表示的，就不要采用两种或两种以上的方法，因为制定过于烦琐的表示方法，只会增加生产和交货的难度。

2. 要注意条款的科学性和灵活性

在规定品质条款时，用词要简单明确，不可使用“大约”或“左右”等含糊字眼，避免引起纠纷。此外，还要根据不同商品的特点，正确使用表示方法，防止品质条件偏高或偏低。

某些产品由于生产过程中存在着自然损耗，或者受生产工艺诸多方面的影响，很难保证所交货物的质量与合同规定的内容完全相一致，对于这些产品，如果条款规定得过于绝对化，必然会给卖方的顺利交货带来困难。为此，订立合同时可在品质条款中规定一些灵活条款（如品质公差或品质机动幅度），只要卖方所交商品品质在规定的有效范围内，就可认为交货品质与合同相符，买方无权拒收。一般来说，品质公差适用于工业制成品，品质机动幅度适用于农副产品等初级产品以及某些工业制成品的质量指标。

资料卡

常见的表示品质灵活性的两种方法

（1）品质公差是指工业制成品生产中由于科学技术水平、生产水平及加工能力所限而产生的国际上公认的误差。如手表每天误差若干秒，圆形物体直径误差百分之若干毫米。其规定方法有笼统规定和明确规定一定的幅度。对于国际上公认的误差，只要卖方交货的品质在此误差范围之内，即使买卖合同中对误差没作规定，也不能认为卖方违反品质条款。但为了避免争议，一般在合同中明确规定出允许卖方交货品质的差异范围。

（2）品质机动幅度是指对特定质量指标在一定幅度内可以机动，主要适用于初级产品以及某些工业制成品的质量指标。规定品质机动幅度的方法有如下几种。

① 规定一定的范围，如棉布幅宽为35/36英寸。

② 规定一定的极限，如大豆含水分（最高）15%，杂质（最高）1%，不完善粒（最高）7%。

③ 规定一定的上下差异，如羽绒服含绒量为90%，允许上下1%差异。

【小思考】

我国某粮油公司出口一批中国东北大豆，由于缺乏外销经验，在客户要求下，合同品质条款规定如下：“水分8%，杂质6%，含油量50%。”问：如此规定我国东北大豆的品质对我国的出口方是否有利？为什么？

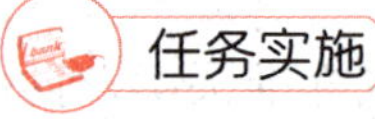

任务实施

双方经过一段时间的交流，对彼此的业务产品互相有了了解。英国公司准备先进口一批男士夹克衫，于是小杨于 2011 年 8 月 18 日给 Tom 寄送了一批产品编号为 TR 098 的样品。对方收到样品后，对质量进行了仔细检查，认可了产品的质量。于是，双方在合同中约定的品质条款如下：

Man's jacket, 2 pockets at side, like original sample No. TR 098 sent on Aug. 18, 2011.

任务二 确定商品的数量

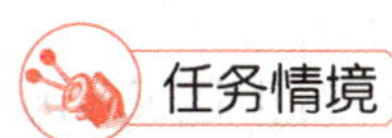

任务情境

天津昌盛贸易有限公司通常是以一个 40 英尺（约合 12.192 米）的集装箱所装货物的数量为最低订货数量来进行出口报价的。由于这是第一次与天津昌盛贸易有限公司开展业务，英国 Golded Elephant Trading Co., Ltd. 的试订单为一个 20 英尺（约合 6.096 米）的集装箱服装。双方商定，如果销售情况良好的话，以后再加大进口量。

现在，小杨就一个 20 英尺的集装箱能够装多少件夹克衫，以及各个型号和颜色的具体数量与 Tom 进行沟通，以便签订具体的数量条款。

任务分析

商品数量的多少是制定单价和计算总金额的重要依据，不仅关系到交易规模的大小，而且是影响价格和其他交易条件的重要依据。所以，商品的数量条件是买卖合同中的一项重要条件。

根据《公约》规定：卖方所交货物数量如果多于合同规定的数量，买方可以收取，也可以拒绝收取全部多交货物或部分多交货物。但如果卖方短交，可允许卖方在规定交货期届满之前补齐，但不得使买方遭受不合理的不便或承担不合理的开支，即使如此，买方也保留要求损害赔偿的权利。

可见，商品的数量条款是买卖合同中的重要内容，是评定卖方交货数量和处理数量争议的主要依据。

知识精讲

一、计量单位和计量方法

商品数量（quantity）是指以国际通用或买卖双方约定的度量衡表示货物的重量、个数、长度、面积、容积等的量。在国际贸易中，由于货物的种类、特性和各国度量衡制度的不同，计量单位和计量方法也多种多样。因此，有必要了解各种度量衡制度，熟悉各种计量单位的特定含义和计量方法。

(一) 国际贸易中常用的度量衡制度

(1) 米制(the metric system),又称公制。它以十进位制为基础,基本单位为千克和米。“度量”与“衡”之间有内在的联系,相互之间的换算比较方便。

(2) 英制(the imperial system),基本单位为码和磅。曾经在世界上有较大影响,特别是在纺织品等交易中,但使用不方便。

(3) 美制(the U. S. system),以英制为基础,多数计量单位的名称与英制的名称相同,但含义有差别,主要体现在重量单位和容量单位中。

(4) 国际单位制(the international system of Unit,SI),是在米制基础发展起来的,它有利于计量单位的统一,标志着计量制度日趋国际化和标准化。基本单位包括千克、米、秒、摩尔、安培、卡和坎德拉等。

我国于1985年9月6日通过《中华人民共和国标准计量法》,于1986年7月1日实施国际单位制。

(二) 计量单位

国际贸易中所使用的计量单位很多,不同的商品可以采用不同的计量单位,常见的有以下几种。

1. 按重量计算

按重量(weight)计算是国际贸易中使用最多的一种计量方法,根据不同商品的具体情况分别按公吨(tonne/metric ton)、吨(ton)、长吨(long ton)、短吨(short ton)、千克(kilogram)、克(gram)、磅(pound)、盎司(ounce)计算。该方法一般适用于大宗农副产品、矿产品以及一些工业制成品,如羊毛、棉花、钢铁等。对黄金、白银等贵重商品通常采用克或盎司来计量,钻石用克拉来计量。

2. 按数量计算

国际贸易中所使用的数量(number)计量单位很多,常见的有件(piece)、双(pair)、套(set)、打(dozen)、袋(bag)、桶(barrel)、包(bag)、卷(coil)等。该方法多用于日用消费品、轻工业品、机械产品以及一部分土特产品,如汽车、水果、衣服等。

3. 按长度计算

长度(length)单位常见的有米(meter)、英尺(foot)、码(yard)等。该方法多用于金属绳索、布匹、绸缎等商品的买卖,如丝绸、电线、布匹等。

4. 按面积计算

面积(area)单位常见的有平方米(square meter)、平方英尺(square foot)、平方码(square yard)等。该方法一般适用于玻璃板、地毯、皮革等习惯以面积作为计量单位的物品。

5. 按体积计算

体积(volume)单位常用的有立方米(cubic meter)、立方英尺(cubic foot)、立方码(cubic yard)等。该方法一般适用于木材、天然气以及化学气体的买卖。

6. 按容积计算

常见的容积(capacity)计量单位有公升(liter)、加仑(gallon)、蒲式耳(bushel)等。其中,蒲式耳常用于计量各种谷物,公升和加仑多用于液体商品,如酒类、汽油、石油等。

(三) 重量的计量方法

在国际贸易中,采用按重量计算的方法很多,在计算重量时,通常有以下主要方法。

1. 毛重

毛重(gross weight)是商品本身的重量加包装的重量。前者称为商品的净重,后者称为商品的皮重(tare)。

它在多数情况下只作为搬运及装卸等场合的计算,一般适用于价值较低的交易。

2. 净重

净重(net weight)是指商品本身的实际重量,不包括包装的重量,即净重＝毛重－皮重。在国际贸易中,对以重量计量的商品,大部分都按净重计价。在采用净重计算时,关键的是计算出皮重。国际上常见到计算皮重的方法主要有以下四种。

(1) 按实际皮重(actual tare)计算,它是通过衡量每件包装的实际重量而求得的总的包装重量。

(2) 按平均皮重(average tare)计算,衡量时可以从整批货物中抽取一定的件数,称出其实际皮重,然后求出其平均重量,即为平均皮重。

(3) 按习惯皮重(customary tare)计算。某些商品,由于其所使用的包装材料和规格已比较定型,其重量已为市场所公认,在计算皮重时,无须逐件过秤,重复衡量,只要按习惯上供认的皮重乘以总件数,即可求得总皮重。如货物机制底袋,每只习惯皮重为2.5磅。

(4) 按约定皮重(computed tare)计算。用这种方法不需要经过实际衡量,而是以买卖双方事先协商约定的包装重量为准。

3. 以毛作净

有些商品因包装本身不便分别计量,如卷筒纸,或因包装材料与商品价格差不多,如蚕豆,采用按毛重计价,即习惯上称为“以毛作净(gross for net)”,俗称“连皮滚”。

4. 公量

公量(conditioned weight)是指用科学方法除去其所含水分,然后再加上国际公认的标准含水量,按此方法求出的重量,称为公量。

该方法适合于经济价值较高、含水量又极不稳定的商品,如生丝、羊毛和棉花等。其计算公式为:

$$公量=商品净重\times(1+公定回潮率)=商品净重\times\frac{1+公定回潮率}{1+实际回潮率}$$

如我国某公司出口棉花100公吨,棉花的国际公定回潮率为8.5%,这批棉花的实际回潮率为11%,则对这批棉花而言:

$$公量=商品净重\times\frac{1+公定回潮率}{1+实际回潮率}=100\times\frac{1+8.5\%}{1+11\%}=97.75\ 公吨$$

【小思考】

我国某服装加工厂从澳大利亚进口羊毛 20 公吨，双方约定标准回潮率为 11%，若测得该批羊毛的实际回潮率为 25%。问：该批羊毛的公量应为多少？

5. 理论重量

对于一些按固定形状规格和尺寸所生产和买卖的商品，只要其规格一致、尺寸大小一致，则每件商品的重量大体相同的，所以一般可以从其件数就能推算出总重量，即理论重量(theoretical weight)。这种方法多用于马口铁、钢板等。

6. 法定重量和实物净重

法定重量(legal weight)和实物净重(net weight)是某些国家海关在对商品征税时所使用的计重方法。所谓法定重量，是商品的重量加上直接接触商品的包装物料的重量。实物净重是指除去直接接触商品的包装物料所表示出来的纯商品的重量。以牙膏为例，外面的包装纸盒连同里面的塑料软管和软膏的总重量称为商品的毛重；除去纸盒的重量称为法定重量；再除去塑料软管的重量，即只有软膏时的重量就是海关所说的实物重量，也叫净净重。

二、制定数量条款时需要注意的事项

1. 数量条款应当明确具体

在规定成交商品数量时，应一并规定该商品的计量单位。对按重量计算的商品，应该规定计算重量的具体方法，有些商品还需规定数量机动幅度等，这些内容都应在条款中具体订明，但一般不宜采用“大约”、“近似”、“左右”等带伸缩性的字眼来说明成交数量。

2. 合理规定数量机动幅度

在实际履约过程中，由于商品特性、生产条件、运输工具的承载能力以及包装方式的限制，卖方要做到严格按量交货有一定的困难。为了避免因卖方实际交货不足或超过合同规定而引起的法律责任，方便合同的履行，对于一些数量难以严格限定的商品，如大宗的农副产品、矿产品、煤炭以及一些工业制成品，通常在合同中规定，交货数量允许有一定范围的机动幅度，并列明溢短装部分的选择权和作价原则，这种条款称为溢短装条款(more or less clause)。例如，“大米 100 公吨，卖方可溢短装 2%”，即表示卖方的交货数量在 98～102 公吨之间时，买方不得有异议。

资料卡

关于数量机动幅度的规定

1. 规定机动幅度的方法

(1) 合同中明确具体规定数量的极限。即在数量条款中同时规定交货数量的最大值和最小值，如合同中的数量条款规定为“最多 1 080 件，最少 1 000 件”，就是说，只要卖方交货数量在1 000到1 080件之间,就履行了合同中的数量条款。

(2) 合同中未明确规定数量机动幅度,但在交易数量前加上"约"字。

目前在国际贸易中,对于"约"等用语缺乏统一的解释,因此,履行起来容易引起纠纷。但是,如果合同中采用信用证支付方式就比较容易确定。根据国际商会2007年修订的《跟单信用证统一惯例》600号出版物(以下简称《UCP 600》)中第30条A款的规定,"'约'、'大约'或类似意义的词语用于信用证金额或信用证所列的数量或单价时,应解释为允许对有关金额或数量或单价有不超过10%的增减幅度"。

(3) 合同中未明确规定数量的机动幅度。在合同中没有明确规定机动幅度的情况下,卖方交货的数量原则上应与合同规定的数量完全一致。但在采用信用证支付方式时,根据《UCP 600》中第30条B款的规定,"除非信用证规定所列的货物数量不得增减,在支取金额不超过信用证的条件下,货物数量亦允许有5%的伸缩"。据此,以信用证支付方式进行散装货物的买卖,交货的数量可有±5%的机动幅度。

2. 机动幅度的选择权

在合同规定有机动幅度的条件下,一般是由卖方或买方或船方行使,需根据具体情况进行选择。为了明确起见,应在合同中作出明确规定。

3. 溢装、短装数量的计价方法

根据《公约》规定,卖方多交货物后,买方若收取了超出部分,则要按合同规定支付相应的价款。但是为了防止有权选择溢短装的当事人利用行市的变化,有意多装或少装,以获取额外的好处,可在合同中规定:按合同价格计算、按装船日的市场价格计算、按目的地的市场价格计算、按部分合同价格计算、部分装船日或到货日的市场价格计算。

现举例如下:"数量1 000公吨,允许有5%的增减幅度,由买方选择,增减部分按合同价格计算。""Quantity:1 000M/T,5% more or less ,at buyer's option and at contract price."

任务实施

一个20英尺的集装箱的体积大约是25立方米,每个纸箱的尺寸是50×40×80(厘米),体积为0.16立方米。通过计算得知:25/0.16≈156箱,每箱装10件,共计总数为1 560件。为避免实际装箱时有误差,允许溢短装5%。小杨与Tom就服装数量问题取得了一致,在合同中签订的数量条款如下:

Quantity: 1 560 pcs, 5% more or less at seller's option.

【小思考】

如卖方按每箱6 000美元的价格出售某商品100箱,合同规定数量允许有5%上下的幅度,由卖方选择。问:这是一个什么条款?在这样的条款下,卖方最多可装多少箱?最少可装多少箱?如实际装102箱,买方应付款多少?

任务三 设计商品的包装

任务情境

天津昌盛贸易有限公司出口的服装采用纸箱包装，主要有均色均码和混色混码两种方式，对于高端时装也可采用挂式集装箱直接出运。

现在，小杨正在和英国公司的Tom就服装的具体包装进行磋商，以便在包装上达成共识，然后签订包装条款。

任务分析

包装是实现商品价值和使用价值的重要手段之一，是商品生产和消费之间的桥梁。绝大多数商品只有通过适当的包装，才能进入流通领域进行销售。

包装最基本的功能是保护商品，便于商品的分拣、装卸、运输和储存。但在当前国际市场竞争十分激烈的情况下，包装所担负的功能并不限于此，许多国家都把改进包装作为加强对外竞销的重要手段之一。因为良好的包装不仅可以保护商品，还能宣传和美化商品，提高商品身价，吸引顾客，扩大销路，提高售价，并在一定程度上显示出口国家的科技、文化艺术水平。

按照一些国家的法律解释，如果一方违反了所约定的包装条件，另一方有权提出索赔，甚至可以拒收货物。可见，包装条件是买卖合同中的重要交易条件。

知识精讲

一、包装的概念与种类

包装是指按一定的技术方法，采用一定的包装容器、材料及辅料捆扎货物，是货物的盛载物、保护物和宣传物。

商品的包装，按其在流通领域中所起的作用的不同可分为运输包装和销售包装。此外，还有中性包装、定牌与无牌生产等。

（一）运输包装

运输包装(transport package)又叫外包装或大包装，是指在运输过程中盛装货物的容器，其主要作用在于保护商品，防止在储存、运输和装卸过程中发生货损货差。

1. 对运输包装的要求

(1) 必须适应商品的特性，如水泥怕潮湿，玻璃制品容易破碎，流体货物容易流失等，这就要求运输包装相应具有防潮、防震、防漏等功能。

(2) 必须适应各种不同运输方式的要求，如海运包装要求牢固并具有防止挤压和碰撞的功能；铁路运输包装要求具有不怕震动的功能；航空运输包装要求轻便且不易过大。

(3) 必须考虑国家的法律规定和客户的要求,如有些国家禁止使用稻草之类的材料作为包装用料,因怕病虫害掺杂其中。

(4) 要在保证包装牢固的前提下节省费用,便于各环节有关人员进行操作,以免使货物遭受损失。

2. 运输包装的分类

(1) 按包装方式不同,可分为单件运输包装和集合运输包装。前者是指货物在运输过程中作为一个计件单位的包装,如箱、袋、桶等;后者是指把一定数量的单件运输包装组合成一件大的包装和装入一个大的包装容器中,如集装包、集装袋和集装箱。

(2) 按包装材料的不同,可分为纸制包装、金属包装、木制包装、塑料包装、麻织品包装、玻璃制品包装、陶瓷制品包装以及竹、柳、草制品包装等。

(3) 按包装质地不同,可分为软性包装、半硬性包装和硬性包装。

(4) 按包装程度不同,可分为全部包装和局部包装。

在国际贸易中,买卖双方究竟采用何种包装,应具体问题具体分析,并应在合同中具体订明。

3. 运输包装的标志

为了便于运输、仓储、商检和验关工作的进行,以及发货人与承运人和承运人与收货人之间的货物交接,避免错发错运,做到安全运输,货物在运送之前,都要按一定的要求,在运输包装上面书写、压印、刷制简单的图形、文字、和数字,以资识别。这些图形、文字和数字,统称为运输标志。

运输包装上的标志,根据用途的不同,可分为以下几种。

(1) 运输标志(shipping mark)。运输标志又叫唛头,通常是由一个简单的几何图形和一些字母、数字及简单的文字组成。运输标志通常印在货物外包装明显的部位,其主要内容包括货物名称或代号,目的地的名称或代号,收、发货人的代号,件号,批号。

在货物装运时,货主要对每件货物按顺序编号,件号标志一般用 1—100 或 2/100 等表示,其中,分母表示该批货物的总件数,分子表示该件货物在整批货物中的编号,目的是为了便于查对、点数。

此外,有的运输标志还包括原产地、合同号、许可证号和体积与重量等内容。其内容繁简不一,买卖双方可根据商品的特点和具体要求商定。

在国际标准化组织和国际货物装卸协调协会的支持下,联合国欧洲经济委员会简化国际贸易程序工作组制定了一套运输标志向各国推荐使用。该标准运输标志包括四项基本内容。

① 收货人或买方名称的英文缩写字母或简称。

② 参考号(运单号码、订单号码、发票号码等)。

③ 目的地。

④ 件号。

现列举三个运输标志如下。其中,例 5-2 为标准化的运输标志。

【例 5-1】

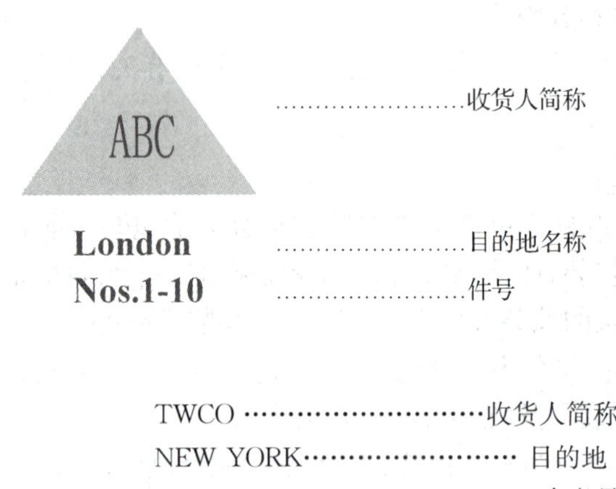

【例 5-2】

TWCO ……………………………收货人简称
NEW YORK…………………………… 目的地
2006/C NO. 56…………………………参考号
NO. 1—30………………………………件号

【例 5-3】

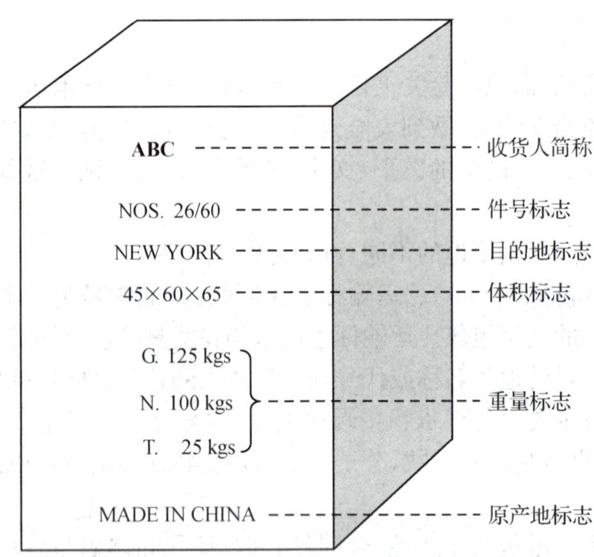

按国际贸易的惯例，运输标志可以由卖方提供，且可以不在合同中作出具体规定。如果由买方提供，则应在合同中规定提出唛头后通知卖方的日期，以免影响备货、出运和结汇等一系列工作。

(2) 指示标志(indicative mark)。指示标志是提示人们在装卸、运输和保管过程中需要注意的事项，一般都是以简单、醒目的图形和文字在包装上标出。

现列举几种指示标志如图 5-1 所示。

图 5-1　指示标志示例图

(3) 警告标志(warning mark)。警告标志是指在运输包装内装有爆炸品、易燃物品、有毒物品、腐蚀物品、氧化剂和放射性物资等危险货物时，都必须在运输包装上标打用于各种危险物品的标志，以示警告，使装卸、运输和保管人员按货物特性采取相应的防护措施，以保护物资和人身安全。

现列举几种警告标志如图 5-2 所示。

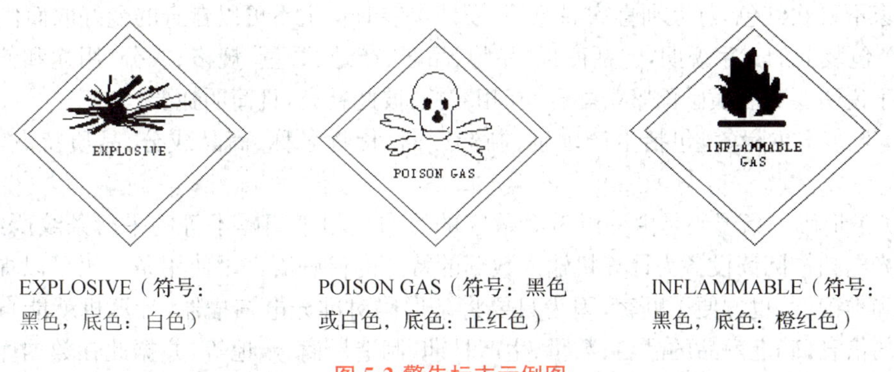

EXPLOSIVE（符号：黑色，底色：白色）　POISON GAS（符号：黑色或白色，底色：正红色）　INFLAMMABLE（符号：黑色，底色：橙红色）

图 5-2 警告标志示例图

上述运输包装上的各类标志，都必须按有关规定标打在运输包装上的明显部位，标志的颜色要符合有关规定的要求，防止褪色、脱落，使人一目了然，容易辨认。

(二) 销售包装

销售包装(sale package) 也叫小包装或内包装，是指以适当的材料或容器对商品的初次包装。其主要发挥促销商品或使商品增值的作用。

1. 对销售包装的要求

(1) 便于陈列展销，吸引顾客与供消费者选购。

(2) 便于识别商品，便于消费者了解、看货成交。如采用某些透明材料进行包装或在销售包装上用以醒目的图案及文字标示。

(3) 便于携带使用。销售包装大小要适当，以轻便为好，必要时还可以有提手，为携带商品提供方便。

(4) 要有艺术吸引力，以吸引顾客，提高售价和扩大销售。销售包装要造型考究和装潢美观，不仅能显示商品的名贵，而且包装本身也具有观赏价值。

2. 销售包装的分类

(1) 挂式包装：如吊带、吊钩、吊孔、网兜等。

(2) 堆叠式包装:如瓶、罐、盆等。

(3) 易开式包装:如易拉罐。

(4) 携带式包装:如提手装置。

(5) 透明式包装:如塑料袋、塑料瓶、玻璃瓶等。

(6) 喷雾式包装:如香水、发胶等商品的包装。

(7) 配套式包装:如餐具、茶具等商品的包装。

(8) 礼品式包装:为商品配上华丽、多样的包装,此类包装外表美观、讲究,以显示礼品的名贵。

3. 销售包装的标示和说明

在销售包装上一般都附有装潢画面和文字说明。在设计和制作销售包装时,应做好以下几方面的工作。

(1) 包装的装潢画面。装潢画面要美观大方,富有艺术吸引力,并突出商品的特点,其图案和色彩要适应有关国家的民族习惯和爱好,以利扩大出口。如日本人不喜欢荷花,西欧一些国家不喜欢红色,意大利喜欢绿色等,设计包装时切记不可以自身的爱好取而代之。

(2) 包装上的文字说明,包括商标、品牌、品名、产地、数量、规格、成分、用途和使用方法等。文字说明要与装潢画面紧密配合、互相衬托、彼此补充,且简明扼要。

(3) 包装上的标签,包括生产国别、制造厂商、货物名称、商品成分、品质特点、使用方法等。

(4) 条形码。条形码是由一组带有数字的黑白及粗细间隔不等的平行条纹所组成,它是利用光电扫描阅读设备为计算机输入数据的特殊的代码语言。使用条形码可以提高结算的效率和准确性,也方便了顾客,因为只要将条形码对准光电扫描器,计算机就能自动识别条形码的信息,确定商品的品名、数量、生产日期、制造厂商、产地等,并据此在数据库中查询其单价,进行货款结算,打出购货清单。

资料卡

条形码的种类

目前国际上通用的包装上的条形码有两种:美国、加拿大组织的统一编码委员会编制的 UPC 码(Universal Product Code)和国际物品编码协会编制的 EAN 码(European Article Number)。

我国于 1988 年 12 月建立了"中国物品编码中心",并于 1991 年 4 月正式加入国际物品编码协会,该会分配给我国的国别号为"690、691、692"。凡适于使用条形码的商品,特别是出口的商品,应在商品包装上印刷条形码。

(三) 中性包装、定牌和无牌

中性包装、定牌和无牌是国际贸易中的习惯做法,是一些出口企业应某些客户要求而采用的做法。

1. 中性包装

中性包装是指在出口商品及内外包装上都不标明生产国别、地名和厂商名称的包装，也就是说，在出口商品包装的内外，都没有原产地和出口厂商的标记。中性包装包括定牌中性包装和无牌中性包装。前者是指包装上仅有买方指定的商标或品牌，但无生产地名和出口厂商的名称；后者包装上既无生产地名和厂商名称，也无商标、品牌。

采用中性包装，是国际贸易中的习惯做法，其目的是避开某些进口国家与地区的关税、非关税壁垒以及交易的特殊需要（如转口贸易等），它是出口国家厂商加强对外竞销和扩大出口的一种手段。

2. 定牌

定牌是指卖方按照买方的要求，在其出售的商品或包装上标明买方指定的商标或牌号。

当前，许多国家的超级市场、百货公司或专业商店，对其经营出售的商品，都要在商品上或包装上标有本商店使用的商标和品牌，以扩大本店知名度和显示该商品的身价。许多国家的出口厂商为了利用买方的经营能力及其商业信誉和名牌声誉，提高商品售价和扩大销路，也愿意接受定牌生产。

3. 无牌

无牌是指买方要求在我国出口的商品上不使用任何商标或品牌。其目的是避免浪费、节约广告费用、降低销售成本，达到薄利多销。无牌生产主要用于半制成品和低值易耗品。

【小思考】

菲律宾某公司与上海某自行车厂洽谈业务，打算从我国进口“永久”牌自行车 1 000 辆。但要求我方改用“剑”牌商标，并在包装上不得注明“Made in China”字样。问：我方是否可以接受菲律宾公司的要求？在处理此项业务时，应注意什么问题？

二、制定包装条款时需要注意的事项

1. 包装的选用原则

(1) 科学经济。科学经济的设计制作可以缩小包装体积，减少包装费用，降低货物包装成本和运输成本。

(2) 牢固。牢固的设计制作可以保证货物的完好无损。

(3) 美观适销。美观适销的设计制作可以吸引顾客前来购买，满足消费者的需求。

2. 包装的体积的核算及与运输的配合

不同的包装方式都有一个与运输载体相配合的问题。在国际货物运输中，由于采用纸箱包装的货物占很大比重，因此，纸箱包装设计制作及其与运输的配合就尤为重要。负责运输的贸易方需要积极实现不同商品运输包装的标准化。

在实际业务中，集装箱装载数量与包装容器的长、宽、高之组合及各边是否受固定装放限制有极大关系。一般有两种情况：一种是包装尺寸受产品特性、客户要求、打包机设备固定的限制。如洗洁精必须竖立，那么包装箱高度即成固定，客户要求每箱 24 听装就不能装 20 听；另一种是包装箱尺寸可配合集装箱的规格，最大限度地装满集装箱。一般来说，对包装规格都是有限制的，但对竖立与否不做规定的包装尺寸，可先决定货柜的高度，再来改变宽与长的组合，因为装货柜时高对容积影响最大。

资料卡

包装条款的规定

交易合同中的包装条款主要包括包装材料、包装方式、包装规格、包装标志，有时也包括包装费用等内容。

订立合同中的包装条款需注意以下几点。

(1) 要考虑商品特点和不同运输方式的要求。商品的特性、形状和使用的运输方式不同，对包装要求也不相同，必须从商品在储运和销售过程中的实际需要出发，使约定的包装科学、合理，并达到安全、适用和适销的要求。

(2) 对包装的要求应明确具体，应明确规定包装材料、造型和规格，一般不宜采用“海运包装”和“习惯包装”之类的术语。

(3) 应订明包装费用由何方负担。包装由谁负责供应，通常有下列三种做法。

① 由卖方供应包装，包装连同商品一起交付买方。

② 由卖方供应，但交货后，卖方将原包装收回。

③ 买方供应包装或包装物料。此种情况下，合同中应明确规定买方提供包装或包装物料的时间，以及由于包装物料未能及时提供而影响发运时买卖双方所负的责任。

按照国际贸易惯例，包装费用一般都包括在货价之内，不另计价，在包装条款中无须另行订明。但如果买方有要求，则需要在包装条款中订明。

现举包装条款实例如下：

“纸箱装，每箱 24 听，每听 400 克。”(In cartons each containing 24tins，of 400 gram.)

任务实施

双方经过讨论，决定采用混色混码包装，10 件装一个纸箱，第一次发一个 20 英尺集装箱货物，双方在合同中约定的包装条款如下：

10 pcs per carton，solid color and size，per color in polybag

W×H×T：50 cm×40 cm×80 cm

Shipping mark：AFC
London
206589CAX
NO. 1-UP

知识巩固

1. 简述品质条款在合同中的地位和作用。

2. 简述凭卖方样品成交时，卖方应注意的问题。
3. 简述毛重、净重及以毛作净的主要区别。
4. 何谓运输包装？简述运输包装的作用。
5. 简述中性包装的性质和作用及采用中性包装时应注意的问题。

案例讨论

案例一

山东某进出口公司与法国某公司签订了价值5万美元的衬衫出口合同，约定由该法国公司提供衬衫图样，我方公司按图样生产样品，待法国公司确认样品后再批量生产。我方公司业务员在工厂生产完样品后迅速将其寄给了法国公司，但并未留下样品备份，待法国公司完成样品确认，开立信用证后，时间已经过去了2个月。在备货时，业务员既找不到衬衫图样，也没有留下工厂样品，为了不耽误交付期限，只能凭着记忆要求工厂生产，结果货物到达目的地后，遭到客户拒收并索赔。法国公司的理由是他们要求的衬衫上的口袋应该在右上角，而我方公司制作的衬衫口袋在左上角。请问该法国公司拒收产品并索赔是否合理？为什么？

案例二

中国某公司从国外进口某种农产品，合同数量为100万吨，允许溢短装5%，而外商装船时共装运了120万吨，对于多装的15万吨，我方应如何处理？

案例三

一德国客户欲购买我国某公司生产的塑料发卡，但要求改用买方商标，并在包装上不得注明“中国制造”字样。对此，我方公司可否接受？为什么？

技能训练

广东神力木业有限公司与韩国大宇公司商定成交Y789、R980这两个型号的地板，详细信息如下：Y789，胡桃木，1 215 mm×195 mm×8.3 mm，25 g Overlayer，white hdf；R980，苹果木，1 230 mm×200 mm×8.8 mm，35 g Overlayer. 其中，每个纸箱装8块地板，纸箱尺寸为1 220 mm×200 mm×70 mm，毛重15 kg，净重14.5 kg；使用20英尺的集装箱进行装运，假设20英尺的集装箱可以装58立方米、21公吨的货物。请你拟定具体的品质、数量和包装条款。

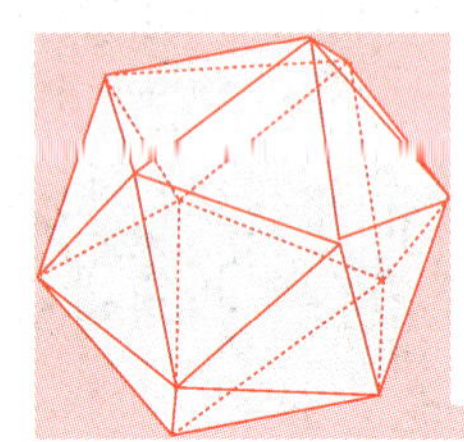

学习情境六 选用合适的贸易术语——贸易术语和价格核算

知识目标

- 了解贸易术语的定义；
- 熟悉与国际贸易术语有关的国际惯例；
- 掌握《2000年国际贸易术语解释通则》中最常用的贸易术语关于买卖双方责任、风险和费用的划分；
- 学会正确订立合同的价格条款。

能力目标

- 能够选用恰当的贸易术语，明确买卖双方的权利和义务；
- 能进行不同贸易术语之间的价格转换；
- 提升灵活运用所学知识分析案例的能力。

国际贸易不同于国内贸易，在国际贸易中，买卖双方分处不同的国家或地区，相距甚远，货物从卖方所在地运至买方所在地往往要经过长途运输，多次装卸和存储，期间还需办理保险、报检和进出口报关手续等。与此同时，还需支付相应的费用，加上货物在运输过程中可能遭到各种自然灾害和意外事故的风险等。因此，有关上述责任、风险和费用由谁负责、由谁办理和承担以及风险如何划分，就成为国际贸易实际操作中买卖双方必须要解决的切实问题。

任务一 理解国际贸易术语的概念、作用和有关惯例

任务情境

小杨向几个合作多次的供应商询价，该批出口的男士夹克衫采购成本为每件180元左右，包含13%的增值税，公司的定额费率为4%，预期利润率为10%。

小杨现在准备和对方洽谈价格的相关事宜，订立合同价格条款，此时该商品的面料价格

不断上涨，人民币对美元汇率不断上升。

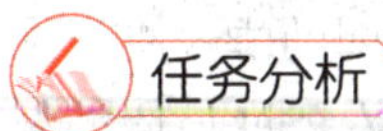

价格是国际贸易的核心。在交易磋商中，价格往往是买卖双方争议的焦点，直接关系到买卖双方的经济利益。价格的高低还与其他交易条件密切相关，价格的差异往往意味着商品的品质、数量、包装和服务上的差异。

国际贸易的商品价格包括总价和单价两个部分，单价由计量单位、单位价格金额、计价货币和贸易术语组成。在对外贸易中，我国外贸企业在与国外客户磋商和签约时，应考虑各种影响因素，结合经营意图，参照国际价格水平确定价格。此外，还要正确选择计价货币，适当选用贸易术语，列明作价方法，必要时还需规定价格调整条款。同时，对佣金和折扣应视交易的具体情况，正确加以运用和规定。

知识精讲

一、贸易术语的概念和作用

贸易术语(trade terms)也被称为价格术语(price terms)，是在长期的国际贸易实践中产生的，它是用一个简短的概念或三个英文字母的缩写来表示商品价格的构成，说明买卖双方在货物交接过程中有关风险、责任和费用划分等问题的专门用语。

在国际贸易中，贸易术语的使用有着非常重要的作用，主要表现在以下几个方面。

1. 简化买卖双方洽商内容，加速合同订立

由于每种贸易术语都有其特定的含义，且广泛使用，具有通用性，因此，买卖双方只要商定按何种贸易术语成交，即可明确彼此在交接货物方面所应承担的责任、费用和风险，这就极大地简化了交易手续，缩短了洽商时间，从而有利于买卖双方迅速达成交易和签订合同。

2. 有利于买卖双方核算价格和成本

在不同的贸易术语条件下，买卖双方在交接货物时各自承担的风险、责任和费用不尽相同，这直接影响到双方的经济利益，最终反映在商品价格上。贸易术语的选择将直接影响到商品价格及其构成，这也是将贸易术语称为价格术语的原因所在。例如，CFR 术语下的价格就由两部分组成，即成本和运费。所以，买卖双方确定成交价格时，必然要考虑采用的贸易术语中包含哪些从属费用，这就有利于买卖双方进行报价、比价和成本核算。

3. 有利于解决履约时的争议

当买卖双方商定合同中存在对合同条款考虑不周，对某些事项规定不明确或不完备，致使履约当中产生争议而不能依据合同的规定解决时，双方往往可以援引有关贸易术语的一般解释来处理。

二、有关贸易术语的国际贸易惯例

在国际贸易中，使用贸易术语最早始于 19 世纪。随着国际贸易的发展，逐渐形成了一

系列贸易术语,各种特定行业对各种贸易术语也有各自特定的解释和规定。因此,在使用贸易术语时,由于对贸易术语解释的不同,经常会出现矛盾和分歧。为解决这些矛盾,便于国际贸易的发展,国际商会、国际法协会等国际组织以及美国一些著名商业团体经过长期的努力,分别制定了解释国际贸易术语的规则,这些规则在国际上被广泛采用,从而形成国际贸易惯例,并受到各国广泛的欢迎和使用。

(一) 国际贸易惯例的性质

国际贸易惯例是指在长期的国际贸易实践中逐步发展和形成的、具有普遍意义的一些习惯做法和解释。由于它是在当事人意思自治原则的基础上采用的,本身不是法律,因而不具有法律效力,不能强制推行。但值得注意的是,当买卖双方在合同中援引某项惯例时,该惯例即具有法律效力,对双方都有约束力,具有法律强制性。当合同中既没有对某一问题做出明确规定,也未订明采用某一惯例的情况,当发生争议付诸诉讼或提交仲裁时,法庭和仲裁机构可引用惯例作为判决或裁决的依据。而当合同的条款与惯例有冲突时,将遵循合同优先于惯例的原则。

(二) 关于贸易术语的国际贸易惯例

1.《1932 年华沙—牛津规则》

《1932 年华沙—牛津规则》(Warsaw-Oxford Rules 1932)是国际法协会专门为解释 CIF 合同而制定的。19 世纪中叶,CIF 贸易术语开始在国际贸易中得到广泛采用,然而对使用这一术语时买卖双方各自承担的具体义务并没有统一的规定和解释。对此,国际法协会于 1928 年在波兰首都华沙开会,制定了关于 CIF 合同的统一规则,称之为《1928 年华沙规则》,共包括 22 条。其后,将此规则修订为 21 条,并更名为《1932 年华沙—牛津规则》,沿用至今。这一规则对于 CIF 的性质、买卖双方所承担的风险、责任和费用的划分以及所有权转移的方式等问题都作了比较详细的解释。

2.《1941 年美国对外贸易定义修订本》

《1941 年美国对外贸易定义修订本》(Revised American Foreign Trade Definitions 1941)是由美国几个商业团体制定的。它最早于 1919 年在纽约制定,原称为《美国出口报价及其缩写条例》,后来于 1941 年在美国第 27 届全国对外贸易会议上进行了修订,命名为《1941 年美国对外贸易定义修订本》。该修订本中所解释的贸易术语共有以下六种。

(1) Ex (point of origin),产地交货。

(2) FOB(free on board),在运输工具上交货。

(3) FAS(free along side),在运输工具旁边交货。

(4) C&F(cost and freight),成本加运费。

(5) CIF(cost,insurance and freight),成本加保险费、运费。

(6) Ex Dock,目的港码头交货。

该修订本主要在北美国家采用。由于它对贸易术语的解释在某些方面与其他惯例有明显的差异,因此在同北美国家进行交易使用时应加以注意。

3.《2000 年国际贸易术语解释通则》

《2000 年国际贸易术语解释通则》(《INCOTERMS 2000》),简称《2000 通则》,是由国际商会制定并进行过多次修订。在进入21世纪之际，为使贸易术语更进一步适应世界上无关税区的发展、交易中使用电子信息的增多以及运输方式的变化，国际商会广泛征求世界各国从事国际贸易的各方面人士和有关专家的意见，于1999年7月公布了《2000通则》，并于2000年1月1日起生效。

4.《2010年国际贸易术语解释通则》

《2010年国际贸易术语解释通则》(《INCOTERMS 2010》)，简称《2010通则》，是国际商会根据国际货物贸易的发展，对《2000通则》的修订，于2010年9月27日公布，2011年1月1日开始全球实施。《2010通则》较《2000通则》更准确地标明了各方承担货物运输风险和费用的责任条款，令船舶管理公司更易理解货物买卖双方支付各种收费时的角色，有助于避免现时经常出现的码头处理费(THC)纠纷。此外，新通则亦增加了大量指导性贸易解释和图示，以及电子交易程序的适用方式。

虽然《2010通则》于2011年1月1日正式生效，但并不表示《2000通则》就自动作废。因为国际贸易惯例本身不是法律，对国际贸易当事人不产生必然的强制性约束力。国际贸易惯例在适用的时间效力上并不存在“新法取代旧法”的说法，因此当事人在订立贸易合同时仍然可以选择适用《2000通则》，甚至《1990通则》。

资料卡

国际商会

国际商会(The International Chamber of Commerce，ICC)成立于1919年，总部设在法国巴黎，发展至今已拥有来自130多个国家的成员公司和协会，是全球唯一的代表所有企业的权威代言机构。国际商会以“为开放的世界经济服务，坚信国际商业交流将导致更大的繁荣和国家之间的和平”为基本目的。目前，国际商会的会员已扩展到100多个国家之中，由数万个具有国际影响的商业组织和企业组成，已在59个国家中成立了国家委员会或理事会，组织和协调国家范围内的商业活动。

国际商会的主要职能有四个。

(1) 在国际范围内代表商业界，特别是对联合国和政府专门机构充当商业发言人。

(2) 促进建立在自由和公正竞争基础上的世界贸易和投资。

(3) 协调统一贸易惯例，并为进出口商制定贸易术语和各种指南。

(4) 为商业提供实际服务。这些服务包括：设立解决国际商事纠纷的仲裁院，协调和管理货物临时免税进口的ATA单证册制度的国际局、商业法律和实务学会、反海事诈骗的国际海事局、反假冒商标和假冒产品的反假冒情报局，为世界航运创造市场条件的海事合作中心和经常组织举办各种专业讨论会和出版发行种类广泛的出版物。

任务实施

小杨为了能尽快和对方商定有关货物价格的相关事宜，了解了为什么要掌握贸易术语，以及与贸易术语相关的国际贸易惯例。

任务二 解读《2000 通则》

任务情境

小杨在学习过程中，不断进行总结，发现现在大多数的公司在对贸易术语进行解释时都依照《2000 通则》，于是小杨决定认真研读《2000 通则》的所有内容，以便选取对自己有利的贸易术语。

任务分析

《2000 通则》的公布和实施，是适应当代国际贸易实践的表现，不仅有利于国际贸易的发展和国际贸易法律的完善，而且起到了承上启下、继往开来的作用，标志着国际贸易惯例的新发展。

知识精讲

一、《2000 通则》的适用范围

《2000 通则》明确了适用范围，只限于销售合同当事人的权利、义务中与交货有关的事项。其中，所交货物是指“有形的”货物，不包括“无形的”货物，如计算机软件等。《2000 通则》只涉及与交货有关的事项，如货物的进出口清关、货物的包装、买方受领货物的义务以及提供履行各项义务的凭证等，不涉及货物所有权和其他产权的转移、违约、违约行为的后果以及某些情况的免责等，有关违约的后果或免责事项，可通过买卖合同中其他条款和适用的法律来解决。

二、《2000 通则》对贸易术语分类

《2000 通则》所解释的贸易术语共 13 种，分 E、F、C、D 四组，具体如表 6-1 所示。

表 6-1 《2000 通则》对 13 种贸易术语的分类

组　别	贸易术语	中文名称	适用运输方式
E 组(起运)	EXW	工厂交货(……指定地点)	各种运输方式
F 组(主运费未付)	FCA	货交承运人(……指定地点)	各种运输方式
	FAS	装运港船边交货(……指定装运港)	水运
	FOB	装运港船上交货(……指定装运港)	水运
C 组(主运费已付)	CFR	成本加运费(……指定目的港)	水运
	CIF	成本加运费、保险费(……指定目的港)	水运
	CPT	运费付至(……指定目的地)	各种运输方式
	CIP	运费、保险费付至(……指定目的地)	各种运输方式

续表

组　别	贸易术语	中文名称	适用运输方式
D组(到达)	DAF	边境交货(……指定地点)	各种运输方式
	DES	目的港船上交货(……指定目的港)	水运
	DEQ	目的港码头交货(……指定目的港)	水运
	DDU	未完税交货(……指定目的地)	各种运输方式
	DDP	完税后交货(……指定目的地)	各种运输方式

三、《2000 通则》对贸易术语的解释

(一) 常用的贸易术语

1. FOB

(1) FOB 的含义。FOB 全称是 free on board(... named port of shipment),即装运港船上交货(……指定装运港),是指卖方必须在合同规定的装运期内,在指定的装运港将货物装上买方指定的船上,并及时通知买方。货物在装运港越过船舷,风险即由卖方转移至买方。这一术语仅适用于水运。如当事各方无意越过船舷交货,则应使用 FCA 术语。

(2) 买卖双方基本义务的划分。据《2000 通则》的解释,采用 FOB 术语时,买卖双方的主要义务如表 6-2 所示。

表 6-2　FOB 条件下买卖双方各自承担的基本义务

卖　方	买　方
卖方必须在约定的日期或期限内,在指定的装运港,按照该港习惯方式,将货物交至买方指定的船只上,并向买方发出交货通知	买方必须按照销售合同规定支付价款
卖方必须自担风险和费用,取得任何出口许可证或其他官方许可,并在需要办理海关手续时,办理出口货物所需的一切海关手续	买方必须自付费用订立从指定的装运港运输货物的合同,并将船名、装船地点和交货时间通知卖方
卖方必须负担货物越过船舷之前的一切费用和风险	买方必须自担风险和费用,取得任何进口许可证或其他官方许可,并在需要办理海关手续时,办理货物进口和在必要时从他国过境所需的一切海关手续
卖方必须提供商业发票和证明货物已经交到船上的通常单据或具有同等效力的电子数据交换信息	买方必须负担货物越过船舷之后的一切费用和风险
	买方必须收取卖方按合同规定交付的货物,接受按合同规定提供的交货凭证
	买方为其自身利益考虑,应负责办理保险手续并支付保险费

（3）使用 FOB 术语应注意以下问题。

① 船舷为界。"船舷为界"表明货物在装上船之前的风险，包括在装船时货物跌落码头或海中所造成的损失，均由卖方承担。货物装上船之后，包括在起航前和在运输过程中所发生的损坏或灭失，则由买方承担。严格地讲，船舷为界只是说明风险划分的界限，它并不表示买卖双方的责任和费用划分的界限。

【小思考】

我国某外贸企业以 FOB 青岛与外商成交玻璃花瓶 3 000 个，共 150 箱。在青岛装货时，不幸掉下 6 箱，其中 4 箱落入海里，另外 2 箱掉到甲板上，请问这 6 箱货物的损失分别由谁来承担？

② 船货衔接。在 FOB 条件下，买方应负责租船订舱，并将船期、船名及装船地点通知卖方。而卖方必须负责在合同规定的装运港和期限内，将合同规定的货物装上买方指定的船只。这样就存在船货衔接的问题。按照有关法律和惯例的规定，如果船只按时到达装运港，而卖方未能备妥货物，延误了装船时间，即船等货，则卖方应承担由此造成的空舱费或滞期费等损失。反之，如果买方延迟派船，出现货等船的情况时，应由买方承担由此可能造成的仓储费及因迟收货款而造成的利息损失等。所以，在 FOB 合同中，买卖双方对船货衔接问题，在订约后应需加强联系，密切配合，防止船货脱节。

③ 装船费用的负担问题。大宗货物成交时，为了说明装船的费用由谁承担，买卖双方通常在 FOB 术语后加列附加条件，形成 FOB 术语的变形，具体如表 6-3 所示。

表 6-3 常用的 FOB 术语变形

FOB 术语的变形	对装船费用的规定
FOB Liner Terms（FOB 班轮条件）	装船费用按班轮条件办理，即卖方负责将货物交至买方指定的船只吊钩所及之处，吊装费用由买方负担
FOB Under Tackle（FOB 吊钩下交货）	卖方负责将货物交至买方指定的船只吊钩所及之处，吊装费用由买方负担
FOB Stowed（FOB 理舱费在内）	卖方负担将货物装入船舱并承担包括理船费在内的装船费用。理舱费是指货物入舱后进行安置和整理的费用
FOB Trimmed（FOB 平舱费在内）	卖方负担将货物装入船舱并承担包括平舱费在内的装船费用。平舱费是指对入舱的散装货物平整所产生的费用
FOB Stowed and Trimmed（FOB 包括理舱、平舱）	卖方负责将货物装上船，并支付包括理舱费和平舱费在内的装船费用

【小思考】

我国某外贸企业以 FOB 天津与外商成交出口稻谷 1 000 吨，由于外商出价较低，双方约定由外商负责装船。在这种情况下，买卖双方在合同中应使用 FOB 术语的哪一种变形来正确反映双方的意愿？

④ 个别国家对 FOB 的不同解释。以上有关 FOB 的解释都是按照国际商会的《2000 通则》作出的。然而，不同的国家和不同的惯例对 FOB 的解释并不完全统一。它们之间的差

异在有关交货的地点、风险划分界限以及卖方承担的责任义务等方面的规定上都可体现出来。如在北美国家采用的《1941 年美国对外贸易定义修订本》中，将 FOB 概括为 6 种，其中前三种是在出口国内陆指定地点的内陆运输工具上交货，第四种是在出口地点的内陆运输工具上交货，第五种是在装运港船上交货，第六种是在进口国指定内陆地点交货。上述第四种和第五种在使用时应加以注意。因为这两种术语在交货地点上有可能相同，如都是在旧金山交货，如果买方要求在装运港口的船上交货，则应在 FOB 和港名之间加上"轮船 Vessel"字样，如"FOB VESSEL NEWYORK"，否则，卖方有可能按第四种情况在纽约的内陆运输工具上交货。

即使都是在装运港船上交货，关于风险划分界限的规定也不完全一样。按照《1941 年美国对外贸易定义修订本》的解释，买卖双方划分风险界限不是在船舷，而是在船上。按照卖方责任规定："承担货物一切灭失及/或损坏责任，直至在规定日期或期限内，已将货物装载于轮船上为止。"另外，关于办理出口手续问题上也存在分歧。按照《2000 通则》的解释，FOB 条件下，卖方义务是"自负风险和费用，取得出口许可证或其他官方批准证件，并办理货物出口所必需的一切海关手续"。但是，按照《1941 年美国对外贸易定义修订本》的解释，此时卖方只是"在买方请求并由其负担费用的情况下，协助买方取得由原产地及/或装运地国家签发的，为货物出口或其目的地进口所需的各种证件"。

鉴于上述情况，在我国同美国、加拿大等国家从事的进出口业务中，采用 FOB 成交时，应对有关问题在合同中具体订明，以免因解释上的分歧而引起争议。

2. CFR

(1) CFR 的含义。CFR 全称是 cost and freight(... named port of destination)，即成本加运费(……指定目的港)，是指卖方必须在合同规定的装运期内，在装运港将货物交至运往指定目的港的船上，负担货物越过船舷为止的一切费用和货物灭失或损坏的风险，并负责租船或订舱，支付抵达目的港的正常运费。这一术语仅适用于水运。如要求卖方在船舶到达前将货物交到货站，或在滚装和集装箱运输情况下，船舷则无实际意义，故使用 CPT 术语更为适宜。

(2) 买卖双方基本义务的划分。根据《2000 通则》的解释，采用 CFR 术语时，买卖双方的主要义务如表 6-4 所示。

表 6-4 CFR 条件下买卖双方各自承担的基本义务

卖 方	买 方
卖方必须在约定的日期或期限内，在装运港将货物装上船，并向买方发出装运通知，以便买方能够为受领货物而采取通常必要的措施	买方必须按照销售合同规定支付价款
卖方必须自付费用，按照通常条件订立运输合同，经由惯常航线，将货物装运至指定的目的港	买方必须自担风险和费用，取得任何进口许可证或其他官方许可，并在需要办理海关手续时，办理货物进口和在必要时从他国过境所需的一切海关手续
卖方必须自担风险和费用，取得任何出口许可证或其他官方许可，并在需要办理海关手续时，办理出口货物所需的一切海关手续	买方必须负担货物越过船舷之后的一切费用和风险

续表

卖　方	买　方
卖方必须负担货物越过船舷之前的一切费用和风险	买方必须收取卖方按合同规定交付的货物，接受按合同规定提供的交货凭证
卖方必须提供商业发票和证明货物已经交到船上的通常单据或具有同等效力的电子数据交换信息	买方为其自身利益考虑，应负责办理保险手续并支付保险费

（3）使用 CFR 术语应注意的问题。

① 卖方应及时发出装船通知。按 CFR 条件成交时，由卖方安排运输，由买方办理货运保险。如卖方不及时发出装船通知，则买方就无法及时办理货运保险，甚至有可能出现漏保货运险的情况。因此，卖方装船后务必及时向买方发出装船通知，否则，卖方应承担货物在运输途中的风险和损失。

【小思考】

我国某外贸企业从英国 A 公司进口一批棉花，以 CFR 上海成交，货轮在台湾海峡附近触礁沉没，由于 A 公司未及时向我方发出装船通知，导致我方未办理投保手续，无法向保险公司索赔。故我方要求对方承担责任，但英国 A 公司以货物离港，风险已转移给我方为由拒绝承担责任。请问英国 A 公司的说法是否合理，损失究竟应由谁承担？为什么？

② 按 CFR 进口应慎重行事。在进口业务中，按 CFR 条件成交时，鉴于由外商安排装运，由我方负责保险，故应选择资信好的国外客户成交，并对船舶提出适当要求，以防外商与船方串通，出具假提单，租用不适航的船舶，或伪造品质证书与产地证明。若出现这类情况，会使我方蒙受不应有的损失。

小案例

CFR 术语中的风险防范

我国某外贸企业由国外一新客户进口一批初级产品，按 CFR 上海，即期信用证付款成交，合同规定由卖方以程租船方式将货物运交我方。我开证银行也凭国外议付行提交的符合信用证规定的单据付了款。但装运船只一直未到达目的港，后经多方查询，发现承运人是一家小公司，而且在船舶起航后不久就宣告倒闭了，承运船舶是一条旧船，船货均告失踪，此系卖方与船方相互勾结进行诈骗，导致我方蒙受重大损失。因而，在进口业务中，采用 CFR 术语时，应慎用程租船方式，注意风险防范。

③ 卸船费用的负担问题。按 CFR 术语成交，卖方负责租船订舱，将合同规定的货物装至运往目的港船上并支付运费。但在采用程租船运输的情况下，货物运到目的港后，对卸船的费用由谁承担的问题并无统一解释，也容易引起争议。为了解决这些问题，买卖双方通常在 CFR 术语后加列附加条件，形成 CFR 术语的变形，具体如表 6-5 所示。

表 6-5　常用的 CFR 术语变形

CFR 术语的变形	对卸船费用的规定
CFR Liner Terms(CFR 班轮条件)	卸船费用按班轮条件办理,即卸货费用已包括在卖方支付的运费之中
CFR Under Tackle(CFR 吊钩下交货)	卖方负责将货物从船舱吊起卸到船舶吊钩所及之处(码头上或驳船上)的费用。在船舶不能靠岸的情况下,租用驳船的费用和货物从驳船卸到岸上的费用概由买方负担
CFR Landed(CFR 卸到岸上)	卖方要负担货物卸至码头上为止的卸货费用,包括驳船费和码头费
CFR Ex Ship's Hold (CFR 舱底交货)	货物运到目的港后,由买方自行启舱,并负担货物从舱底卸到码头的费用

资料卡

驳船和码头费

驳船是指没有动力推进装置,靠机动船带动的船。按用途分,主要有客驳和货驳两种。客驳专运旅客,没有生活设施,一般用于小河客运;货驳用于载运货物。

码头费是班轮公会以及班轮公司联合起来对中国货主征收附加的码头作业费,其存在的合理性备受争议。

3. CIF

(1) CIF 的含义。CIF 全称是 cost, insurance and freight(... named port of destination),即成本加运费、保险费(……指定目的港),是指卖方必须负责租船或订舱,支付将货物运至指定目的港的所需的运费和保险费,负担货物越过船舷为止的一切费用和货物灭失或损坏的风险,但交货后货物灭失或损坏的风险以及由于各种事件造成的任何额外费用均由买方承担。这一术语仅适用于水运。如当事方无意越过船舷交货时,应使用 CIP 术语更为适宜。

(2) 买卖双方基本义务的划分。根据《2000 通则》的解释,采用 CIF 术语时,买卖双方的主要义务如表 6-6 所示。

表 6-6　CIF 条件下买卖双方各自承担的基本义务

卖　方	买　方
卖方必须在约定的日期或期限内,在装运港将货物装上船,并向买方发出装运通知,以便买方能够为受领货物而采取通常必要的措施	买方必须按照销售合同规定支付价款

续表

卖　方	买　方
卖方必须自付费用，按照通常条件订立运输合同，经由惯常航线，将货物装运至指定的目的港	买方必须自担风险和费用，取得任何进口许可证或其他官方许可，并在需要办理海关手续时，办理货物进口和在必要时从他国过境所需的一切海关手续。
卖方必须自担风险和费用，取得任何出口许可证或其他官方许可，并在需要办理海关手续时，办理出口货物所需的一切海关手续	买方必须负担货物越过船舷之后的一切费用和风险
卖方必须负担货物越过船舷之前的一切费用和风险	买方必须收取卖方按合同规定交付的货物，接受按合同规定提供的交货凭证
卖方必须提供商业发票和证明货物已经交到船上的通常单据或具有同等效力的电子数据交换信息	
卖方必须按照合同规定，自付费用取得货物保险，并向买方提供保险单或其他保险证据，以使买方或任何其他对货物具有保险利益的人有权直接向保险人索赔	

(3) 使用 CIF 术语应注意的问题。

① CIF 合同属于“装运合同”。CIF 术语下，卖方在装运港将货物装上船，即完成了交货义务。因此，采用 CIF 术语订立的合同属于“装运合同”。但是，由于在 CIF 术语后所注明的是目的港(如“CIF 伦敦”)，在我国曾将 CIF 术语译作“到岸价”，所以 CIF 合同的法律性质常被误解为“到货合同”。为此必须明确指出，CIF 以及其他 C 组术语(CFR、CPT、CIP)与 F 组术语(FCA、FAS、FOB)一样，卖方在装运地完成交货义务，采用这些术语订立的买卖合同均属“装运合同”性质。按此类术语成交的合同，卖方在装运地(港)将货物交付装运后，对货物可能发生的任何风险不再承担责任。

【小思考】

我国某外贸企业以 CIF 鹿特丹向荷兰出口一批季节性较强的货物，双方在合同中规定：买方于 9 月底前将信用证开到，卖方保证运货船只不得迟于 12 月 15 日抵达目的港，如果货轮迟于 12 月 15 日抵达目的港，买方有权取消合同。如货款已收，卖方须将货款退还买方。请问这一条款是否合理？为什么？

② 办理保险。在 CIF 合同中，卖方是为了买方的利益办理货运保险的，因为此项保险主要是为了保障货物装船后在运输途中的风险。《2000 年通则》对卖方的保险责任规定：如无相反的明示协议，卖方只需按《协会货物保险条款》或其他类似的保险条款中最低责任的保险险别投保。如买方有要求，并由买方负担费用，卖方应在可能情况下投保战争、罢工、暴动和民变险。最低保险金额应为合同规定的价款加 10%，并以合同货币投保。

在实际业务中，为了明确责任，我国外贸企业在与国外客户洽谈交易采用 CIF 术语时，一般都应在合同中具体规定保险金额、保险险别和适用的保险条款。

③ 卸船费用的负担问题。按照 CIF 的含义，卖方负责租船或订舱，支付运费。这里所

说的运费是正常运费。在运输途中船只可能遇到恶劣天气或船上机器出了故障,需要避风或修理而发生的运费称为不正常运费。不正常运费应由买方负担,这一点应在合同中作出明确规定。关于卸货费负担问题,各港口有不同的惯例。有的港口规定在该港口卸货的费用由船方负担;有的港口则规定船方不仅需要支付卸货费,而且应支付在码头入库的搬运费和出码头仓库装上接运车辆的装车费;有的港口规定卸货费由收货人负担等。为了分清买卖双方的责任,在大宗货物交易的 CIF 合同中,对卸货费由谁负担应作出明确规定,以免日后发生纠纷。明确卸货费由谁负担的方法是在 CIF 贸易术语后加列各种附加条件,形成 CIF 贸易术语的变形,由于 CIF 的变形与 CFR 的变形相似,在此不再赘述。

④ 租船订舱。按 CIF 术语成交,卖方应按通常的条件及惯驶的航线负责租船订舱,并支付运费。卖方有义务租用具有适航性的海轮,而不应是帆船。另外,除非买卖双方另有约定,对于买方提出的关于限制载运船舶的国籍、船型、船龄、船级以及指定装载某班轮公会的船只等项要求,卖方均有权拒绝接受。但在我国对外经济贸易实践中,为了发展出口业务,考虑到某些国家的规定,如买方提出上述要求,也可考虑接受。

在 CIF 条件下,卖方在装船后是否必须发出装船通知的问题,各国的惯例的解释并不完全一致。一般来说,如按 CIF 价格成交,为了便于买方了解货运情况,及早做好到货前的准备工作,卖方在装船后应向买方及时发出装船通知。

⑤ 象征性交货。从交货方式来看,CIF 是一种典型的象征性交货(symbolic delivery)。所谓象征性交货,是针对实际交货(physical delivery)而言。前者指卖方只要按期在约定地点完成装运,并向买方提交合同规定的包括物权凭证在内的有关单证,就算完成了交货义务,而无需保证到货。后者则是指卖方要在规定的时间和地点,将符合合同规定的货物提交给买方或其指定人,而不能以交单代替交货。在象征性交货方式下,卖方是凭单交货,买方是凭单付款,只要卖方按时向买方提交了符合合同规定的全套单据,即使货物在运输途中损坏或灭失,买方也必须履行付款义务。反之,如果卖方提交的单据不符合要求,即使货物完好无损地运达目的地,买方仍有权拒付货款。由此可见,CIF 交易实际上是一种单据的买卖。所以,装运单据在 CIF 交易中具有特别重要的意义。但是,必须指出,按 CIF 术语成交,卖方履行其交单义务,只是得到买方付款的前提条件,除此之外,他还必须履行交货义务。如果卖方提交的货物不符合要求,买方即使已经付款,仍然可以根据合同的规定向卖方提出索赔。

为了便于掌握知识,将三种常用的贸易术语进行比较,如表 6-7 所示。

表 6-7　比较 FOB、CFR、CIF 术语的异同点

异同点	具体体现
相同点	适用的运输方式:水运
	风险划分界限:装运港船舷
	交货地点:装运港
	交货形式:象征性交货
	报关手续的办理:出口手续卖方办理、进口手续买方办理
不同点	卖方承担的责任和费用:CIF>CFR>FOB 以装运港船舷为界,FOB 还需“扶一把”(以获得清洁提单),CFR 还需“送一程”(卖方租船订舱并支付运费),CIF 除“送一程”外,还需“保一段”(卖方按最低责任保险险别投保)

小案例

CIF术语中的风险划分

我国某外贸企业向国外客户出口一批服装，以CIF条件成交，采用信用证付款。我国企业在规定的期限内，向中国人民保险公司投保了一切险，在指定的我国某港口装船完毕，船公司签发了提单，然后在中国银行议付了款项。第二天，外贸企业接到客户来电：装货的船舶在海上失火，服装全部被烧毁，客户要求我方出面向中国人民保险公司提出索赔，否则要求我企业退回全部货款。

我方果断拒赔，并提出理由，因为合同采用CIF成交，双方风险划分以装运港船舷为界，所以在货物装船后发生的风险，当由买方承担。既然货物是在运输途中损失，该风险应由买方承担，并由买方持卖方转让给其的保险单证向保险公司提出索赔。

4. FCA

(1) FCA的含义。FCA全称是free carrier(... named place)，即货交承运人(……指定地点)。此术语是指卖方在指定地点将货物交给买方指定的承运人，并办理出口清关手续，即完成交货。需要说明的是，交货地点的选择对于在该地点装货和卸货的义务会产生影响。若卖方在其所在地交货，则卖方应负责装货；若卖方在任何其他地点交货，则卖方不负责卸货。FCA术语适用于各种运输方式，包括多式联运。

(2) 买卖双方基本义务的划分。据《2000通则》的解释，采用FCA术语时，买卖双方的主要义务如表6-8所示。

表6-8 FCA条件下买卖双方各自承担的基本义务

卖　方	买　方
卖方必须在指定的交付地点将货物交给买方指定的承运人，并及时通知买方	买方必须按照销售合同规定支付价款
卖方必须自担风险和费用，取得任何出口许可证或其他官方许可，并在需要办理海关手续时，办理出口货物所需的一切海关手续	买方必须自付费用订立从指定地点运输货物的合同，支付有关的运费，并将承运人名称及有关情况及时通知卖方
卖方必须提供商业发票和证明货物已经交到船上的通常单据或具有同等效力的电子数据交换信息	买方必须自担风险和费用，取得任何进口许可证或其他官方许可，并在需要办理海关手续时，办理货物进口和在必要时从他国过境所需的一切海关手续
卖方必须负担货物交承运人之前的各种风险和费用	买方必须负担货物交承运人之后的各种风险和费用
	买方必须收取卖方按合同规定交付的货物，接受按合同规定提供的交货凭证

(3)使用 FCA 术语应注意的问题。

① 关于交货问题。《2000 年通则》规定，在 FCA 术语下，卖方交货的指定地点若是在卖方货物所在地，则当货物被装上买方指定的承运人的运输工具时，交货即算完成；若指定的地点是在任何其他地点，当货物在卖方运输工具上，尚未卸货而交给买方指定的承运人处置时，交货即算完成；若没有约定具体交货地点，只有几个交货地点可供选择时，卖方可以选择最合适的交货地点。

② 关于运输合同。《2000 年通则》中的 FCA 术语，应由买方自付费用订立从指定地点承运货物的运输合同，并指定承运人，但《2000 通则》又规定，当卖方被要求协助与承运人订立合同时，只要买方承担费用和风险，卖方也可以办理。当然，卖方也可以拒绝订立运输合同，如若拒绝，则应立即通知买方，以便买方另作安排。

5. CPT

(1) CPT 的含义。CPT 全称是 carriage paid to(... named place of destination)，即运费付至(……指定目的地)。按此术语，卖方应向其指定的承运人交货，支付将货物运至目的地的运费，办理出口清关手续；买方承担交货之后的一切风险和其他费用。CPT 术语适用于各种运输方式，包括多式联运。

(2) 买卖双方基本义务的划分。根据《2000 通则》的解释，采用 CPT 术语时，买卖双方的主要义务如表 6-9 所示。

表 6-9　CPT 条件下买卖双方各自承担的基本义务

卖　方	买　方
卖方必须订立将货物运往指定目的地的运输合同，并支付有关运费。在合同规定的时间、地点，将合同规定的货物交给承运人，并及时通知买方	买方必须按照销售合同规定支付价款
卖方必须自担风险和费用，取得任何出口许可证或其他官方许可，并在需要办理海关手续时，办理出口货物所需的一切海关手续	买方必须自担风险和费用，取得任何进口许可证或其他官方许可，并在需要办理海关手续时，办理货物进口和在必要时从他国过境所需的一切海关手续
卖方必须提供商业发票和证明货物已经交给承运人的通常单据或具有同等效力的电子数据交换信息	买方必须负担货物交承运人之后的各种风险和费用
卖方必须负担货物交承运人之前的各种风险和费用	买方必须收取卖方按合同规定交付的货物，接受按合同规定提供的交货凭证

(3) 使用 CPT 术语应注意的问题。

① 风险划分的界限问题。按照 CPT 术语成交，虽然卖方要负责订立从启运地到指定目的地的运输契约，并支付运费，但是卖方承担的风险并没有延伸至目的地。按照《2000 通则》的解释，货物自交货地点至目的地的运输途中的风险由买方承担，卖方只承担货物交给承运人控制之前的风险。在多式联运情况下，卖方承担的风险自货物交给第一承运人控制时即转移给买方。

② 责任和费用的划分问题。采用 CPT 术语时，由卖方指定承运人，自费订立运输合同，

将货物运往指定的目的地,并支付正常运费。正常运费之外的其他有关费用,一般由买方负担。

6. CIP

(1) CIP 的含义。CIP 全称是 carriage and insurance paid to(... named place of destination),即运费、保险费付至(……指定目的地)。它是指卖方除了承担在 CPT 术语下同样的义务外,还须对货物在运输途中灭失或损坏的买方风险取得货物保险,订立保险合同,并支付保险费。按《2000 通则》规定,CIP 术语适用于各种运输方式,包括多式联运。

(2) 买卖双方基本义务的划分。根据《2000 通则》的解释,采用 CIP 术语时,买卖双方的主要义务如表 6-10 所示。

表 6-10 CIP 条件下买卖双方各自承担的基本义务

卖 方	买 方
卖方必须订立将货物运往指定目的地的运输合同,并支付有关运费。在合同规定的时间、地点,将合同规定的货物交给承运人,并及时通知买方	买方必须按照销售合同规定支付价款
卖方必须自担风险和费用,取得任何出口许可证或其他官方许可,并在需要办理海关手续时,办理出口货物所需的一切海关手续	买方必须自担风险和费用,取得任何进口许可证或其他官方许可,并在需要办理海关手续时,办理货物进口和在必要时从他国过境所需的一切海关手续
卖方必须提供商业发票和证明货物已经交给承运人的通常单据或具有同等效力的电子数据交换信息	买方必须负担货物交承运人之后的各种风险和费用
卖方必须负担货物交承运人之前的各种风险和费用	买方必须收取卖方按合同规定交付的货物,接受按合同规定提供的交货凭证
卖方必须对货物在运输途中灭失或损坏的买方风险取得货物保险,订立保险合同,并支付保险费	

(3) 使用 CIP 术语应注意的问题。

① 风险和保险问题。按 CIP 术语成交的合同,卖方要负责办理货运保险,并支付保险费,但货物从交货地点运往目的地的运输途中的风险由买方承担。所以,卖方的投保仍属于代办性质。根据《2000 通则》的解释,一般情况下,卖方要按双方协商确定的险别投保,如果双方未在合同中规定应投保的险别,则由卖方按惯例投保最低险别,保险金额一般是在合同价格的基础上加成 10%,并以合同货币投保。

② 应合理确定价格。与 FCA 相比,CIP 条件下卖方要承担较多的责任和费用。要负责办理从交货地至目的地的运输,承担有关运费;办理货运保险,并支付保险费。这些费用都反映在货价之中。所以,卖方对外报价时,要认真核算成本和价格。在核算时应考虑运输距离、保险险别、各种运输方式和各类保险的收费情况,并要预计运价和保险费的变动趋势等方面问题。表 6-11 将两组常用的贸易术语进行了比较。

表 6-11　FOB、CFR、CIF 与 FCA、CPT、CIP 的比较

异同点	具体体现
相同点	交货形式：象征性交货
	报关手续的办理：出口手续由卖方办理、进口手续由买方办理
不同点	适用的运输方式不同：FOB、CFR、CIF 三种术语仅适用于海运和内河运输，其承运人一般只限于船公司；而 FCA、CPT、CIP 三种术语适用各种运输方式，包括多式联运，其承运人可以是船公司、铁路局、航空公司，也可以是安排多式联运的联合运输经营人
	交货和风险转移的地点不同：FOB、CFR、CIF 的交货地点均为装运港，风险均以在装运港越过船舷时从卖方转移至买方；而 FCA、CPT、CIP 的交货地点，需视不同的运输方式和不同的约定而定，它可以是在卖方处所由承运人提供的运输工具上，也可以是在铁路、公路、航空、内河、海洋运输承运人或多式联运承运人的运输站或其他收货点，至于货物灭失或损坏的风险，则于卖方将货物交由承运人保管时，即自卖方转移至买方
不同点	装卸费用负担不同：按 FOB、CFR、CIF 术语，卖方承担货物在装运港越过船舷为止的一切费用。但由于货物装船是一个连续作业，各港口的习惯做法又不尽一致，所以，在使用程租船运输的 FOB 合同中，应明确装船费由何方负担，在 CFR 和 CIF 合同中，则应明确卸货费由何方负担。而在 FCA、CPT、CIP 术语下，如涉及海洋运输，并使用程租船装运，卖方将货物交给承运人时所支付的运费（CPT、CIP 术语），或由买方支付的运费（FCA 术语），已包含了承运人接管货物后在装运港的装船费和目的港的卸货费。这样，在 FCA 合同中的装货费的负担和在 CPT、CIP 合同中的卸货费的负担问题均已明确
	运输单据不同：在 FOB、CFR、CIF 术语下，卖方一般应向买方提交已装船清洁提单。而在 FCA、CPT、CIP 术语下，卖方提交的运输单则视不同的运输方式而定。如在海运和内河运输方式下，卖方应提供可转让的提单，有时也可提供不可转让的海运单和内河运单；如在铁路、公路、航空运输或多式联运方式下，则应分别提供铁路运单、公路运单、航空运单或多式联运单据

小案例

CIF 还是 CIP——从一则案例看产品出口中贸易术语的选择

2011 年 8 月，德国某公司（以下简称买方）与我国天津某外贸企业（以下简称卖方）签订合同购买一批玩具，价格条件为 CIF 汉堡，支付条件为不可撤销的跟单信用证，卖方需要提供已装船提单等有效单证。卖方随后与天津某运输公司（以下简称承运人）签订运输合同。10 月初，卖方将货物备妥，装上承运人派来的货车，但途中发生了车祸，耽误了时间，错过了信用证规定的装船时间。得到发生车祸的通知后，卖方即刻与买方洽商，要求将信用证的有效期和装船期延期 15 天，并告之玩具可能受损。买方回电称同意延期，但要求货价应降 3%，卖方回电据理力争，同意将受震荡的

两箱玩具降价1%，但认为其余货物并未损坏，不能降价。但买方坚持要求全部降价。最终卖方还是做出让步，受震荡的两箱降价2%，其余降价2.5%，为此受到货价、利息等损失共计10万美元。

事后卖方作为托运人又向承运人就有关损失提出索赔。对此，承运人表示同意承担有关仓储费用和两箱震荡货物的损失，利息损失只赔50%；但对于货价损失不予理赔，认为这是由于卖方单方面与买方协定所致，与己无关。卖方却认为货物降价及利息损失的根本原因都在于承运人的过失，坚持要求其全部赔偿。2个月后，经多方协商，承运人最终赔偿各方面损失共计6万美元，卖方实际损失4万美元。

上述案例中卖方如采用CIP术语，那么风险在交承运人处理时即可转移，并能及时取得运输单据，比CIF价格条件下更能提前交单结汇，后续的损失也就不会发生了，而应由买方承担，并由买方持卖方转让给其的保险单证向保险公司提出索赔。由此可见，对进出口贸易中贸易术语的选择非常重要。

（二）其他七种贸易术语

《2000年通则》包括13种贸易术语，除上述的六种常用贸易术语外，现将其他七种贸易术语简要介绍如下。

1. EXW

EXW的全称为ex works(... named place)，即工厂交货(……指定地点)，是指卖方在其所在地(如工场、工厂或仓库等)将备妥的货物交付买方，以履行其交货义务。按此贸易术语成交，卖方既不承担将货物装上买方备妥的运输工具，也不负责办理货物出口清关手续。除另有约定外，买方应承担自卖方所在地受领货物的全部费用和风险。因此，EXW术语是卖方承担责任、费用和风险最小的一种贸易术语。该术语适用于各种运输方式。

使用EXW术语时，如双方同意，在起运时卖方负责装载货物并承担装载货物的全部费用和风险，则应在合同中订明。若买方不能直接或间接地办理出口手续，则不应使用该术语，而应使用FCA术语。

2. FAS

FAS的全称为free alongside ship (... named port of shipment)，即装运港船边交货(……指定装运港)，是指卖方把货物运到指定的装运港船边，即履行其交货义务。买卖双方负担的风险和费用均以船边为界。如果港口吃水浅，船舶不能靠岸，则货物从码头驳运到船边的一切费用和风险，仍应由卖方负担，卖方还要负责办理出口清关手续及费用。该术语仅适用于海运或内河运输。

3. DAF

DAF的全称为delivered at frontier (... named place)，即边境交货(……指定地点)，是指卖方须在边境指定地点和具体交货地点，在毗邻国家海关边界前，将仍处于交货的运输工具上尚未卸下的货物交给买方处置，办妥货物出口清关手续，即完成交货。卖方承担货物交给买方处置前的风险和费用。DAF 术语适用于陆地边界交货的各种运输方式。

根据《2000 年通则》的规定，买卖双方按边境交货条件成交时，“边境”一词可用于任何边境，包括出口国边境。为了明确交货责任和避免履约当中引起争议，买卖双方事先准确地规定边境交货的具体地点是非常重要的。假如交货的具体地点未约定或习惯上未确定的话，则卖方可选择最适合其要求的具体地点交货。

4. DES

DES 的全称为 delivered ex ship(... named port of destination)，即目的港船上交货(……指定目的港)，是卖方应将货物运至指定的目的港，在目的港船上交给买方处置，即完成交货。卖方承担在目的港卸货之前的一切费用和风险，买方则承担船上货物交由其处置时起的一切费用和风险，其中包括卸货费和办理货物进口的清关手续。DES 术语适用于海运或内河运输或多式联运。如果双方当事人希望卖方负担卸货的风险和费用，则应使用 DEQ 术语。

5. DEQ

DEQ 的全称为 delivered ex quay(... named port of destination)，即目的港码头交货(……指定目的港)，是指卖方在指定的目的港码头将货物交给买方处置，即完成交货。卖方应承担将货物运至指定的目的港并卸至码头的一切风险和费用，但不负责办理进口清关手续。只有当货物经由海运、内河运输或多式联运且在目的港码头卸货时，才能使用 DEQ 术语。DEQ 术语要求买方办理进口清关手续，并支付一切办理海关手续的费用、关税、税款和其他费用。

6. DDU

DDU 的全称为 delivered duty unpaid(... named place of destination)，即未完税交货(……指定目的地)，是指卖方在指定的目的地将货物交给买方，不办理进口手续，也不从交货的运输工具上将货物卸下，即完成交货。卖方应承担将货物运至指定目的地的一切费用和风险，不包括在需要办理海关手续时在目的国进口应缴纳的任何“税费”和因其未能及时办理货物进口清关手续而引起的费用和风险。该术语适用于各种运输方式。

7. DDP

DDP 的全称为 delivered duty paid (... named place of destination)，即完税后交货(……指定目的地)，是指卖方在指定的目的地，办理进口清关手续，将在运输工具上尚未卸下的货物交给买方，即完成交货。卖方须承担将货物运至目的地的一切风险和费用，办理进口清关手续，交纳进口“税费”。所以 DDP 术语是卖方承担责任、费用和风险最大的一种术语。该术语适用于所有运输方式。

任务实施

小杨在系统地学习了《2000 通则》后，对其中包含的 13 种贸易术语进行了归纳比较，具体如表 6-12 所示。

表 6-12 《2000 通则》的 13 种贸易术语归纳比较

贸易术语	交货地点	风险转移界限	出口报关手续、费用	进口报关手续、费用	适用的运输方式
EXW	出口国工厂	卖方所在地货交买方	买方	买方	各种方式
FCA	出口国内地、港口	货交承运人	卖方	买方	各种方式
FAS	装运港船边	货交船边后	卖方	买方	水上运输
FOB	装运港	货物越过装运港船舷	卖方	买方	水上运输
CFR	装运港	货物越过装运港船舷	卖方	买方	水上运输
CIF	装运港	货物越过装运港船舷	卖方	买方	水上运输
CPT	出口国内地、港口	货交承运人处置时起	卖方	买方	各种方式
CIP	出口国内地、港口	货交承运人处置时起	卖方	买方	各种方式
DAF	两国边境的指定地点	货交买方处置时起	卖方	买方	各种方式
DES	目的港船上	目的港船上货交买方时起	卖方	买方	水上运输
DEQ	目的港口码头	目的港码头货交买方时起	卖方	买方	水上运输
DDU	进口国内	指定目的地将货交买方时起	卖方	买方	各种方式
DDP	进口国内	指定目的地将货交买方时起	卖方	卖方	各种方式

任务三 理解《2010 通则》的新变化

任务情境

随着国际贸易的不断发展，在贸易术语解释惯例上发生了一些新变化，即出现了《2010 通则》，为了防止双方针对同一贸易术语采用解释惯例不同而发生贸易纠纷，小杨又将《2010 年国际贸易术语解释通则》认真研读了一遍。

任务分析

《2010 通则》已于 2011 年 1 月 1 日起正式实施，新版本充分考虑到近十年贸易领域出现的新变化，内容更清晰简洁，操作性和指导性进一步加强，更符合当前贸易实务的需要。但是，尽管修订组成员力求使《2010 通则》更加完善和具有实际指导性，其中的部分问题仍值得商榷，其最终效果也有待在今后实施过程中检验。

知识精讲

一、《2010 通则》与《2000 通则》相比发生的主要变化

1. 贸易术语结构的调整

《2000 通则》将贸易术语根据开头字母划分为 E、F、C 和 D 组，共 13 种，且卖方对买方的责任大小依次排列。《2010 通则》中则将其整合为 11 种贸易术语，且按照所适用的运输方式划分为两大类，即 7 种适用于任何运输方式的术语（EXW、FCA、CPT、CIP、DAT、DAP 和 DDP）和 4 种适用于水上运输方式的术语（FAS、FOB、CFR 和 CIF）。这是此次修订中的重大变化，虽然不如《2000 通则》版本的排列简明和容易把握，但意在提醒使用者注意不要将仅适用于水运的术语用于其他运输方式。

2. 内容变化

《2010 通则》删除了《2000 通则》中的四个 D 组贸易术语，即 DDU、DAF、DES、DEQ，只保留了《2000 通则》D 组中的 DDP；同时新增加了两种 D 组贸易术语，即 DAT（delivered at terminal）与 DAP（delivered at tlace）。DAT 是指在指定目的地或目的港的集散站交货，"terminal"可以是任何地点，如码头，仓库，集装箱堆场或者铁路、公路或航空货运站等。DAP 是指在指定目的地交货。两者的主要差异在于：DAT 条件下，卖方需要承担把货物由目的地（港）运输工具上卸下的费用；DAP 条件下，卖方只需在指定目的地使货物处于买方控制之下，而无须承担卸货费。此次贸易术语的增加是通过 DAP 取代了先前的 DDU、DAF 和 DES 三个术语，而用 DAT 取代先前的 DEQ，且扩展至适用于一切运输方式。

需要指出的是，当事人仍可在《2010 通则》实施后继续选择使用《2000 通则》，或者如果合同中出现了《2010 通则》中没有的术语（诸如 DAF 等）仍将被认为适用早期版本，当然，为避免误解，如使用诸如 DES 或 DEQ 等被删除的术语，应在合同中标明适用《2000 通则》。E 组、F 组、C 组的贸易术语基本没有变化。

3. "船舷"的变化

《2000 通则》针对传统的适用于水上运输的主要贸易术语（如 FOB、CFR 和 CIF）均强调卖方承担货物至在指定装运港越过船舷时为止的一切风险，买方承担货物自在指定装运港越过船舷时起的一切风险。《2010 通则》为与这三种术语中所涉及的风险、费用相对称，不再设定"船舷"的界限，只强调卖方承担货物装上船为止的一切风险，买方承担货物自装运港装上船开始起的一切风险。以"船舷"来划分买卖双方的风险长期以来饱受争议，而该争议在修订《2000 通则》时就已存在，但当时还是保留了"船舷"的规定。而实际上，"船舷"只是个买卖双方活动领域之间假想的界限，长期以来已不能反映各国港口的惯常做法，具体操作时的风险界限应遵循码头公司在进行装船时的习惯做法，而最实际的问题则是码头公司需要确定谁将负责他们的服务费用。此次修订最终删除了"船舷"的规定，强调在 FOB、CFR 和 CIF 下，买卖双方的风险以货物在装运港口被装上船时为界，而不再规定一个明确的风险临界点。

4. 增加的指导性说明

《2010 通则》对每一种术语都给出了指导性说明(Guidance Note),相比《2000 通则》,该说明更加完善。该说明除了给出术语定义外,还说明何时适用本术语以及在何种情形下适用其他术语,风险负担何时移转,买卖双方间的成本或费用以及出口手续如何划分等事宜,以及双方应明确规定交货的具体地点和未能规定所引起的费用的负担。需要注意的是,在指导性说明中,通常要求双方当事人自行明确风险转移的临界点,而非由《2010 通则》本身去规定这些临界点。

5. 连环贸易的补充

《2010 通则》在指导性说明中对 FAS、FOB、CFR 和 CIF 几种适用水上运输的术语首次提及"String Sales",即连环贸易,在 CPT 和 CIP 的 A3 项中也有提及。大宗货物买卖中,货物常在一笔连环贸易下的运输期间被多次买卖,由于连环贸易中货物由第一个卖方运输,作为中间环节的卖方就无须装运货物,而是由"获得"所装运的货物而履行其义务,因此,《2010 通则》对此连环贸易模式下卖方的交付义务作了细分,也弥补了以前版本中在此问题上未能反映的不足。

此外,相比《2000 通则》,《2010 通则》还扩大了贸易术语的使用范围,强调也适用于国内贸易;加入了电子交易的内容;保险的险别引入了 ICC 2009 版本;加入了与反恐有关系的内容;加入了终端处理费用的归属,以保证不出现"管理真空"。

二、《2010 通则》对新增贸易术语的解释

1. DAT

DAT 即 delivered at terminal(... port or place of destination),即运输终端交货,在《2010 通则》中取代了 DEQ 术语,指定终端交货中的"终端"是目的地的任何地点,如目的地的港口码头、仓库、集装箱堆场或公路、铁路或航空运站等,并且卖方需要承担在目的地或目的港把货物从运输工具上卸下的费用。卖方应自行负担费用和风险,订立运输合同,按惯常路线和方式,在规定日期或期限内将货物从出口国运到进口国国内指定的目的地或目的港的终端,卸货之后,将货物置于买方支配之下才算完成交货义务。买方要承担在指定终端接收货物后的一切风险、责任和费用。该术语适用于任何运输方式或多式联运。

2. DAP

DAP 即 delivered at Place(... named place of destination),即指定目的地交货,在《2010 通则》中取代了 DAF、DES 和 DDU 三个术语,指卖方在指定的目的地交货,只需做好卸货准备无须卸货即完成交货。卖方应自行负担费用和风险,订立运输合同,按惯常路线和方式,在规定日期或期限内将货物从出口国运到进口国国内指定的目的地,将货物置于买方支配之下才算完成交货义务。买方要承担在指定目的地接收货物后的一切风险、责任和费用。该术语适用于任何运输方式或多式联运。

资料卡

《2010 通则》中贸易术语的归纳比较

《2010 通则》的 11 种贸易术语归纳比较如表 6-13 所示。

表 6-13 《2010 通则》的 11 种贸易术语归纳比较

贸易术语	交货地点	风险转移界限	出口报关手续、费用	进口报关手续、费用	适用的运输方式
EXW	出口国工厂	卖方所在地货交买方	买方	买方	任何方式
FCA	出口国内地、港口	货交承运人	卖方	买方	任何方式
FAS	装运港船边	货交船边后	卖方	买方	水上运输
FOB	装运港	货物越过装运港船上	卖方	买方	水上运输
CFR	装运港	货物越过装运港船上	卖方	买方	水上运输
CIF	装运港	货物越过装运港船上	卖方	买方	水上运输
CPT	出口国内地、港口	货交承运人处置时起	卖方	买方	任何方式
CIP	出口国内地、港口	货交承运人处置时起	卖方	买方	任何方式
DAP	进口国内地、港口	指定目的地将货交买方时起	卖方	买方	任何方式
DAT	进口国内地的指定终端	指定终端将货交买方时起	卖方	买方	任何方式
DDP	进口国内	指定目的地将货交买方时起	卖方	卖方	任何方式

三、使用《2010 通则》的注意事项

1. 风险临界点的问题

《2010 通则》删除了 FOB、CFR 和 CIF 项下的船舷界限，但在装运港作业时的意外风险仍可能存在，那么风险如何划分即所谓临界点的问题仍不可避免。《2010 通则》意图将具体问题留待当事人自行解决，这就需要双方在订立合同时要考虑到该问题，必要时可在商定的基础上另行规定双方认可的风险临界点。

2. 多式联运带来的变化

由于集装箱在国际物流中越发充当主流角色，很多货物即便使用海洋运输方式也往往在集装箱堆场进行交接，甚至进行“门到门”的交接。因此，《2010 通则》删除了 DEQ、DAF、DDU 和 DES，而增加了 DAT 和 DAP。对于进出口商来说，尤其是欧盟成员国之间的进出口货物贸易，可多采用 D 组的术语以便更加明晰风险和费用，毕竟在 C 组的术语中始终存在两个临界点，即风险和费用的临界点分别在装运地和目的地。国际商会也多次强调 FOB、CFR 和 CIF 术语越发不如 FCA、CPT 和 CIP 等术语更加实用，尤其是在集装箱带来的多式联运条件下，后三种术语更加方便当事人对货物的交接。我国很多进出口企业长期固有的习惯使用 FOB，而对 FCA 等术语仍不习惯使用，在《2010 通则》实施后应加强认识，广泛使

用更加便利的术语。

3. DAT 的添加

从《2010 通则》的描述中不难发现，除了在指定目的地的卸货费用的分担不同外，DAT 和 DAP 的差异并不明显。因此，不禁要质疑，有必要添加 DAT 吗？从我国的外贸实践看，D 组术语实际业务中很少使用，而 DAT 中也明确表示“terminal”可以是任何一个地方，如此，与 DAP 中在指定地点交货实际没有太大差异。当事人完全可以将有关装卸货费的分摊问题以更具体的形式写进合同条款。

四、如何选择合适的贸易术语

针对《2010 通则》中两大类共 11 种不同贸易术语，如何选择适合自己的贸易术语是进出口商需要研究和学习的内容，可从以下思路考虑。

1. 适合任何运输方式的贸易术语的选择

如果卖方仅想使其责任限于在其所在地或在另一指定地点将货物置于买方处置之下，而不承担任何其他义务，包括不承担出口清关手续时，可考虑使用 EXW；如果卖方愿意自己办理出口清关，且在承运人指定地点将货物交付于买方处置之下时，应考虑使用 FCA；如果卖方除承担 FCA 所必须履行的义务外，还愿意签订到目的地的运输合同时，可考虑选择 CPT；如果卖方除承担 CPT 所必须履行的义务外，还愿意承担到目的地的最低保险时，可考虑选择 CIP；如果卖方欲在目的地指定地点交货，且愿意承担货物运送到该地点的费用(卸货费除外)和风险时，可考虑选择 DAP；如果卖方除承担 DAP 所必须履行的义务外，还愿意承担货物运送到该地点从运输工具上卸货产生的费用时，可考虑选择 DAT；如果卖方除承担 DAP 所必须履行的义务外，还愿意承担货物的进口报关和有关关税时，可考虑选择 DDP。

2. 适合水上运输方式的贸易术语的选择

如果卖方愿意在装运港船边交货或者获得所要交付的货物时，应考虑使用 FAS；如果卖方愿意在装运港船上交货或者获得所要交付的货物时，应考虑使用 FOB；如果卖方除承担 FOB 所必须履行的义务外，还愿意承担费用提供到指定目的港的运输合同时，应考虑使用 CFR；如果卖方除承担 CFR 所必须履行的义务外，还愿意承担到指定目的港的最低保险时，应考虑使用 CIF。

业务员小杨考虑到虽然运费由于原油价格变动而不断变化，但由于我方办理运输和保险较能控制货物的出运，故选择使用“CIF London”贸易术语。

任务四 进行价格核算并制定价格条款

我国某外贸企业向国外出口女裙，单价为每件 6 美元，共 10 000 件。合同规定总金额为

"USD 60 000+5%,CIF London,Less 5% commission and 5% discount"(60 000 美元,5%的增减幅度,CIF 伦敦,减去 5%的佣金和 5%的折扣)。该公司的经办人员按合同要求将发票缮制如下:

Skirts	QTY	UNIT PRICE	AMOUNT
	10 000 pcs	USD 6.00 CIF London	USD 60 000.00
	Less 5% commission and 5% discount		-10%
			USD 6 000.00
			CIF London net: USD 54000.00

该企业审单人员在审核单据时发现发票缮制存在问题,按照商业习惯做法,在缮制出口发票时,折扣和佣金是不能直接累加的,应在总金额中先扣除折扣,得出毛净价,再在毛净价的基础上扣除佣金,计算净价,因为折扣部分是不需支付佣金的。所以正确的发票内容应该如下:

Skirts	QTY	UNIT PRICE	AMOUNT
	10 000 pcs	USD 6.00 CIF London	USD 60 000.00
	Less 5% discount		-USD 3 000.00
			USD 57 000.00
		Less 5% commission	-USD 2 850
			CIF London net: USD 54 150.00

可见,该公司的经办人员由于对国际贸易中商品价格的表示方法和相关的计算缺乏了解,致使公司损失了 150 美元。

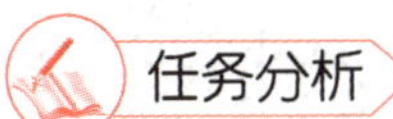

任务分析

在进出口业务中,正确掌握进出口商品的价格,选择合理的作价方法及有利的计价货币,适当运用与价格有关的佣金和折扣,并拟好合同中的价格条款,是非常重要的。

知识精讲

一、价格条款的组成

国际贸易合同中的价格条款是由单价和总值两部分构成的。

1. 单价的构成要素

单价(unit price)包括四个部分,即计量单位、单位价格金额、计价货币和贸易术语。单价表述格式顺序:计价货币、单位价格金额、计量单位、贸易术语。如"每公吨 500 美元 CIF 纽约":其中"每公吨"为计量单位;"500"为单位价格金额;"美元"为计价货币;"CIF 纽约"为贸易术语。国际主要货币代码如表 6-14 所示。

表 6-14 国际主要货币代码表

货币名称	英文缩写
美元	USD
欧元	EUR
英镑	GBP
港币	HKD
日元	JPY
加拿大元	CAD
人民币	CNY

【小思考】

下面几个报价正确吗？请说明理由。

(1) 每台 50 美元 FOB 中国。

(2) 每公吨 1 000 元 CFR 上海。

(3) 2 000 日元 CFR 青岛。

(4) 每辆 5 000 美元 CIF 欧洲主要港口。

2. 商品的总值

商品总值(或总价)(total value)是单价与成交货物数量的乘积。总值所使用的货币必须与单价使用的货币相一致。

价格条款举例如下：

单价：每箱 0.80 美元 FOB 天津　总值：12 000 美元

Unit Price：at USD 0.80 per carton FOB Tianjin

Total Value：USD 12 000.00(Say US dollars twelve thousands only)

二、商品的作价原则

价格直接反映了交易双方的利害关系，为了顺利成交，买卖双方要本着互利的原则，确定适当的价格。我国进出口商品的作价原则是，在贯彻平等互利的原则下，根据国际市场价格水平，结合国别(地区)政策，按我方的经营意图确定适当的价格。

国际贸易中的商品价格受多种因素影响，因此，在确定进出口商品价格时，必须充分考虑影响价格的种种因素，并注意同一商品在不同情况下应有合理的差价，防止出现不区分情况，采取全球同一价格的错误做法。为了正确掌握我国进出口商品价格，除应遵循上述作价原则外，还应考虑下列因素。

1. 商品的质量和档次

在国际市场上，一般都贯彻按质论价的原则，即好货好价，次货次价。品质的优劣、档次的高低、包装装潢的好坏、式样的新旧、商标、品牌的知名度等都会影响商品的价格。

2. 运输距离

国际货物买卖一般都要通过长途运输。运输距离的远近，直接影响运费和保险费的开支，从而影响商品的价格。因此，确定商品价格时，必须核算运输成本，做好比价工作，以体现地区差价。

3. 交货地点和交货条件

在国际贸易中，由于交货地点和交货条件不同，买卖双方承担的责任、费用的风险有别，在确定进出口商品价格时，必须考虑这些因素。

4. 季节性需求的变化

在国际市场上，某些节令性商品，如赶在节令前到货，抢行应市，即能卖上好价。过了节令的商品，其售价往往很低，甚至以低于成本的“跳楼价”出售。因此，应充分利用季节性需求的变化，切实掌握好季节性差价，争取按对己有利的价格成交。

5. 成交数量

按国际贸易的习惯做法，成交量的大小影响价格。即成交量大时，在价格上应给予适当优惠，或者采用数量折扣的办法；反之，如成交量过少，甚至低于起订量时，也可以适当提高出售价格。不论成交量多少，都采取同一个价格成交的做法是不当的，我们应当掌握好数量方面的差价。

6. 支付条件和汇率变动的风险

支付条件是否有利和汇率变动风险的大小，都影响商品的价格。例如，同一商品在其他交易条件相同的情况下，采取预付货款和凭信用证付款方式下，其价格应当有所区别。同时，确定商品价格时，一般应争取采用对自身有利的货币成交，如采用不利的货币成交时，应当把汇率变动的风险考虑到货价中去，即适当提高出售价格或压低购买价格。

此外，交货期的远近、市场销售习惯和消费者的爱好与否等因素，对确定价格也有不同程度的影响，我们必须在调查研究的基础上通盘考虑，权衡得失，然后确定适当的价格。

三、商品的作价办法

在国际贸易买卖中，商品的作价方法多种多样，根据合同当事人的意愿，可以采取如下作价方法。

（一）固定价格

固定价格是指交易双方在协商一致的基础上，对合同价格予以明确、具体的规定。这是国际市场上较常见的方法。它明确、具体、肯定，也便于核算和执行。不过，由于国际市场行情的多变性，在国际货物买卖合同中规定固定价格，就意味着买卖双方要承担从订约到交货付款以至转售时价格变动的风险，而且如果市场行情变动过于剧烈，这种做法还可能影响合同的顺利进行。一些不守信用的商人很可能为逃避巨额损失而寻找各种借口不履行合同。为了降低价格风险，在采用固定价格时，交易双方必须对影响商品供求的各种因素进行细致的研究，并在此基础上，对价格的走势作出判断，以此作为决定合同价格的依据。此外，还要通过各种途径了解对方的资信情况，慎重选择订约对象。

（二）非固定价格

如果市场变化频繁，价格前景捉摸不定，客户对成交价格难以确定，为促成交易，在定价方面，也可采用一些灵活的变通做法，即可采用非固定价格的方法。

1. 非固定价格的种类

(1) 具体价格待定。在价格条款中不规定出具体价格，而是规定作价时间和定价方法或只规定作价时间而不规定作价方法。如“以装船时的国际市场价格为准”等。

(2) 暂定价格。在合同中先订立一个初步价格，作为开立信用证和初步付款的依据，在双方确定最后价格后再进行清算。

(3) 部分固定价格、部分非固定价格。有时为了照顾双方的利益，解决双方在采用固定价格或非固定价格方面的分歧，也可采用部分固定价格、部分非固定价格的做法，或者分批作价的办法，即交货期近的价格在订约时确定，余者在交货前一定期限内作价。

2. 采用非固定价格的利弊

采用非固定价格的有利之处表现在以下方面。

(1) 有助于暂时解决双方在价格方面的分歧，双方可先就其他条款达成协议，早日签约，待日后再确定价格。

(2) 有利于解除客户对价格风险的顾虑，使之敢于签订交货期长的合同。同时，不但有利于巩固和扩大出口市场，也有利于生产、收购和出口计划的完成。

(3) 虽然不能完全排除双方的价格风险，但有利于出口方不失时机地做成生意，也有利于进口方保证一定的转售利润。

其不利之处在于：这种做法是先订约后定价，不可避免给交易带来较大的不稳定性，存在着双方在作价时不能取得一致意见，而使合同无法执行的可能，或由于合同作价条款规定不当，而使合同失去法律效力的危险。

四、价格的构成与核算

(一) 出口商品价格的构成

1. 成本

成本(cost)是价格的核心，出口商品的成本包括生产成本、加工成本和进货成本三种类型。对外贸公司而言，成本是指从生产厂家进货的成本中扣除出口退税收入后的实际采购成本。用公式表达为：

$$实际采购成本=进货成本-出口退税收入$$

$$出口退税收入=进货成本\times出口退税率\div(1+增值税税率)$$

【例 6-1】 某公司采购一批产品的含税进货成本为人民币 1 500 元，所含增值税税率为 13%，若产品的出口退税率为 10%，则该产品的实际采购成本为多少？

解 解实际采购成本＝1 500－1500×10%÷(1＋13%)＝1 367.26 元

2. 费用

费用(expenses/charges)是指出口商品的费用，包括国内费用和国外费用两部分。

(1) 国内费用。国内费用的项目较多，主要有：加工整理费，包装费用，保管费用(包括仓租、火险等)，国内运输费用(仓库至码头、车站、空港、集装箱运输场、集装箱堆场)，拼箱费，证件费用(商检费、公证费、领事签证费、产地证费、许可证费、报关单费等)，银行费用(贴现、手续费等)，预计损耗(耗损、短损、漏损、破损、变质等)，港区港杂费(出口货物在装运前在港区码头所需支付的各种费用)，经营管理费(通讯费、交通费、交际费等费用)。

(2) 国外费用主要有国外运费(自装运港至目的港的海上运输费用)、国外保险费(海上货物运输保险)，如果有中间商，还应包括支付给中间商的佣金。

3. 预期利润

预期利润(expected profit)是指在出口交易中的预期收入。对于出口商来说，预期利润极为重要，是价格构成中必不可少的，通常以生产成本、出口成本和出口报价为基数计算。

【例 6-2】 某公司出口一批商品，生产成本为每单位产品 500 元人民币，出口的总费用为每单位产品 120 元人民币，若该公司预期利润率为 5%，对外报价 FOB，则每单位产品的预期利润计算如下：

以生产成本为基数计算：利润额＝500×5%＝25 元；

以出口成本为基数计算：利润额＝(500＋120)×5%＝31 元；

以 FOB 价为基数计算：利润额＝出口成本×利润率÷(1－利润率)＝(500＋120)×5%÷(1－5%)＝32.63 元。

(二) 进口商品价格的构成

进口商品价格由成本、费用和利润三部分构成。

(1) 成本，如进口货物的 FOB 价。

(2) 费用，如海运或其他运费、保险费、进口税费等，目的港码头捐税、卸货费、检验费、银行费用、仓储费、佣金等。

(3) 利润，即预期收入。

(三) FOB、CFR 和 CIF 三种术语之间的价格换算

从以上各种贸易术语的价格构成可知：

CIF 价＝CFR 价＋国外保险费(I)＝FOB 价＋国外运费(F)＋国外保险费(I)

三种价格之间的换算关系如下：

(1) 已知 FOB 价时，CFR 价＝FOB＋国外运费(F)

CIF 价＝(FOB＋国外运费)÷[1－(1＋投保加成率)×保险费率]

(2) 已知 CFR 价时，FOB 价＝CFR－国外运费(F)

CIF 价＝CFR÷[1－(1＋投保加成率)×保险费率]

(3) 已知 CIF 价时，FOB 价＝CIF×[1－(1＋投保加成率)×保险费率]－国外运费

CFR 价＝CIF×[1－(1＋投保加成率)×保险费率]

【例 6-3】 我国某公司出口货物 1 200 公吨，报价为每公吨 2 000 美元 CIF 汉堡，现客户要求改报 FOB 上海价。已知该货物每公吨出口运费 100 美元，保险费率 1%，投保加成率为 10%，求应报的 FOB 上海价。

解　FOB 价＝CIF×[1－(1＋投保加成率)×保险费率]－国外运费

＝2 000×[1－(1＋10%)×1%]－100

＝1 878 美元

因此我国公司应按“每公吨 1 878 美元 FOB 上海”来报价。

(四) 佣金和折扣

实际业务中，在磋商和确定价格时，往往要涉及佣金和折扣的规定。正确掌握和运用佣

金与折扣，有利于灵活掌握价格和调动外商经营我国出口产品的积极性。

1. 佣金

在国际贸易中，有些交易是通过中间代理商进行的。因中间商介绍生意或代买代卖而向其支付一定的酬金即为佣金(commission)，佣金率通常在1%～5%之间。佣金有明佣和暗佣两种。在合同价格条款中，凡是明确规定佣金的多少或比例的即为明佣；若不标明佣金百分比或不显示“佣金”字样的即为暗佣。

(1) 佣金的表示方法。用文字说明表示，如“每公吨200美元CIF汉堡包含2%佣金”；用英文字母“C”代表佣金率，如“每公吨200美元CIF C2汉堡”。

(2) 佣金的计算方法。在国际贸易中，计算佣金的方法不一，有的按成交金额约定的百分比计算，有的则按成交商品的数量来计算，即按每一单位数量收取若干佣金计算。其中，在按成交金额计算时，有的以发票总金额为基础计算佣金，有的以FOB价为基础计算佣金。佣金的计算公式为：

单位货物佣金额＝含佣价×佣金率

净价＝含佣价－单位货物佣金额＝含佣价×(1－佣金率)

其中，含佣价是指包含佣金的价格；净价是指不包含佣金或不给折扣的价格。

【例6-4】 我国出口稻谷300公吨，每公吨价格为USD 260 CIF C2伦敦，货物装船后，公司财务应支付佣金多少？若改报CIF C3，在保证公司净收入不变情况下应报价多少？

解 货物总佣金额＝含佣价×货物量×佣金率＝260×300×2%＝1 560美元

CIF净价＝CIF含佣价×(1－佣金率)＝260×(1－2%)＝254.8美元

CIF C3报价＝净价÷(1－佣金率)＝254.8÷(1－3%)＝262.7美元

因此，按每公吨USD 260 CIF C2伦敦报价，公司财务应支付佣金1 560美元，若改报CIF C3，则应报价每公吨262.7美元。

(3) 佣金的支付方法。佣金的支付一般有两种方法：一种是由中间商直接从货价中扣除佣金；另一种是在委托人收清货款之后，再按事先约定的期限和佣金比率另行付给中间代理商。

2. 折扣

折扣(discount)是卖方给予买方一定的价格减让，即在原价基础上给予适当的优惠。在我国对外贸易中，使用折扣主要是为了照顾老客户，确保销售渠道、扩大销售等目的。

(1) 折扣的表示方法：用文字说明表示，如“每公吨200美元CIF汉堡包含2%折扣”；用英文字母“D”代表，如“每公吨200美元CIF D2汉堡”。

(2) 折扣的计算方法。折扣通常是以成交额或发票金额为基础计算出来的。其计算公式为：

单位货物折扣额＝含折扣价×折扣率

净收入＝含折扣价－折扣额＝含折扣价×(1－折扣率)

【例6-5】 我国出口玉米200公吨，每公吨价格为USD 300 CIF伦敦，折扣2%，则每公吨卖方实际净收入多少？

解 单位货物折扣额＝含折扣价×折扣率＝300×2%＝6美元

净收入＝含折扣价×(1－折扣率)＝含折扣价－折扣额＝300－6＝294美元

由此可知，每公吨卖方实际净收入为294美元。

(3) 折扣的支付方法。折扣一般在买方支付货款时预先扣除，也有折扣金额不直接从货价中扣除，而按暗中达成的协议另行支付给买方，这种方法通常在给"暗扣"或"回扣"时采用。

(五) 出口盈亏核算

在我国现行体制下，外贸企业是独立的经济实体，其最大的特点是自主经营、独立核算和自负盈亏。而出口成交价格是由国际市场价格水平来决定的，并且要受国际市场价格走势的影响。为了能够确保在盈利的基础上达成交易，在对外成交前应根据外商提出的要求，参照国际市场价格水平，认真做好盈亏核算工作。

1. 出口换汇成本

出口换汇成本是指某商品出口一个单位的外汇净收入所需要的人民币成本。即用多少本币的"出口成本"可换回单位外币的"净收入外汇"。其计算公式为：

出口换汇成本＝出口总成本(本币)÷出口外汇净收入(外币)

出口换汇成本是衡量外贸企业和进出口盈亏的重要指标，与外汇牌价相比较能直接反映出商品出口是否盈利。换汇成本若高于银行外汇牌价，说明出口亏损；换汇成本若低于银行外汇牌价，说明出口盈利。

【例6-6】 某商品国内进价为8 200元人民币，加工费900元，流通费500元，税金30元，出口销售外汇收入为1 200美元，求出口换汇成本。

解 出口换汇成本＝出口总成本(本币)÷出口外汇净收入(外币)

＝(8 200＋900＋500＋30)÷1 200

＝ 8.025元人民币/美元

2. 出口盈亏率

出口盈亏率是指出口商品盈亏额在出口总成本中所占的百分比，正值为盈，负值为亏。其计算公式为：

出口盈亏率＝出口盈亏额÷出口总成本×100%

＝(出口销售人民币净收入－出口总成本)÷出口总成本×100%

【例6-7】 某公司出口商品50公吨，每公吨出口总成本为65元人民币，外销价每公吨16美元CFR天津，每公吨运费3美元，求出口盈亏率。(1美元＝6.35元人民币)

解 出口外汇净收入＝CFR－运费＝16－3＝13美元

出口盈亏率＝出口盈亏额/出口总成本×100%

＝(出口销售人民币净收入－出口总成本)÷出口总成本×100%

＝(13×6.35×50－65×50)÷(65×50)×100%

＝27%

3. 出口创汇率

出口创汇率也称外汇增值率，原本是用以考核进料加工的经济效益，具体计算方法是以成品出口所得的外汇净收入减去进口原料所支出的外汇，算出成品出口外汇增值的数额，即创汇额，再将其与原料外汇成本相比，计算出百分率。在采用国产原料的正常出口业务中，也可以计算创汇率，这就要以该原料的FOB(离岸价格)出口价格作为原料外汇成本。

其计算公式为：

出口创汇率=(成品出口外汇净收入－原料外汇成本)/原料外汇成本×100%

出口创汇率直接反映出以外汇购进原料，经加工成成品出口即“以进养出”的创汇效果。如果计算结果为正，表示外汇增值；如果为负，说明倒贴外汇。

任务实施

在选择了合适的贸易术语后，小杨对商品价格进行核算，该批出口的男士夹克衫采购成本为每件 180 元，共计 1 560 件，包含 13%的增值税，出口退税率 10%，公司的定额费率为 4%，预期利润率为 10%，天津到伦敦的 20 英尺整箱货运费换算为人民币是 9 360 元，公司客户要求加一成投保一切险和战争险，保险费率为 0.6%和 0.03%，CIF 术语下的人民币报价计算如下：

CIF 价=实际成本+定额费用+运费+保险费+利润

=180－180÷(1+13%)×10%+180×4%+9 360÷1 560+CIF×110%×0.63%+CIF×10%

由此计算出 CIF 价为 198.50 元/件，假定按汇率 1 美元=6.35 元人民币计算：

CIF 价=198.50÷6.35=31.26 美元/件

小杨经过价格核算，考虑到交货期较近，虽然存在美元贬值和原材料价格上涨因素，但并未制定价格调整条款和外汇保值条款，只是适当抬高价格，并和对方磋商，签订以下价格条款。

单价：每件 31.26 美元 CIF 伦敦

总值：48 765.60 美元

Unit Price：USD 31.26 per piece CIF London

Total Value：USD 48 765.60(Say us dollars forty eight thousand nine hundred and twenty one and cents sixty only)

知识巩固

1. 简述国际贸易惯例与合同性质有什么关系。
2. 简述 FOB、CFR 和 CIF 术语的异同点。
3. 简述国际贸易合同里价格条款中单价的组成部分。
4. 简述出口商品作价的基本方法。
5. 简述出口盈亏核算的三项指标的含义及其计算公式。
6. 某出口公司对外报某商品每打 12 港元 CFR C5 香港，某港商要求改按 CFR C3 香港报价，问该出口公司应报多少港元？
7. 我国某出口公司向西欧某客商推销某商品，发盘价格为每公吨 1 150 英镑 CFR 西欧某港口，对方复电要求改按 FOB 中国口岸定价，并给予 2%佣金。经查，自中国口岸至西欧某港口的运费为每公吨 170 英镑，我方若要保持外汇收入不变，改按买方要求条件报价，应为何价？

案例讨论

案例一

某口岸出口公司按 CIF Avonmouth 向英商出售一批核桃仁。由于该商品季节性较强，双方在合同中规定：买方须于 9 月底前将信用证开到，卖方保证运货船只不得迟于 12 月 2 日驶抵目的港。如货轮迟于 12 月 2 日抵达目的港，买方有权取消合同。如货款已收，卖方须将货款退还买方。问：这一合同的性质是否还属于 CIF 合同？

案例二

中国某公司以 CFR 术语出口一批玩具，卖方按期在装运港装船后，即将有关交易单据寄交买方，要求买方支付货款。过后，业务人员发现忘记向买方发出装运通知。此时，买方已经来函向卖方提出索赔，因为货物在运输途中因海上风险而损毁。

请问：卖方能否以货物在运输途中的风险是由买方承担为由拒绝买方的索赔？

案例三

我出口公司对日商报出大豆实盘，每公吨 CIF 大阪 150 美元，发货港口是大连，现日商要求我方改报 FOB 大连价，我出口公司对价格应如何调整？如果最后按 FOB 条件签订合同，买卖双方在所承担的责任、费用和风险方面有什么差别？

技能训练

广东神力木业有限公司与韩国大宇公司商定成交 Y789、R980 这两个型号的地板，详细信息如表 6-15 所示。

表 6-15　地板详细信息

货号	含税采购成本
Y789	50 元/平方米
R980	56 元/平方米

每个 20 英尺的集装箱出口运费为 9 000 元人民币，出口退税率为 12%，增值税为 13%，公司费用为采购净成本的 6%，利润为报价的 8%。现大宇公司要求加一成投保一切险和战争险，保险费率分别为 0.6%和 0.03%。请你对两种型号的地板进行报价。

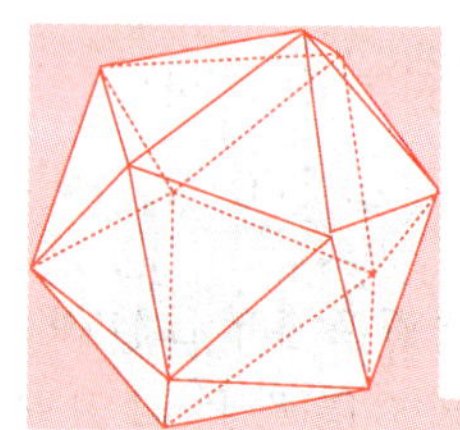

学习情境七

实现货物的空间转移——办理货物运输手续

知识目标

- 了解国际货物运输的主要方式和基本特点；
- 理解主要运输单据的性质和作用；
- 掌握买卖合同中装运条款的相关内容和规定办法。

能力目标

- 能根据具体情况选用合适的运输方式；
- 能正确运用海运提单、铁路运单和航空运单等；
- 学会正确订立合同中装运条款。

国际贸易是整个世界范围内的商品交换，而这一商品交换离不开国际货物运输。国际货物运输正是为了适应国际贸易需要而产生的，它贯穿于国际贸易的整个过程。为了多、快、好、省地完成进出口货物运输任务，从事进出口业务的人员必须合理地选用运输方式，订好买卖合同中的各项装运条款，正确缮制和运用各种运输单据，并掌握与此有关的运输基本知识。

任务一 选择运输方式

任务情境

天津昌盛贸易有限公司准备向英国 Golden Elephant Trading Co. ,Ltd. 出口一个 20 英尺集装箱的服装。为了拟定合同中的装运条款，顺利完成此次运输，业务员小杨正和英国公司的工作人员 Tom 商量采用何种运输方式。

任务分析

国际贸易中的运输方式多种多样，传统的运输方式主要有水路(海洋和内河运输)、铁路、公路、航空和管道运输五种，随着运输工具和运输方式的发展，又出现了集装箱运输、大陆桥运输和国际多式联运。在实际操作中，买卖双方应根据货物的特点、货量大小、距离远近、运费高低、自然条件等多种因素，综合考虑采用何种运输方式。

知识精讲

一、水路运输

水路运输可分为海洋运输和内河运输两种。

(一) 海洋运输的概念和特点

海洋运输(ocean transport)简称海运，是指利用船舶通过海上航道在不同国家和地区的港口之间运送货物的一种方式。目前，国际贸易总运量中的 80%以上，中国进出口货运总量的 90%都是利用海洋运输。海洋运输之所以被广泛采用，是因为它与其他运输方式相比，具有以下显著优点。

1. 通行能力强

地球表面约有 71%的面积都是海洋，因而海洋运输可以利用四通八达的天然航道，不像汽车、火车受道路和轨道的限制。

2. 载货量大

海洋运输工具(即船舶)的载货量大，一艘万吨货轮的载货量相当于 200 节 50 吨火车车皮或者 1 250 辆 8 吨卡车或者 100 架 100 吨运输机的运量。现代海洋运输中，数十万吨的巨轮都可以在海洋中航行，其巨大的运量是其他运输工具无法比拟的。

3. 运输成本低

因为载货量大，使用时间长，运输同样数量的货物，它所消耗的燃料和其他动力所支出的费用较少，而且航程越远，单位运输成本相对也越低。

海洋运输虽具有以上优点，但也存在不足之处，如容易受自然条件限制和季节性影响(如暴风巨浪、港口冰封)、航行速度较慢、风险较大等。因此，对于不宜经受长期运输的货物以及需求急切、易受气候条件影响的货物，一般不采用海洋运输方式。

(二) 海洋运输的分类

海洋运输按照船舶经营方式的不同，分为班轮运输和租船运输。

1. 班轮运输

(1) 班轮运输的概念。班轮运输(liner transport)又称定期船运输，是指船舶按照规定的时间，沿着固定的航线，按既定的港口顺序并以相对固定的运费率收取运费的运输方式。利用班轮装运货物，在装卸时间、数量以及卸货地点等方面都十分灵活，适用于成交数量小、批次多、交货港口分散的货物运输。

(2) 班轮运输的特点。班轮运输的特点主要体现在以下几个方面。

① 具有"四固定"的特点,即是固定航线、固定港口、固定船期和相对固定的费率。这是班轮运输的最基本特征。

② 班轮运价内包括装卸费用,即货物由承运人负责配载装卸,承托双方不计滞期费和速遣费。

③ 承运人对货物的负责时间是从货物装上船时起,到货物卸下船时止,即"船舷至船舷"或"钩至钩"。

④ 承运人和托运人一般不签订书面合同,双方的权利义务和责任豁免以签发的提单为依据,班轮提单是运输合同的证明。

(3) 班轮运输的作用。班轮运输的作用主要体现在以下几个方面。

① 有利于一般杂货和小额贸易货物运输。在国际贸易中,除大宗商品利用租船运输外,零星成交、批次多、到港分散的货物,只要班轮有航班和舱位,不论数量多少,也不论直达或转船,班轮公司一般均愿意接受承运。

② 有利于国际贸易的发展。班轮运输的"四固定"特点,为买卖双方洽谈运输条件提供必要依据,使买卖双方有可能事先根据班轮船期表,商定交货期、装运期以及装运港口,并且根据班轮费率表事先核算运费和附加费用,从而能比较准确地进行比价和核算货物价格。

③ 提供较好的运输质量。参加班轮运输的船公司所追求的目标是:保证船期,提高竞争能力,吸引货载。班轮公司派出的船舶一般技术性能好、设备较全,船员技术水平也较高。此外,在班轮停靠的港口,一般都有自己专用的码头、仓库和装卸设备,有良好的管理制度,货运质量有保证。

④ 手续简便,方便托运人。班轮承运人一般采取码头仓库交接货物的做法,并负责办理货物的装卸作业和全部费用。通常班轮承运人还负责货物的转口工作,并定期公布船期表,为托运人提供极大方便。

资料卡

法国海运咨询机构统计的班轮公司排名

表 7-1 所示为法国海运咨询机构 Alpha liner 统计的班轮公司排名。

表 7-1 法国海运咨询机构 Alpha liner 统计 10 大班轮公司排名①

排　名	公司名称	所属国家	TEU 统计	艘数总计
1	马士基航运	丹麦	2 262 493	601
2	地中海航运	瑞士	1 968 188	466
3	达飞轮船	法国	1 264 329	389

① Alphaliner 公司统计 20 大班轮公司最新排名(截至 2011. 5. 1). [EB/OL]. 2011-05-05[2012-02-27]. http://info. jctrans. com/shuju/cgsgk/201155999323. shtml.

续表

排　名	公司名称	所属国家	TEU 统计	艘数总计
4	长荣海运	中国台湾	611 939	165
8	中远集运	中国	589 762	142
7	美国总统轮船	美国	587 983	146
5	赫伯罗特	德国	587 850	135
6	南美轮船	智利	562 830	145
9	韩进/胜利	韩国	517 155	110
10	中海集运	中国	486 897	141

(4) 班轮运价表。班轮运价表也称班轮费率表，是根据不同航线、不同货物种类和等级而确立的计费标准和计费方法，是承运人与托运人之间收取和支付运费的依据。

班轮运价表一般由交通运输部门、船公司或航运公会制定。班轮运价表一般包括以下内容。

① 说明及有关规定，包括该运价表的适用范围、计价货币、计价单位及其他的有关规定。

② 港口规定及条款，主要是将一些国家或地区的港口的规定列入运价表内。

③ 货物分级表，列明各种货物所属的运价等级和计费标准。

④ 航线费率表，列明不同的航线及不同等级货物的基本运费率。

⑤ 附加费率表，列明各种附加费及其计收的标准。

⑥ 冷藏货费率表及活牲畜费率表，列明各种冷藏货物和活牲畜的计费标准及费率。

(5) 班轮运费。班轮运费(freight)是班轮公司为运输货物而向货主收取的费用，包括基本运费和附加费两部分。在实践中，班轮公司通常是按照班轮运价表的规定计算运费的。不同的班轮公司或班轮协会执行不同的运价表，有的将货物分成若干等级(一般分为 20 个等级)，每个等级对应一个基本费率，叫"等级运价表"；有的是按照每项承运货物分别对应其基本费率，叫"单项费率运价表"。大多数的班轮公司采用等级运价表。

① 基本运费。基本运费是指货物从装运港到卸货港所应收的费用，其计算标准根据商品而异，具体如表 7-2 所示。

表 7-2　基本运费的计算标准

计算标准	表示方法	含　义	适用范围
重量法	W	按货物的毛重计收，即重量吨(weight ton)，一般以每公吨为计算单位	建材、矿产品、重金属等
体积法	M	按货物的体积、容积计收，即尺码吨(measurement ton)，一般以每立方米或 40 立方英尺为计算单位	日用百货、纺织品、家具等

续表

计算标准	表示方法	含　义	适用范围
从价法	A. V或 ad. val.	按货物的价格计收，即从价运费，一般按货物FOB价收取3%～5%的运费	黄金、白银、宝石、贵重药材等
选择法	W/M	按货物毛重或体积计收选取收取运费较高者	货物存在不确定因素
综合法	W/M plus A. V	按货物毛重或体积中较高的一种计收运费后再加收一定百分比的从价运费	某些特殊商品
计件法	Per unit Per head	按货物的件数计收，一般只对包装固定、包装内数量、重量和体积也是固定不变的货物，才按每箱、每捆或每件等特定运费额计收	车辆、活动物
议定法	Open rate	以承、托运双方临时议定的价格收取运费，一般运费较低。	承运粮食、豆类、矿石、煤炭等运量较大、货价较低、装卸速度快的农副产品和矿产品

② 附加运费。附加运费是指对于一些需要特殊处理的货物，或者由于突然事件的发生或者客观情况的变化等原因，在基本运费外另加收的费用。附加运费主要有：超重附加费(heavy lift additional)、超长附加费(long length additional)、选卸附加费(optional surcharge)、绕航附加费(deviation surcharge)、直航附加费(direct additional)、转船附加费(transshipment surcharge)、燃油附加费(bunker adjustment factor，BAF)、港口拥挤费(port congestion surcharge)、币值附加费(currency adjustment factor，CAF)等。

③ 班轮运费计算。班轮运费由基本运费和各项附加运费之和构成，其计算公式为：

班轮运费＝货物数量×基本运费×(1＋附加费率之和)

在实际业务中，班轮运费的计算方法为：首先，对照《汉英中国出口商品词典》，查找该海运货物的准确英译名称；其次，查找货物分级表，找出该货物的计费标准和所属等级；然后在航线费率表中查出该货物的基本费率，以及所经航线和港口的有关附加费率，基本费率和附加费率之和即该货物每运费吨的运费；最后，将该货物的总运费吨乘以每运费吨的运费即为总运费。

【例7-1】 某外贸公司出口商品到科威特1 000箱，每箱体积为40×30×20(厘米)，毛重为30千克。查船公司运价表，该商品运费计算标准为M/W，等级为10级，查中国至科威特为海湾航线10级商品按每公吨收费222元，燃油附加费26%，问该批商品运费多少？

解　商品总体积＝(0.4×0.3×0.2)×1 000＝24立方米

商品总重量＝0.03×1 000＝30公吨

该商品运费计算标准为M/W，所以选择重量吨计算。

总运费＝30×222×(1＋26%)＝8 391.6元

因此这批商品运费总计8 391.6元。

2. 租船运输

租船运输(charter transport)又称不定期租船，指承租人向船舶所有人租赁船舶以运输货物的一种运输方式。在实践中，除少量成交的零星货物和一般杂货大多需要使用班轮运输外，粮谷、矿砂、煤炭、石油、木材等大宗货物一般都采用租船运输。

(1) 租船运输的特点。租船运输没有固定的航线、固定的船期、固定的停靠口岸和固定的运费率，可根据货主各种不同的需求，结合租船场上的各种因素临时决定。这是租船运输的最大优点。租船一般都是租用整条船，在租船条件下，承租人获得在租船期限内的船舶使用权，租船人必须与船东签订租船协议，以便明确双方的权利与义务。另外，与班轮运输相比，租船运输的运价一般比较低。

(2) 租船运输分类。在国际海运业务中，根据船舶的经营方式不同，租船运输可分为定程租船、定期租船和光船租船三种。

① 定程租船(voyage chartering)是指租船人向船东租赁船舶按租船合同规定的航程进行货物运输。这是一种以航程为基础的租船方式，船舶所有人按双方事先议定的运价与条件向租船人提供船舶全部或部分舱位，在指定的港口之间进行一个或多个航次运输，以完成指定货物运输业务。

资料卡

定程租船的运输费用

定程租船的运输费用主要包括租船运费、装卸费、滞期费和速遣费等。

(1) 租船运费。定程租船运费是货物从装运港至目的港的运费，一般由租船人和船方在租船合同中规定计算方式和支付时间。运费计算方式有两种：一是规定每单位重量或单位体积的运费额，然后根据总重量或总体积来计算总运费；二是规定整艘船的运费额，而不管租船人实际装货量。

(2) 装卸费。定程租船的装卸费是指将货物从岸边转入船舱内和将货物从船舱内卸至岸边的费用，一般由租船人和船方协商之后在租船合同中明确规定，实践中具体有以下几种做法。

① 船方负担装货费和卸货费，又称为“班轮条件”(gross terms/liner terms)。

② 船方管装不管卸(free out，FO)，即船方负责装货费，不负责卸货费。

③ 船方管卸不管装(free in，FI)，即船方仅负责卸货费，不负责装货费。

④ 船方装和卸均不管(free in and free out，FIO)，即船方即不负责装货费用也不负责卸货费用，谁租船谁承担费用。这种做法在实践中较常见。

(3) 滞期费和速遣费。如果租船人在规定的装卸时间内未能将货物全部装卸完毕，致使船舶在港口停泊时间延长，给船东造成经济损失，则要求按照实际滞延时间向船东支付一定金额的罚款，叫滞期费。反之，如果租船人在规定的装运时间内提前完成装卸任务，使船东节省在港费用并获得船期利益，船东将其获得的利益的一部分给租船人作为奖励，叫速遣费。按照惯例，速遣费通常是滞期费的一半。

② 定期租船(time chartering)。定期租船是指由船舶所有人按照租船合同的约定，将一艘特定的船舶在约定的期间，交给承租人使用的租船。这种租船方式不以完成航次数为依据，而以约定使用的一段时间为限。在这个期限内，承租人可以利用船舶的运载能力来安排运输货物；也可以用以从事班轮运输，以补充暂时的运力不足；还可以以航次租船方式承

揽第三者的货物，以取得运费收入。

资料卡

定程租船与定期租船的比较

表 7-3 从概念、运费情况和租船合同举例三方面比较了定程租船与定期租船的不同。

表 7-3　定程租船与定期租船的比较

比较的项目	定程租船	定期租船
概念	船舶所有人向租船人提供船舶全部或部分舱位，装运约定货物，从一港运至另一港，由承租人支付约定运费	船舶所有人向租船人提供约定的由出租人配备船员的船舶，由承租人在约定的期间内按照约定的用途使用，并支付租金合同
运费情况	规定装卸期限或装卸率，并计算滞期费和速遣费	无须规定装卸率和滞期费、速遣费
租船合同举例	某公司委托船公司从天津将一批 1 000 公吨的花生仁从天津港运至日本横滨港，合同规定每天装 50 公吨，延期一天罚款 500 元，提前一天奖励 250 元	某公司委托船公司从天津将一批 1 000 公吨的花生仁从天津港运至日本横滨港，租期为 11 月 1 日至 12 月 31 日

③ 光船租船(bareboat chartering)。光船租船是指船舶所有人将船舶出租给承租人使用，船东不提供船员，由租船人自行配备船员，并负责船舶的经营管理和航行等事宜，是一种单纯的财产租赁。

(三) 内河运输

内河运输是水上运输的一个重要组成部分，它是连接内陆腹地与沿海地区的纽带，也是边疆地区与邻国边境河流的连接线，在运输和集散进出口货物中起着重要的作用。它具有投资少、运量大、成本低的特点。我国长江、珠江等一些港口已对外开放，同一些邻国还有国际河流相通，这为我国外贸物资通过河流运输和集散提供了便利条件。

二、铁路运输

铁路运输是一种仅次于海洋运输的主要运输方式，在国际货物运输中，占据着相当重要的地位，特别是在内陆国家之间的贸易，铁路运输的作用更为显著。铁路运输具有运量大、运行速度快、运输成本低、运输准确性和连续性强、不易受气候条件影响等特点。我国的对外贸易铁路运输主要包括国际铁路货物联运和对香港、澳门特别行政区铁路运输两部分。

1. 国际铁路货物联运

国际铁路货物联运是指使用一份统一的国际联运票据，无需发货人、收货人参加，而由铁路部门负责办理两个或两个以上国家铁路全程运送的货物运输。

采用国际铁路货物联运，有关当事国事先必须要有书面约定。我国从 1951 年 4 月至 1953 年 12 月参加了中苏铁路货物联运。从 1954 年 1 月起参加了由中国、朝鲜、罗马尼亚、阿尔及利亚、保加利亚、波兰、匈牙利、捷克斯洛伐克①、德意志民主共和国②、蒙古、越南和苏联③共12个国家签订的《国际铁路货物联运协定》(简称《国际货协》)。在欧洲,南斯拉夫、土耳其、希腊、奥地利、芬兰、德意志联邦共和国④、法国、英国、荷兰、比利时、意大利、瑞典、瑞士、挪威、葡萄牙、西班牙、丹麦和卢森堡等国签订了《国际铁路货物运送公约》(简称《国际货约》)。此外,德意志民主共和国、保加利亚、匈牙利、罗马尼亚、波兰和捷克斯洛伐克这些参加《国际货协》的国家,也参加了《国际货约》,这就为国际间的铁路联运提供了极为便利的条件,它使参加《国际货协》国家的进出口货物,可以通过铁路转送至参加《国际货约》国家。

资料卡

我国通往邻国的铁路干线

我国通往邻国的主要铁路干线如表7-4所示。

表7-4 我国通往邻国的铁路干线⑤

我国与邻国	我国铁路干线	我国国境站站名	邻国国境站站名	交接、换装地点		至国境线距离/千米	
				出口	进口	我国国境站	邻国国境站
中俄间	滨州线	满洲里	后贝加尔	后贝加尔	满洲里	9.8	1.3
	滨绥线	绥芬河	格罗迭科沃	格罗迭科沃	绥芬河	5.9	20.6
	珲马线	珲春	卡梅绍娃亚	卡梅绍娃亚	珲春	17	—
中哈间	北疆铁路	阿拉山口	德鲁日巴	德鲁日巴	阿拉山口	4.02	8.13
中蒙间	集二线	二连	扎门乌德	扎门乌德	二连	4.8	4.5
中朝间	沈丹线	丹东	新义州	新义州	丹东	1.4	1.7
	长图线	图们	南阳	南阳	图们	2.1	1.3
	梅集线	集安	满蒲	满蒲	集安	7.3	3.8
中越间	湘桂线	凭祥	同登	同登	凭祥	13.2	4.6
	昆河线	山腰	老街	老街	山腰	6.5	4.2

① 捷克斯洛伐克是1918年10月28日至1992年12月31日存在的联邦制国家,原名捷克斯洛伐克共和国。1993年1月1日,捷克斯洛伐克正式分为捷克共和国和斯洛伐克共和国两个国家。

② 德意志民主共和国是1949年到1990年之间存在于现在德国东部的社会主义国家,俗称民主德国或东德。

③ 苏联全称为苏维埃社会主义共和国联盟,于1922年12月30日成立,1991年12月26日解体。

④ 德意志联邦共和国俗称西德或联邦德国,建立于1949年5月23日。1990年5月18日,民主德国和联邦德国在波恩签署《关于建立货币、经济和社会联盟的国家条约》。8月31日,双方又在柏林签署《两德统一条约》。10月3日,民主德国正式加入联邦德国,民主德国的宪法、人民议院、政府自动取消,分裂40多年的德国重新统一。

⑤ 我国通往邻国的铁路干线[EB/OL]. 2009-03-26[2012-02-16]. http://www.docin.com/p-12206688.html.

2. 至港澳地区的铁路运输

供应港澳地区的货物经铁路运往香港九龙，或运至广州南部转船至澳门，也属于国内铁路的范围，不过这种运输同一般经铁路运到港口装船出口有所区别。其具体做法是：首先要发货人把货物从始发站托运至深圳北站，交由设在深圳北站的外贸机构接货，但不卸车；然后由设在深圳的外贸机构，通过原车过轨办法再办理港段铁路的托运手续，由香港中国旅行社收货后转交给香港九龙的买主，或者先将出口货物运至广州南站再转船运往澳门。

三、公路运输

公路运输是一种现代化的运输方式，具有机动灵活、方便快捷等特点，尤其是实现"门到门"运输，更离不开公路运输。公路运输除了适用于内地集散进出口货物外，还适用于邻国之间的进出口货物运输。我国同越南、朝鲜、尼泊尔、缅甸等邻国都有公路相连通，我国同这些国家的部分进出口货物，可以经由国境公路运输。

四、航空运输

航空运输是一种现代化的运输方式，具有运送速度快，安全性能高，货物破损少，节省包装费、保险费和储存费，不受地面条件限制等优点。因此，急需物资、鲜活商品和贵重商品适用于航空运输。随着航空工业技术的迅速发展和国际贸易范围的不断扩大，航空运输在国际贸易中的使用越来越多。近年来，我国民航事业迅速发展，已经开辟了许多通往国外的航线，为我国对外贸易货物利用航空运输提供了有利的条件。

航空运输的主要方式有以下几种。

1. 班机运输

班机是指具有固定开航时间、航线和停靠航站的飞机。班机通常为客货混合型飞机，货舱容量较小，运价较贵，但由于航期固定，有利于客户安排鲜活商品或急需商品的运送。

2. 包机运输

包机运输是指航空公司按照约定的条件和费率，将整架飞机租给一个或若干个包机人（即发货人或航空货运代理公司），从一个或几个航空站装运货物至指定目的地。包机运输适合于大宗货物运输，其费率低于班机，但运送时间则比班机要长。

3. 集中托运

集中托运是指航空货运代理公司将若干批单独发运的货物集中成一批向航空公司办理托运，填写一份总运单送至同一目的地，然后由其委托当地的代理人负责分发给各收货人。这种托运方式可降低运费，是航空货运代理的主要业务之一，适用于一般商品的运输。

4. 航空快递

航空快递是由快递公司与航空公司合作，向货主提供的快递服务。其操作过程主要是：由快递公司派专人从发货人处提取货物，然后通过最快航班将货物运出；待飞抵目的地后，再由专人接机提货，办妥进关手续后直接送达收货人。由于其运输速度快，对接精准，所以又称为"桌到桌运输"，特别适合于各种急需物品和文件资料的运送。

五、管道运输

管道运输是一种特殊的运输方式，主要适用于运送液体、气体货物，如石油、天然气等。

管道运输的优越性表现为以下几点。

(1) 不同于车、船等其他运输方式,输油管道的运量很大,且可以连续运行。

(2) 建设投资相对较小,占地面积少,受地理条件限制少。

(3) 由于埋于地下,基本不受气候影响,可以长期稳定运行。

(4) 管道输送流体能源,设备运行比较简单,易于就地自动化控制或远程集中遥控。

(5) 管道沿线不产生噪声,有利于环境保护。

(6) 漏失污染少。据近 10 年西欧石油管道相关部门统计,管理运输的漏失污染仅为输送量的 4%。

六、集装箱运输

集装箱(container)又称货柜、货箱。集装箱运输是指把分散的单一货物运输包装集中在集装箱内作为一个运送单元的运输方式。

集装箱运输作为一种现代化的运输方式,具有装卸效率高、装卸费用省、船舶周转使用快、营运成本低等特点,广泛使用于海运、陆运,尤其适用于国际多式联运与大陆桥运输。航空运输有时也采用集装箱。国际上通用的集装箱共有 13 种,其中应用最广的有两种,即 8×8×40(英尺)和 8×8×20(英尺),俗称 40 英尺集装箱和 20 英尺集装箱,载重量分别为 24.5 公吨和 17.5 公吨,容积分别为 67 立方米和 30 立方米。

集装箱又分为整箱托运和拼箱托运。整箱货(full container load,FCL)可由发货人在工厂或仓库自行装箱,也可由承运人代为装箱,直接送往集装箱堆场(container yard,CY)等待装运。承运人也可在内陆货运站接箱。拼箱货(less than container load,简称 LCL),是指发货人将货物送交集装箱货运站(container freight station,CFS)或内陆货运站,再由承运人负责装箱。运到目的港后,整箱货由收货人直接提走,拼箱货则由承运人在集装箱的中转站或内陆货运站分拨给各收货人。

集装箱运输货物的交接方式如表 7-5 所示。其中,"门"是指在发货人和收货的工厂和仓库;"站"是指港口的集装箱货运站(CFS);"场"是指港口的集装箱堆场(CY)。

表 7-5 集装箱交接方式

货物交接方式	装箱人	拆箱人	交接地点	表达方式
整箱交整箱接 FCL/FCL	发货方	收货方	门到门、场到场、门到场、场到门	door to door,CY to CY,door to CY,CY to door
拼箱交拆箱接 LCL/LCL	承运人	承运人	站到站	CFS/CFS
整箱交拆箱接 FCL/LCL	发货方	承运人	门到站,场到站	door to CFS,CY to CFS
拼箱交整箱接 LCL/FCL	承运人	收货方	站到门,站到场	CFS to door,CFS to CY

七、大陆桥运输

大陆桥运输是指以横贯大陆的铁路(或公路)运输作为中间桥梁,把大陆两端的海洋运输连接起来的集装箱连贯运输方式。大陆桥运输属于多式联运范围。目前,世界主要有两条大陆桥,即北美大陆桥和欧亚大陆桥。

1. 北美大陆桥

北美大陆桥包括美国大陆桥和加拿大大陆桥。这两条陆桥是平行的,都是连接大西洋和太平洋的大陆通道，主要运送从远东国家经北美销往欧洲的货物，是世界上第一条大陆桥，但是现在业务量已经萎缩。

2. 亚欧大陆桥

亚欧大陆桥包括西伯利亚大陆桥和中荷大陆桥。西伯利亚大陆桥又称欧亚第一大陆桥，是以俄罗斯西伯利亚铁路为桥梁，把远东地区与波罗的海和黑海沿岸以及西欧大西洋口岸连接起来。中荷大陆桥也称第二条亚欧大陆桥或新亚欧大陆桥，1992 年 9 月正式开通，东起我国连云港，途经陇海、兰新、北疆铁路进入独联体，西至荷兰鹿特丹。

八、国际多式联运

（一）国际多式联运的定义

国际多式联运（international multimodal transport）简称多式联运，是在集装箱运输的基础上产生和发展起来的，是指按照多式联运合同，以至少两种不同的运输方式，由多式联运经营人将货物从一国境内的接管地点运至另一国境内指定交付地点的货物运输。国际多式联运适用于水路、公路、铁路和航空多种运输方式。在国际贸易中，由于 85%～90%的货物是通过海运完成的，故海运在国际多式联运中占据主导地位。

（二）构成国际多式联运的条件

要构成国际多式联运，需满足以下条件。

（1）必须具有一份多式联运合同。该合同是多式联运经营人与托运人之间的权利、义务和豁免关系和运输性质的确定，也是区别多式联运与一般联运的主要依据。

（2）必须使用一份全程多式联运单据，该单据既是物权凭证，也是有价证券。

（3）必须是全程单一运价。这个运价一次收取，包括运输成本（各段运杂费的总和）、经营管理费和合理利润。

（4）必须由一个多式联运经营人对全程运输负总责。该多式联运经营人不仅是订立多式联运合同的当事人，也是多式联运单据的签发人，他承担自接受货物起至交付货物止的全程运输责任。

（5）必须是两种或两种以上不同运输方式的连贯运输。如为海/海、铁/铁、空/空联运，虽为两程运输，但仍不属于多式联运，这是一般联运与多式联运的一个重要区别。同时，在单一运输方式下的短途汽车接送也不属于多式联运。

（6）必须是跨越国境的国际间的货物运输。这是区别国内运输和国际运输的限制条件。

（三）国际多式联运的特点

1. 责任统一，手续简便

在国际多式联运方式下，无论货物运输距离有多远，由几种运输方式共同完成，且不论运输途中货物经过多少次转换，所有一切运输事项均由多式联运经营人负责办理。而托运人只需办理一次托运、订立一份运输合同、支付一次费用、办理一次保险，从而省去自行办理托运手续的许多不便。同时，由于多式联运采用一份货运单证，统一计费，因而也可简化制单和结算手续，节省人力和物力。此外，一旦运输过程中发生货损货差，由多式联运经营人对全程运输负责，从而也可简化理赔手续，减少理赔费用。

2. 节省费用,降低运输成本

由于多式联运可实行“门到门”运输,因此对货主来说,在货物交由第一承运人以后即可取得货运单证,并据以结汇,从而提前了结汇时间。这不仅有利于加快货物占用资金的周转速度,而且可以减少利息的支出。此外,由于货物是在集装箱内进行输的,从某种意义上来看,可相应地节省货物的包装、理货和保险等费用的支出。

3. 减少中间环节,缩短时间,提高运输质量

在国际多式联运方式下,各个运输环节和各种运输工具之间配合密切,衔接紧凑,货物所到之处中转及时迅速,大大减少货物的在途停留时间,从而从根本上保证了货物安全、迅速、准确、及时地运抵目的地,因而也相应地降低了货物的库存量和库存成本。同时,多式联运系通过集装箱为运输单元进行直达运输,尽管货运途中须经多次转换,但由于使用专业机械装卸,且不涉及箱内货物,因而货损货差事故大为减少,从而在很大程度上提高了货物的运输质量。

4. 运输组织水平提高,运输更加合理化

对于区段运输而言,由于各种运输方式的经营人各自为政,自成体系,因而其经营业务范围受到限制,货运量也相应有限。而一旦由不同的经营人共同参与多式联运,经营的范围可以大大扩展,同时可以最大限度地发挥其现有设备的作用,选择最佳运输线路组织合理化运输。

5. 实现“门到门”运输

国际多式联运构成了一种连贯的运输,多式联运经营人在进口地都设有代理,负责接收、拨交货物和通知货主,是实现“门到门”运输的有效途径。

任务实施

结合实际情况,小杨和 Tom 商议决定选择采用集装箱的班轮运输,如果不能及时将货物出运,再采用空运,以跟上货物的销售旺季。

任务二 了解运输单据

任务情境

在国际贸易中,运输单据是承运人和托运人之间运输契约关系的有效证明,也是办理托运手续必不可少的关键单据。因此,小杨为了顺利办理托运手续,对运输单据进行了系统的了解。

任务分析

在国际贸易中,买卖双方签订合同时,必须根据运输方式和实际需要,就卖方提供的各种单据的种类和份数作出明确的规定,因此,有关运输单据的规定就成为合同条款中不可缺少的内容。由于运输方式的不同,使用的运输单据多种多样,主要包括海运提单、铁路运单、

航空运单和邮包单据等，其中国际贸易使用最多的是海运提单。

知识精讲

一、海运提单

（一）海运提单的含义

海运提单(ocean bill of lading，B/L)简称提单，是指由船公司或其代理人签发的，证明已收到特定货物，允诺将货物运至特定目的地，并交付给收货人的书面凭证。其样式如图7-1所示。

<table>
<tr><td colspan="5">B/L No. :</td></tr>
<tr><td colspan="2">Shipper</td><td colspan="3" rowspan="6">中国对外贸易运输总公司
CHINA NATIONAL FOREIGN TRADE TRANSPORTATION CORP.
直运或转船提单
BILL OF LOADING
DIRECT OR WITH TRANSHIPMENT
SHIPPED on board in apparent good order and condition (unless otherwise indicated) the goods or packages specified herein and to be discharged at the mentioned port of discharge or as near thereto as the vessel may safely get and be always afloat.
The weight, measure, marks and numbers, quality, contents and value. Being particulars furnished by the shipper, are not checked by the currier on loading.
The shipper, consignee and the holder of this bill of lading hereby expressly accept and agree to all printed, written or stamped provisions. Exceptions and conditions of this Bill of Lading, including those on the back hereof.
IM WITNESS whereof the number of original Bills if Lading stated below have been signed, one of which being accomplished, the other to be void</td></tr>
<tr><td colspan="2">Consignee or order</td></tr>
<tr><td colspan="2">Notify address</td></tr>
<tr><td>Pre-carriage by</td><td>Place of receipt</td></tr>
<tr><td>Vessel</td><td>Port of loading</td></tr>
<tr><td>Port of discharges</td><td>Final destination</td></tr>
<tr><td>Container seal No. or marks and Nos.</td><td colspan="2">Number and kind of packages
Description of goods</td><td>Gross weight (kgs.)</td><td>Measurement(m^3)</td></tr>
<tr><td colspan="3">REGARDING TRANSHIPMENT
INFORMATION PLEASE CONTACT</td><td colspan="2">Freight and charges</td></tr>
<tr><td rowspan="2">Ex. rate</td><td>Prepaid at</td><td>freight payable at</td><td colspan="2">Place and date of issue</td></tr>
<tr><td>Total prepaid</td><td>Number of original B/L</td><td colspan="2">Signed for or on behalf of the Master
as Agent</td></tr>
<tr><td colspan="5">(SINOTRANS STANDARD FORM 4)
SUBJECT TO THE TERMS AND CONDITIONS ON BACK 95c No. 0123450</td></tr>
</table>

图 7-1 海运提单样本

（二）提单的性质与作用

提单的性质和作用主要体现在以下几点。

(1) 货物收据。提单是承运人或其代理人签发的货物收据，它证明承运人已经收到或已经接管提单上所列的货物。

(2) 物权凭证。由于提单是提取货物的凭证，因此占有提单就有支配货物的权利，就等于占有货物。提单的合法持有人可以凭提单提货，也可以用作抵押，还可以转让给他人。

(3) 运输契约证明。提单是承运人与托运人之间订立的运输合同的证明。提单本身不是运输合同，但提单上载明了承运人和托运人各方在运输中的权利与义务、责任与豁免以及处理纠纷的主要法律依据。

资料卡

运输合同与提单的关系

租船订舱时，托运人向承运人提交一式两份的托运单，承运人审核同意后，在托运单上签章，并退回一份。此时，合同即告成立。因此，运输合同是经双方签章的托运单；而提单只是该运输合同的证明，不等于运输合同本身。

（三）提单的主要内容

提单的正面为主要内容，包括：承运人名称、托运人名称、收货人名称、船名、装运港、目的港、货物名称、唛头、件数、重量、体积、提单签发日期、地点及份数、承运人或其代理人签字。

提单的背面内容印有运输条款，这些条款是表明承运人与托运人以及其他关系人之间承运货物的权利和义务、责任与免责，是解决他们之间争议的依据。

资料卡

关于海运提单的国际公约

提单的背面常印有运输条款，这些条款是确定承运人、托运人以及提单持有人之间的权利和义务的主要依据。为了缓解船、货双方的矛盾，并照顾到船、货双方的利益，国际上为了统一提单背面条款内容，曾先后签署了有关提单的国际公约，主要有《统一提单的若干法律规定的国际公约》(简称《海牙规则》)、《修改统一提单若干法律规定的国际公约议定书》(简称《维斯比规则》)、《联合国海上货物运输公约》(简称《汉堡规则》)等。目前，以《海牙规则》的内容为依据的居多，该公约对承运人有利。

（四）提单的种类

按不同的划分方式，提单可分为多种类别。

1. 按货物是否已装船划分

(1) 已装船提单。已装船提单(on board B/L or shipped B/L)是指整批货物已全部装进船舱或装在舱面甲板上后承运人或其他代理人签发的提单。这种提单必须注明船名和装船日期,并由船长或其代理人签字。此种提单对收货人按时收货有保障,故买方一般要求卖方提供已装船提单。

(2) 备运提单。备运提单(received for shipment B/L)是指承运人收到托运货物,尚未装船而向托运人签发的提单。由于这些货物尚未装船,所以提单上并未载明装运船舶的船名和装运日期。有时提单上虽有船名,也多属拟装船名,该船能否如期到达将货运出,船公司并不负责,故买方一般不愿接受备运提单。

2. 按对货物的外表状况是否有不良的批注划分

(1) 清洁提单。清洁提单(clean B/L)是指托运货物的外表状况良好,承运人未加有关货损或包装不良之类批语的提单。买方为了收到完好的货物,以维护自身的利益,故都要求卖方提供清洁提单。

(2) 不清洁提单。不清洁提单(foul B/L)是指承运人加注了托运货物外表状况不良或存在缺陷等批语的提单。此种提单买方通常都不接受,银行也拒绝接受。

3. 按提单收货人抬头划分

(1) 记名提单。记名提单(straight B/L)是指在提单上具体写明收货人名称的提单。记名提单只能由该指定的收货人凭此提货,提单不能转让,可以避免转让过程中可能带来的风险,一般用于贵重商品、展品及援外物资的运输。

(2) 不记名提单。不记名提单(bearer B/L)是指在提单收货人栏内不填写收货人名称,该栏或留空白,或填写“to the bearer”。这种提单无论任何人持有皆可提货,而且仅凭交付即可转让,因而风险较大,实务中很少使用。

(3) 指示提单。指示提单(order B/L)是指在提单的收货人栏内填写“凭指示”(to order)或“凭某人指示”(to the order of…)字样的提单,此种提单可以背书转让。背书的方法有两种:空白背书和记名背书。前者是仅有背书人(提单转让人)在提单背面签字盖章,而不注明被背书人的名称;后者是除背书人签章外还需要列明被背书人名称。在实践中,使用最广的是“凭指示”并经空白背书的提单,习惯上称其为“空白抬头、空白背书”的提单。

记名提单、不记名提单和指示提单的区别如表 7-6 所示。

表 7-6 记名提单、不记名提单和指示提单的区别

<table>
<tr><th>提单类别</th><th>收货人填法</th><th>可否转让</th><th colspan="2">转让方式</th></tr>
<tr><td>记名提单</td><td>TO DEF CO.,LTD</td><td>否</td><td colspan="2">否</td></tr>
<tr><td>不记名提单</td><td>TO BEARER</td><td>可</td><td colspan="2">任意转让,无需背书</td></tr>
<tr><td rowspan="3">指示提单</td><td>TO ORDER</td><td rowspan="3">可</td><td rowspan="3">背书转让</td><td>托运人背书</td></tr>
<tr><td>TO THE ORDER OF××</td><td>××背书</td></tr>
<tr><td>TO ×× OR ORDER</td><td>××背书</td></tr>
</table>

4. 按运输方式的不同划分

(1) 直运提单。直运提单(direct B/L)是指由承运人签发的,货物从起运港装船后,中途不经过换船直接运达卸货港的提单。

(2) 转船提单。转船提单(transshipment B/L)是指货物在起运港装船后,船舶不直接驶往货物的目的港,需要在其他中途港口换船转运往目的港的情况下,承运人所签发的提单。提单上注有"转运"或"在某港转运"字样。

(3) 联运提单。联运提单(through B/L)是指货物通过海陆、海空或海海的联合运输时,由第一承运人签发的、包括全程的、在目的港可以凭以提货的提单。各承运人只对自己运程内的货物运输负责。

5. 按船舶营运方式的不同划分

(1) 班轮提单。班轮提单(liner B/L)是指货物由班轮公司承运时所签发的提单。

(2) 租船提单。租船提单(charter B/L)是指承运人根据租船合同签发的提单,受租船合同条款的约束。

6. 按提单使用效力划分

(1) 正本提单。正本提单(original B/L)是指提单上有承运人正式签字盖章并注明签发日期的提单。这种提单是具有法律效力的单据,上面需标明"正本"字样。正本提单一般一式三份,也有一式二份、四份和五份的,以便托运人遗失其中一份后,还可凭其他各份提单提货,其中一份完成提货手续后,其余各份自动失效。

(2) 副本提单。副本提单(copy B/L)是指正本提单的复制件并标明"副本"字样,提单上没有承运人签字盖章,只供工作上参考使用,不具有法律效力。

7. 其他提单

(1) 舱面提单。舱面提单(on deck B/L)是指承运人对装于船舶甲板上的货物所签发给托运人的提单,又称甲板提单。由于货物在甲板上风险较大,所以买方和银行一般不接受甲板提单。

(2) 过期提单。过期提单(stale B/L)是指出口商向银行交单结汇的日期与装船开航的日期距离过久,以致无法于船到目的地以前送达目的港收货人的提单。银行一般不接受这种提单。

(3) 倒签提单。倒签提单(anti-dated B/L)是指承运人应托运人的要求在货物装船后,提单签发的日期早于实际装船完毕日期的提单。

(4) 预借提单。预借提单(advanced B/L)是指在信用证规定的装运日期和议付日期已到,而货物却未及时装船的情况下,托运人出具保函,让承运人签发已装船提单。

二、其他运输单据

国际贸易中,除海运提单外,还有以下几种运输单据。

1. 铁路运单

铁路运单(railway bill)是由铁路运输承运人签发的货运单据,是货主与铁路之间的运输契约。国际铁路货物联运运单随同货物从始发站至终点站全程附送,最后交给收货人。它既是铁路承运货物的凭证,也是铁路向收货人交付货物和核收运费的依据。

2. 航空运单

航空运单(airway bill)是航空公司或其代理人出具的承运货物的收据,是承运人与托运人之间签订的运输契约,也是承运人或其代理人签发的货物收据。航空运单还可作为核收运费的依据和海关查验放行的基本单据。

航空运单根据签发人不同可分为主运单和分运单。主运单是由航空公司签发的,分运单是由航空货运代理公司签发的。

3. 邮包收据

邮包收据(parcel post receipt)是邮包运输的主要单据。它既是邮局收到寄件人的邮包后所签发的凭证,也是收件人凭以提取邮件的凭证,当邮包发生损坏或丢失时,它还可以作为索赔和理赔的依据。

4. 多式联运单据

多式联运单据(multi-modal transport documents,MTD)是指证明国际多式联运合同成立及证明多式联运经营人接管货物,并负责按照多式联运合同条款支付货物的单据。多式联运单据由承运人或其代理人签发,其作用与海运提单相似,既是货物收据也是运输契约的证明,在单据做成指示抬头或不记名抬头时,可作为物权凭证,经背书可以转让。

各种运输单据的比较如图表 7-7 所示。

表 7-7 提单与其他运输单据的区别

比较项目	提　单	非物权凭证的其他运输单据
与货物关系	持有提单等于拥有货物	持有提单不等于拥有货物
提货	直接凭提单提货	凭提货通知、收货凭条或身份证件
	必须出示提单	无需出示运输单据
转让	可以	不可以
质押	可以	不可以

任务实施

在了解了运输单据的相关知识后,小杨计算出待运货物的毛重和体积,准备向货运代理公司办理海运托运手续。经商议,小杨准备订一个 20 英尺的集装箱,door to door,目的港暂订为伦敦;然后准备好报关、装船需要的各种证明文件和单据,计算需要支付的运费,待双方商定合同条款之后便可办理海运提单。

任务三 制定合同中的装运条款

任务情境

在确定了运输方式、了解了运输单据之后，天津昌盛贸易有限公司的业务员小杨与英国 Golden Elephant Trading Co.，Ltd. 的 Tom 就这批服装的出口运输商量如何拟定合同中的装运条款。

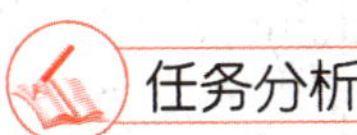

任务分析

装运条款是合同中关于卖方应该如何交货以及何时交货等问题的规定。买卖双方在签订装运合同时，必须将各项装运条款载明，以便合同履行。国际货物买卖合同中，装运条款通常包括装运时间、装运港（地）和目的港（地）、分批装运和转运、装运通知、滞期和速遣条款等内容。

知识精讲

一、装运时间

装运时间又称装运期（time of shipment），是卖方将货物装上运输工具或交给承运人的期限。它是买卖合同的主要交易条件，卖方必须严格按照规定时间装运货物，如果提前或延迟，均构成违约，买方有权拒收货物、解除合同，同时提出损害赔偿要求。目前常用的有以下几种规定方法。

1. 明确规定具体的装运时间或期限

明确规定具体装运时间和期限的特点是时间具体、明确，不容易使双方发生误解，在实践中普遍采用。

（1）规定具体日期，如 2011 年 5 月 31 日装运（shipment on May 31，2011）。按这种规定，卖方必须负在规定日期交货的责任，执行起来很不方便，只要货物、车船稍有耽误，就容易构成违约。故除非是买卖现货，运输条件良好，否则卖方一般不愿意接受这种条款。

（2）规定具体期限，如 2011 年 5 月装运（shipment during May 2011）。按这种情况，如合同无相反的规定，卖方一般有权在规定期限内的任何时间装运货物。这种规定方法有较大的灵活性，较适合卖方在订约时尚未生产或收购的情况，以及交货时间比较容易受到运输和其他客观条件影响的货物买卖合同。因此，它是国际货贸买卖合同中最常用的一种规定方法。

资料卡

《UCP 600》中对于装运时间的解释

(1) The expression "on or about" or similar will be interpreted as a stipulation that an event is to occur during a period of five calendar days before until five calendar days after the specified date, both start and end dates included.

"于或约于"或类似措辞将被理解为一项约定,按此约定,某项事件将在所述日期前后各五天内发生,起讫日均包括在内。

(2) The words "to", "until", "till", "from" and "between" when used to determine a period of shipment include the date or dates mentioned, and the words "before" and "after" exclude the date mentioned.

词语"×月×日止(to)"、"至×月×日(until)"、"直至×月×日(till)"、"从×月×日(from)"及"在×月×日至×月×日之间(between)"用于确定装运期限时,包括所述日期。词语"×月×日之前(before)"及"×月×日之后(after)"不包括所述日期。

(3) The words "from" and "after" when used to determine a maturity date exclude the date mentioned.

词语"从×月×日"(from)以及"×月×日之后"(after)用于确定到期日时,不包括所述日期。

(4) The terms "first half" and "second half" of a month shall be construed respectively as the 1st to the 15th and the 16th to the last day of the month, all dates inclusive.

术语"上半月"和"下半月"应分别理解为自每月"1日至15日"和"16日至月末最后一天",包括起讫日期。

(5) The terms "beginning", "middle" and "end" of a month shall be construed respectively as the 1st to the 10th, the 11th to the 20th and the 21st to the last day of the month, all dates inclusive.

术语"月初"、"月中"和"月末"应分别理解为每月1日至10日、11日至20日和21日至月末最后一天,包括起讫日期。

2. 规定在收到信用证、信汇、电汇或汇票后若干天内装运

除了明确规定具体装运时间和期限,还可规定在收到信用证、信汇、电汇或汇票后若干天内装运,如收到信用证后45天内装运(shipment within 45 days after receipt of L/C)。这种规定方法对卖方较有利,一般适用于一些对进口管制较严的国家或地区,某些信用较差的客户或专为买方定做的特定化商品。采用这种规定方法,还需在合同中规定买方开到信用证或汇出货款的时间,防止因买方拖延、拒绝开证(汇款)使卖方处于被动的境地。

3. 笼统规定近期装运

除了以上两种方法外，还可以笼统地规定近期装运，如尽快装船（shipment as soon as possible）、立即装运（immediate shipment）、即刻装运（prompt shipment）等。

二、装运港和目的港

装运港（port of shipment）是指货物起始装运的港口。装运港一般由卖方提出，经买方同意后确定。目的港（port of destination）是货物最后卸货的港口。目的港是由买方提出，经卖方同意后确定。

（一）装运港和目的港的规定方法

装运港和目的港的规定方法主要有以下三种。

（1）只规定一个装运港和一个目的港，如“装运港：上海；目的港：横滨”。

（2）规定两个或两个以上的装运港和目的港，如“装运港：上海/天津；目的港：鹿特丹/汉堡/阿姆斯特丹”。

（3）规定一个装运港、多个目的港或多个装运港、一个目的港。

按照各国的法律解释，凡在合同中规定了装运地点，该地点就成为了货物说明的一个组成部分，属于合同的主要条件。任何违反合同的做法，即使在指定装运地点的邻近地区装货，也会招致对方的拒收和索赔。因此，出口方和进口方在FOB、FCA合同中必须充分重视装运地点的选择和确定。但在CIF、CFR、CIP和CPT合同中，目的地的所在，直接关系到运费和保险费的高低，因此，正确选择和规定目的地也十分重要。

资料卡

国外港口重名的问题

为防止发生差错，应注意国外港口有无重名，凡重名的港口，应明确标明所在国家和方位。世界上重名的港口主要有维多利亚、的黎波里、波特兰、波士顿等。建议外贸从业者养成在港口后加上所在国家或地区名称的习惯。

（二）在规定装运港和目的港方面可能遇到的风险以及防范风险的对策

1. 在规定装运港和目的港方面可能遇到的风险

（1）在大宗货物进出口时，可能遇到由于装运港或目的港的封冻期、吃水深度浅、吞吐能力小、泊位少、装卸设备差、装卸费用高的风险。

（2）在CIF或CFR合同中规定了多个目的港，并由买方选择，但买方故意选择卖方所租的船只无法直接进入的港口作为目的港，导致要求改港、移泊困难，从而费用增加或损失增大。

（3）在CIF或CFR合同中规定了不允许转船，但规定的目的港或买方选择的目的港无直达船等。

2. 为防范风险应当采取的对策

(1) 在大宗货物进出口时,若以 FOB 贸易术语签约,双方当事人必须了解有关装卸的具体条件,如港口设施情况、泊位多少、吃水深度、吞吐能力、装卸设备、装卸速度、费用水平、港口惯例等。

(2) FOB 合同中的卖方不要轻易接受在专用的码头或泊位装货的条件,以免造成延迟装货甚至无法装货,被迫临时改港、费用上升和经济损失。

(3) 若外贸合同中规定了多港口装运时,应规定由卖方选择。

(4) 在 CIF、CFR、CIP 或 CPT 的合同中,应当尽力避免规定多个目的地,即使规定,也应由卖方选择。若因交易的特点决定必须由买方选择,则应在合同中加订"买方选定的目的地须经卖方确认"等条款。

三、分批装运和转船装运

1. 分批装运

分批装运 (partial shipment)是指一个合同项下的货物先后分若干期或若干次在不同航次、车次、班次装运。而凡同一船只、同一航次中多次装运货物,即使提单装船日期不同、装货港口不同,也不能按分批装运论处。在国际贸易中,凡数量较大,或受货源、运输条件、市场销售或资金的条件限制,有必要分期、分批装运者,均应在买卖合同中规定分批装运条款。如为减少提货手续,节省费用,在进口业务中要求国外出口人一次装运货物的,应在进口合同中规定不准分批装运(partial shipment not allowed)条款。根据《UCP 600》规定,除非信用证作相反规定,可准许分批装运。但是,如果信用证规定不准分批装运,卖方就无权分批装运。因此,为防止误解,如需要分批装运的出口交易,应在买卖合同中对允许分批装运(Partial shipment to be allowed)作出明确规定。

在买卖合同中规定分批装运的方法主要有三种。

(1) 只规定允许分批装运,但不作具体说明,这种做法对卖方比较有利,如"允许分批装运"。

(2) 规定时间和数量的分批。例如,规定 3~6 月分 4 批每月平均装运,共交货物 800 吨,则卖方必须严格履行约定,每月交货物 200 吨,只要其中任何一批没有按时、按量装运,就可作违反合同论处。按《UCP 600》规定,如果其中任何一批未按规定装运,则本批及以后各批均告失效。

(3) 规定不许分批装运。当合同中规定不准分批装运时,要求卖方一次性将货物发运。

【小思考】

大连某公司向新加坡出口一批水果,共 6 000 千克。国外开来信用证规定:不许分批装运,在 9 月 30 日以前装船。我方于 9 月 8 日和 9 月 10 日分别在大连和烟台各装 3 000 千克于"东方"号货轮运往新加坡,提单上也注明了不同的装运港和装船日期。问我方的行为是否构成违约?银行能否拒付?

2. 转船装运

转船(transshipment)是指在远洋运输中,货物装船后允许在中途港转装其他船舶转运至目的港。一般来说，货物中途转船可能导致费用增加和发生货物损失，买方往往不肯接受货物转船的条款。但当进出口货物运往没有直达船的港口或一时无合适的船舶运输货物，或目的地港口条件太差，必须通过转船运输时，买卖双方在权衡利弊的基础上，可规定“允许转船”(transshipment to be allowed)的条款，以促成交易。按照《UCP 600》的规定，如果信用证未明确规定禁止转船，则视为可以转船。

四、装运通知

装运通知(shipping advice)是买卖合同中必不可少的一项条款。规定这项条款的目的在于，明确买卖双方的责任，促使买卖双方互相配合，共同做好船货衔接工作。

按照国际贸易的一般做法，在按 FOB 条件成交时，卖方应在约定的装运期开始以前(一般为 30 天)，向买方发出货物备妥准备装船的通知，以便买方及时派船接货。买方接到卖方发出的通知后，应按约定时间，将船舶到港受载日期通知卖方，以便卖方及时安排货物出运和准备装船。

在按 CIF、CFR 或 FOB 条件成交时，卖方应于货物装船后，立即将合同号、货物的品名、件数、重量、发票金额、船名及装船日期等项内容，电告买方，以便买方在目的港做好接卸货物的准备，及时办理进口报关等手续。如系 CFR 条件成交，买方接到此项装船通知后，还需办理货物保险手续。按照国际贸易惯例，如因卖方漏发或未及时发出此项装船通知，致使买方漏保或未及时保险时，则卖方应负担买方因此而遭受的有关损失。

五、滞期、速遣条款

在国际贸易中，大宗货物多采用定程租船运输，船方为了加速船舶的周转，促使对方尽快装卸，一般都在租船合同中制订奖励和罚款条款。这一条款同装卸时间和装卸率是密切相连的。

1. 装卸时间

装卸时间(lay time)是指允许完成装卸任务所约定的时间。其具体有以下几种规定。

(1) 按连续日(running days)计算。采用这种方法计算时，从装卸日开始后，即使中间遇到实际不进行装卸的周末、假日或因天气影响而不能进行装卸的时间，也不扣除，一律作为装卸日计算。这种计算方法对租船人十分不利，因而一般很少使用。

(2) 按连续 24 小时工作日(weather working days of 24 consecutive hours)计算。这一术语表示在好天气情况下，以实际的昼夜连续 24 小时为一个工作日。中间因天气影响而不能作业的时间应该扣除。我国进出口合同中，一般都采用这种术语来计算装卸时间。

(3) 按港口习惯快速装卸。这一术语表明，不具体规定可用于装卸的天数或装卸率，而是指在晴天工作日内，按港口正常装卸速度进行装卸，但周末、假日及因天气影响而不能进行装卸的时间，都不按装卸日计。这项规定，除港口装卸条件好、装卸效率高时采用外，一般不宜使用。

2. 装卸率

装卸率(load/discharge rate)是指每日装卸货物的数量。一般应按照港口习惯的正常装卸速度，实事求是的规定，不能过高也不能过低。

3. 滞期费和速遣费

正因为装卸时间的长短和滞期费用或速遣费用有密切关系，所以在租船运输时，负责租船的买方或卖方，为了约束对方，使其按时完成装卸任务，不仅必须在买卖合同中规定装卸时间和装卸率，而且还必须规定滞期速遣条款。应当特别指出的是，有些国家的港口不是根据船舶到达先后顺序来安排装卸，而是根据滞期费和速遣费金额的规定对其是否有利来决定。因此，在签订预定在这些港口装卸货物的买卖合同时，一定要在合同中规定滞期速遣条款，以免遭受船舶滞期的损失。

在规定买卖合同的滞期速遣条款时，应注意使其内容与租船合同的相应条款一致，以免造成不应有的损失。

资料卡

装运条款实例

下面是两个装运条款的实例。

2011 年 4/5 月份分两批平均装运，允许转船。

Shipment during Apr. /May 2011 in two about equal lots，transshipment allowed.

8 月份装运，允许分批和转船。

Shipment during August with partial shipments and transshipment allowed.

任务实施

为了完成合同中装运条款的拟定，小杨要完成以下工作。

（1）确定装运时间和装运港口等。小杨在物流网上查询得知，没有从天津直达伦敦的船只，所以中途极有可能发生中转，因此，在订立运输条款时，应争取把装运港订为中国港口，同时要求允许转运。于是将装运时间定为 12 月下旬。

（2）拟定合同中的装运条款。

Shipment：from Tianjin China to London by sea between Dec. 20，2011 and Dec. 31，2011；otherwise to transport from Tianjin China to London between Jan. 1，2012 and Jan. 10，2012 on seller's account by air. Transshipment allowed. Partial shipment not allowed.

知识巩固

1. 在国际业务中，应如何选择运输方式？
2. 班轮运输有哪些特点？
3. 为什么在程租船的方式下要规定滞期、速遣条款？
4. 简述海运提单的性质和作用。
5. 简述定程租船和定期租船的主要区别。

案例讨论

案例一

我国某公司对南非出口一批化工产品 2 000 公吨，采用信用证支付方式。国外来证规定："禁止分批装运，允许转运。"该证同时注明：按《UCP 600》办理。随着装运期临近，我方公司已订妥一艘驶往南非的"黄石"号货轮，该船先停靠新港，后停靠青岛。但此时，该批化工产品在新港和青岛各有 1 000 公吨尚未集中在一起。若你是这笔业务的经办人，最好选择哪种处理方法？为什么？

案例二

我国某出口公司按 CFR 条件向日本出口红豆 250 吨，合同规定卸货港为日本口岸。发货物时，正好有一船驶往大阪，我公司打算租用该船，但在装运前，我方主动去电询问哪个口岸卸货时值货价下跌，日方故意让我方在日本东北部的一个小港卸货，我方坚持要在神户、大阪。双方争执不下，日方就此撤销合同。试问我方做法是否合适？日本商人是否违约？

技能训练

1. 浙江五金进出口公司拟向中东地区出口一批工具，共 100 箱，每箱体积为 0.45 立方米，重量为 580 千克。经租船订舱，与天津某外运公司达成协议，拟搭载该公司去往中东主要港口的班轮进行货物运输。由于近期国际燃油价格上涨，外运公司对开往中东地区的班轮加收 30%的燃油附加费，试计算该批货物运到中东地区主要港口的运费。（注：请从表 7-8 和表 7-9 中选取计算时需要的已知条件）

表 7-8 天津某外运公司货物分级表

货物名称	计算标准	等　级
农用机械	W/M	9
杂　粮	W	3
五金工具	W/M	10
玩　具	M	11
…	…	…

表 7-9 天津某外运公司的天津—中东主要港口运费率　　单位：元

等　级	运　费	等　级	运　费
1	240	9	390
2	245	10	410
3	250	11	440
…	…	…	…

2. 广东神力木业有限公司与韩国大宇公司商定成交 Y 789、R 980 这两个型号的地板，决定货物从广州运到韩国釜山，允许分批装运，不允许转运，最迟装运期为 2011 年 10 月 31 日，请你订立具体的运输条款。

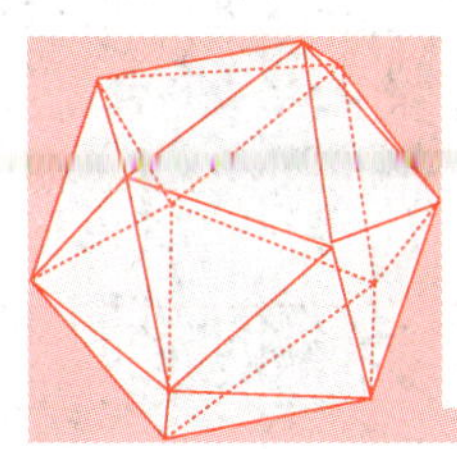

学习情境八 规避运输风险——向保险公司投保货物运输保险

知识目标

- 掌握货物运输保险的内容；
- 掌握我国海运货物保险险别、承保范围；
- 理解并熟悉伦敦保险协会制定的海运货物保险条款；
- 了解投保程序；
- 掌握保险单据的种类和用途。

能力目标

- 能根据具体情况，正确选择适当的海运货物保险险别；
- 能订立合同的保险条款。

在国际贸易中，每笔成交的货物一般都要经过长途运输方可从卖方交至买方手中。在此过程中，货物可能遇到自然灾害或意外事故，从而使货物遭受损失。货主为了转嫁货物在运输途中的风险，通常都要投保货物运输险。即一旦货物发生承保范围内的风险损失，可从保险公司取得经济上的补偿。

任务一 初识国际货物运输保险

任务情境

天津昌盛贸易有限公司多数情况下出口采用 CIF 术语，进口采用 FOB 术语。现在业务员小杨已经和英国 Golden Elephant Trading Co. ,Ltd. 就运输条款达成一致，为了确定货物的运输保险事宜，小杨开始学习国际货物运输保险知识。

任务分析

在国际货物买卖合同中，保险条款是一项重要的组成部分，关系到买卖双方的经济利益。合同中的保险条款主要是约定投保的险别，确定保险金额等。对此，买卖双方必须作出明确、具体、合理的规定。

知识精讲

一、货物运输保险的适用原则

1. 可保利益原则

可保利益原则通俗地讲就是可以保险的利益，也称保险利益，是指投保人或被保险人对保险标的所具有的合法经济利益。它体现了投保人或被保险人同保险标的之间存在着的合法的经济上的利益关系。

在国际货物运输保险中，投保人或被保险人所具有的保险利益问题具有很大的灵活性。海上货物运输保险的保险利益原则要求：在投保时可不存在保险利益，但是在发生保险事故时一定要存在保险利益。

2. 最大诚信原则

最大诚信原则是指保险合同当事人订立合同及在合同有效期内，自愿地向对方充分而准确地告知有关保险的所有重要事实，同时绝对信守合同订立的约定与承诺，不允许存在任何虚假、欺骗和隐瞒行为。否则，受到伤害的一方，可以据此为由宣布合同无效或不履行合同的约定义务或责任，甚至还可要求对方对己方受到的损害予以赔偿。

3. 近因原则

保险关系上的近因并非是指在时间上或空间上与损失最接近的原因，而是指造成损失的最直接、最有效的起主导作用或支配性作用的原因。近因原则则是指危险事故的发生与损失结果的形成，需有直接的后果关系，保险人才对发生的损失补偿责任。如载货船舶在运输途中遭受暴雨浸泡使发动机进水，强行启动发动机导致发动机受损。在这种情况下，近因是强行启动发动机，暴雨并不必然导致发动机受损。

4. 补偿原则

补偿原则是指当被保险人发生损失时，通过保险人的补偿使被保险人的经济利益恢复到原来水平的原则。在补偿原则中，被保险人不能因损失而得到额外收益，即赔偿金额不能超过投保人对保险标的所具有的可保利益。保险补偿原则可通过现金赔付、修理、更换或重置的方式实施。

5. 代位追偿原则

代位追偿原则是指当保险标的发生保险责任范围内的由第三者责任造成的损失时，保险人向被保险人履行损失赔偿责任后，有权在其已经赔付金额的限度内取得被保险人在该项损失中向第三人责任方要求赔偿的权利。保险人取得该项权利后，即可取代被保险人的地位向第三人责任方索赔。

简言之，代位追偿就是保险人取代被保险人向责任方追偿，是一种权利代位，即追偿权的代位。

二、我国海运货物保险承保范围

海上货物运输保险承保的范围包括风险、损失与费用，具体如图 8-1 所示。

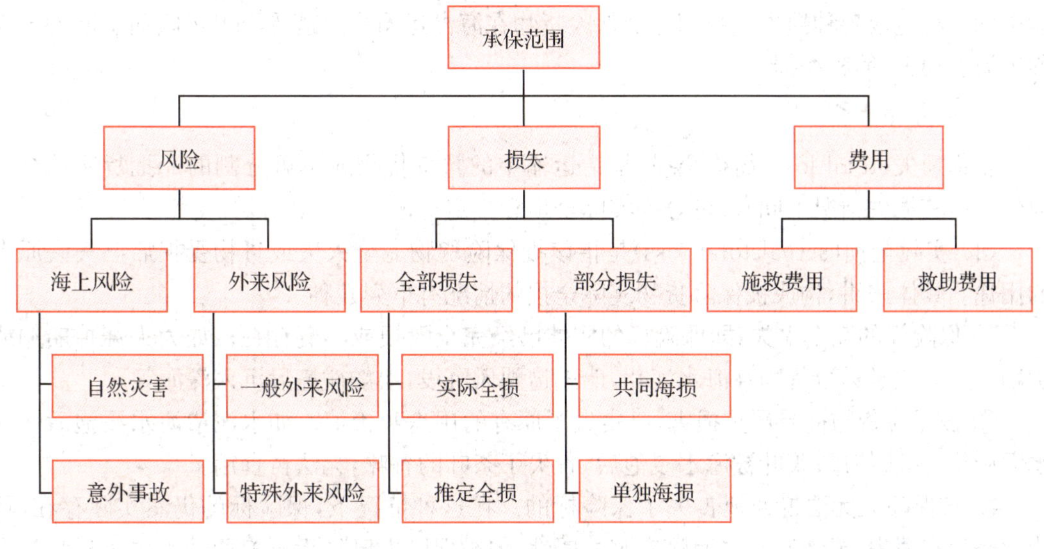

图 8-1　我国海运货物保险承保范围

（一）风险

1. 海上风险

海上风险（perils of sea）又叫海难，一般是指海上航行途中发生的或随附海上运输所发生的风险。它包括海上发生的自然灾害和意外事故，但并不包括海上的一切风险，如海运途中因战争引起的损失不含在内。另外，海上风险又不仅仅局限于海上航运过程中发生的风险，它还包括与海运相连接的内陆、内河、内湖运输过程中的一些自然灾害和意外事故。

（1）自然灾害（natural calamities）。自然灾害是指不以人们意志为转移的自然界力量所引起的灾害。它是客观存在的，但在海运保险业中它并不是泛指一切由于自然力量造成的灾害，而是仅指一些人力不可抗拒的自然力量造成的灾害，如恶劣气候、雷电、海啸、洪水、火山爆发、浪击落海、地震等。

（2）意外事故（fortuitous accident）。意外事故是指由于偶然的、难以预料的原因所造成的事故，如运输工具搁浅、触礁、沉没、与流冰或其他物体碰撞、互撞、失火、爆炸等造成的货物损失。

2. 外来风险

外来风险（extraneous risks）是指海上风险以外由于其他各种外来的原因所造成的风险，外来风险包括以下两种类型。

（1）一般外来风险。一般外来风险是指被保险货物在运输途中，由于一般外来原因所造成的偷窃、短量、破碎、雨淋、受潮、受热、发霉、串味、沾污、渗漏、钩损和锈损等风险损失。

（2）特殊外来风险。特殊外来风险是指由于军事、政治、国家政策法令以及行政措施等特殊外来原因所造成的风险与损失。例如，战争、罢工、因船舶中途被扣而导致交货不到，货物被有关当局拒绝进口或没收而导致的损失等。

（二）损失

货物在海上运输过程中，面临各种海上风险及外来风险，一旦风险发生，必然会给运输途中的货物造成各种损失。我们把被保险货物在海洋运输中因遭受海上风险而引起的损失称为海上损失，简称海损。

1. 全部损失

全部损失（total loss）简称全损，是指运输中的整批货物或不可分割的一批货物的全部损失。就其损失情况不同，又可分为实际全损和推定全损。

（1）实际全损（actual total loss）是指该批保险货物完全灭失或货物受损后已失去原有的用途。具体来讲，构成被保险货物实际全损的情况有下列几种。

① 保险标的完全灭失，即保险标的实体已经完全毁损或不复存在。如大火烧掉船舶或货物，糖、盐这类易溶货物被海水溶化，船舶遭飓风沉没，船舶碰撞后沉入深海等。

② 被保险货物遭受严重损害，已丧失了原有的用途和价值。如水泥遭海水浸泡后变成水泥硬块，无法使用；茶叶被海水浸泡后，丧失了茶叶的香味，无法再食用。

③ 被保险人无法挽回地丧失了保险标的。在这种情况下，保险标的仍然实际存在，可能丝毫没有损失，或者有损失而没有丧失属性，但被保险人已经无可挽回地丧失了对它的有效占有。如船货被海盗劫去或被敌对国扣押。

④ 载货船舶失踪达到一定时期仍无音讯。

（2）推定全损（constructive total loss）。推定全损是指货物发生事故后，被保险货物的实际损失已不可避免，或为避免实际全损所需的费用与继续运送货物到目的地的费用总和超过保险价值。

【小思考】

请判断下列损失属于实际全损还是推定全损。

（1）某公司出口稻谷一批，因保险事故被海水浸泡多时而丧失其原有价值，货到目的港后只能低价出售。

（2）有一批出口服装，在海上运输途中，因船体触礁导致服装严重受浸，若将这批服装漂洗后运至原定目的港所花费的费用已超过服装的保险价值。

（3）某外贸公司出口素色丝绸 100 匹，在海运途中遭受暴风雨，海水涌入舱内，丝绸受水浸泡而变色。

（4）有一台精密仪器价值 15 000 美元。货轮在航行途中触礁，船身剧烈震动而使该仪器受损。事后经专家检验，其修复费用为 16 000 美元，若拆为零件销售，可卖 2 000 美元。

2. 部分损失

部分损失（partial loss）是指被保险货物的损失没有达到全部损失的程度。部分损失又可分为共同海损和单独海损两种。

（1）共同海损（general average，GA）。共同海损是指载货运输的船舶在运输途中遭遇自然灾害、意外事故等，使船舶、货物或其他财产的共同安全受到威胁，为了解除共同危险，由船方有意识地、合理地采取救难措施，所直接造成的特殊牺牲和支付的特殊费用。例如，暴风雨把部分货物卷入海中，使船身发生严重倾斜，如果不及时采取措施，船货会全部沉入大海，这时船长下令扔掉部分货物以维持船身平衡，这部分牺牲就属于共同海损。

构成共同海损，应具备以下条件。

① 必须确实遭遇危难，即共同海损的危险必须是实际存在的，或者是不可避免的，而不是主观臆测的。

② 必须是自动地、有意识地采取的合理措施，其费用必须是额外的。

③ 必须是为船、货共同安全而采取的措施。如果只是为了船舶或货物单方面的利益而造成的损失，则不能作为共同海损。

④ 必须是属于非常性质的损失。

小案例

共同海损的界定

某货轮在航行途中A舱失火，船长误以为B舱也同时失火，命令对两个船舱同时施救。A舱共有两批货物，甲批货物全部焚毁，乙批货物全部被水浸泡，B舱货物也全部被水浸泡。最后判定，A舱乙批货物属于共同海损，B舱货物属于单独海损，理由在于B舱没有失火，是船长主观臆测出来的，不符合构成共同海损的条件。

由于共同海损范围内的牺牲和费用是为了使船舶、货物或其他财产免于遭受整体损失而支出的，因而应该由船方、货方和运费收入方根据最后获救价值按比例分摊，这就叫共同海损的分摊。

(2) 单独海损(particular average，PA)。单独海损是指除共同海损以外的意外损失，即由于承保范围内的风险所直接导致的船舶或货物的部分损失。该损失仅由各受损方单独负担。如运送面粉、机器设备、钢材三种货物的途中遇到了暴风雨，部分海水进入船舱，海水浸泡了部分面粉，使其变质。面粉的损失只是使面粉一家货主的利益受到影响，和同船所装的其他货物的货主和船东利益无关，因而属于单独海损。

共同海损与单独海损的区别主要在于以下两点。

① 造成海损的原因不同。单独海损是承保风险所直接导致的船货损失；共同海损不是承保风险所直接导致的损失，而是为了解除船货共同危险而有意采取的合理措施所造成的损失。

② 损失的承担责任不同。单独海损由受损方自行承担，而共同海损则应由各受益方按照受益大小的比例共同分摊。

【小思考】

试分析以下损失分别属于什么性质的损失。

(1) 某货轮从天津新港驶往新加坡，航行途中船舶货舱起火，大火蔓延到机舱，船长为了船货的共同安全，决定采取紧急措施，往舱中灌水灭火。火虽被扑灭，但由于主机受损无法继续航行，于是船长决定雇用拖轮拖回新港修理，检修后重新驶往新加坡。事后调查，这次事故造成的损失如下。

① 1 000 箱货物被火烧毁。

② 600 箱货物由于灌水灭火而受损。

③ 主机和部分甲板被烧坏。

④ 拖轮费用和额外增加的燃料及船长、船员工资。

(2) 某远洋运输公司的“东风轮”在 6 月 28 日满载货物起航,出公海后由于风浪过大偏离航线而触礁,船底划破长 2 米的裂缝,海水不断渗入。为了船货的共同安全,船长下令抛掉 A 舱的所有钢材并及时组织人员堵塞裂缝,但无效果。为使船舶能继续航行,船长请来拯救队施救,共支出 5 万美元施救费。船修好后继续航行,不久又遇恶劣气候,侵入的海水使 B 舱底层货物严重受损,甲板上的 2 000 箱货物也被风浪卷入海里。

(三) 费用

海上货物保险的费用是指为了营救被保险货物所支出的费用,包括施救费用和救助费用两种。

1. 施救费用

施救费用(sue and labour charges)是指保险标的遭受保险责任范围内的灾害事故时,由被保险人或他的代理人、雇佣人和受让人等,为了防止损失的扩大,采取各种措施抢救保险标的所支付的合理费用。保险人负责对这种施救费用进行赔偿。

2. 救助费用

救助费用(salvage charges)是指被保险标的遭受了保险责任范围内的灾害事故时,由保险人和被保险人以外的第三者采取救助行动并获成功,而向他支付的劳务报酬。

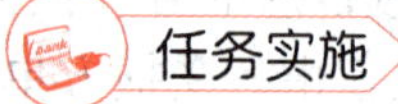
任务实施

小杨通过查找相关书籍并与同行的沟通交流发现,货物运输保险对于国际贸易而言非常重要。小杨了解到,目前,我国通常采用中国人民保险集团股份有限公司(以下简称中国人民保险公司)颁布并于 1981 年 1 月 1 日生效的《海洋运输货物保险条款》,买卖双方约定的保险险别通常为平安险、水渍险、一切险三种基本险中的一种。但有时也可根据货物特性和实际情况加保一种或若干种附加险。

任务二 筛选海上货物运输保险险别

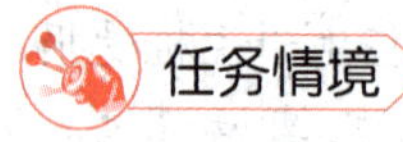
任务情境

因为该笔贸易采用 CIF 贸易术语成交,按规定应由卖方即我方办理保险手续并支付保险费。此时小杨结合本公司情况、运输路线和货物特点,开始斟酌保险险别问题。

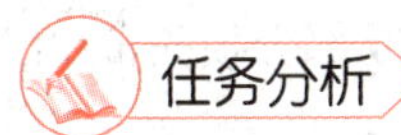

任务分析

保险险别是指保险人对风险和损失的承保责任范围，它是保险人与被保险人履行权利与义务的基础，也是保险人承保责任大小和被保险人缴付保险费多少的依据。

知识精讲

为了适应对外贸易的发展，各国都设有国际货物运输保险机构，并制定了相应的保险条款。目前，在国际货物运输保险业务中，主要有中国人民保险公司和伦敦保险协会提供的各种险别供投保人选择。

一、我国海洋货物运输保险的险别

我国货物运输保险险别按照能否单独投保，可分为基本险和附加险两类。基本险可以单独投保，而附加险不能单独投保，只有在投保基本险的基础上才能加保附加险。

(一) 基本险

中国人民保险公司所规定的基本险别包括平安险、水渍险和一切险。

1. 平安险

平安险(free from particular average，FPA)这一名称在我国保险行业中沿用甚久，其英文原意是指单独海损不负责赔偿。由于国际保险界将单独海损定位为部分损失，因此平安险原来的保障范围只是全部损失。但人们在长期实践的过程中将平安险的责任范围进行了补充和修订，当前平安险的责任范围已经超出只赔全损的限制。

平安险的责任范围主要包括以下几点。

(1) 被保险货物在运输途中由于恶劣气候、雷电、海啸、地震、洪水等自然灾害造成的整批货物的全部损失或推定全损。

【小思考】

某公司出口衬衣 3 000 件，运输途中由于海啸海水倒灌入船，把 1 000 件衬衣浸泡、污染无法销售，若货主投保了平安险，保险公司应如何赔偿?

(2) 由于运输工具遭到搁浅、触礁、沉没、互撞与流冰或其他物体碰撞以及失火、爆炸等意外事故所造成的货物全部或部分损失。

(3) 在运输工具已经发生搁浅、触礁、沉没、焚毁等意外事故的情况下，货物在此前后又在海上遭受恶劣气候、雷电、海啸等自然灾害的造成的部分损失。

【小思考】

有一批货物已投保了平安险，载运该批货物的海轮于 5 月 3 日在海面遇到暴风雨的袭击，使该批货物受到部分水渍，损失货值 1 000 元。该货轮在继续航行中，又于 5 月 8 日发生触礁事故，又使该批货物损失 1 000 元。问:保险公司如何赔偿?

(4) 被保险人对遭受承保责任的危险货物采取抢救，防止或减少货损的措施所支付的合理费用，但以不超过该批被毁货物的保险金额为限。

(5) 在装卸或转船时由于一件或数件甚至整批货物落海所造成的全部或部分损失。

【小思考】

某公司出口500箱货物，投保了平安险，在装船时出现了两次脱钩，第一次脱钩使20箱货物落于码头而全部损失，第二次脱钩又使17箱货物掉入海中而丧失使用价值，针对上述损失，保险公司应如何赔偿？

(6) 运输工具遭遇海难后，在避难港由于货物装卸引起的损失以及在中途港或避难港由于卸货、存仓和运送货物所产生的特殊费用。

这一项责任是指保险人在平安险下承担货物在避难港卸货引起的直接损失。如由于卸货引起的吊索损害，由于卸货引起的一系列损失及特殊费用损失。在这一项责任下，保险人承担的责任很大，但它的前提是载货船舶遇难了。

(7) 共同海损的牺牲、分摊和救助费用。这一项责任是指保险人在平安险下，不但承担遭受共同海损牺牲的货物损失的赔偿责任，还承担货主分担共同海损分摊以及救助费用损失。

(8) 若运输协议订有"船舶互撞责任"条款，则根据该条款规定应由货方偿还船方的损失。

上述责任范围表明，在投保平安险的情况下，保险公司对由自然灾害所造成的部分损失不负责赔偿，但对于因意外事故所造成的部分损失则要负赔偿责任。

2. 水渍险

投保水渍险(with particular average，WPA)后，保险公司除担负上述平安险的各项责任外，还对被保险货物如由于恶劣气候、雷电、海啸、地震、洪水等自然灾害所造成的部分损失负赔偿责任。

【小思考】

我国向欧洲出口棉布一批，投保了水渍险，海运途中因舱内食用水管漏水而使其中30包遭受水渍。问保险公司负责赔偿吗？

3. 一切险

一切险(all risks)的责任范围除包括上面的平安险、水渍险外，还包括货物在运输过程中，因一般外来原因所造成的保险货物的全损或部分损失，但不包括由于运输延迟、货物本身特性所造成的损失、物价下跌以及战争和罢工所造成的损失等。

从三种基本险的责任范围来看，平安险的范围最小，水渍险的范围责任比平安险大，一切险则是三种基本险中责任范围最大的一个。

小案例

水渍险承保范围

我国某外贸企业出口一批坯布1 000包，采用CIF术语成交，根据中国人民保险公司《海洋货物保险条款》投保了水渍险。货物到达目的港后，进口商发现500包坯布有水渍，经实验室化验确定水渍为海水，于是向保险公司提出索赔。可保险公司拒绝赔偿，理由是坯布是船舱内的淡水管破裂造成的货物受损，属于一般外来风险，不属于水渍险的责任范围，因此不予赔偿。

（二）附加险

附加险是对基本险的补充和扩大。在海运保险业中，投保人除了投保货物的上述基本险别外，还可根据货物的特点和实际需要，酌情再选择若干附加险别。目前，中国人民保险公司《海洋运输货物保险条款》中的附加险有一般附加险和特殊附加险。

1. 一般附加险

一般附加险所承保的是由一般外来风险所造成的全部或部分损失。一般附加险不能作为一个单独的项目投保，而只能在投保平安险或水渍险的基础上，根据货物的特性和需要加保一种或若干种一般附加险。但需要注意的是，一切险的承保范围中已经包含了11种一般附加险，所以投保了一切险就不需要再加保一般附加险了。

一般附加险的种类主要包括以下几种。

(1) 偷窃提货不着险。保险有效期内，保险货物被偷走或窃走，以及货物运抵目的地以后整件未交的损失，由保险公司负责赔偿。

(2) 淡水雨淋险。货物在运输中，由于淡水、雨水以及雪融所造成的损失，保险公司都应负责赔偿。淡水包括船上淡水舱渗水、水管漏水以及汗等。

(3) 短量险。负责保险货物数量短少和重量损失。对此，保险公司必须要查清外包装是否发现异常现象，如破口、破袋、裂缝等。若属散装货物，往往将装船和卸船重量之间的差额作为计算短量的依据。

(4) 混杂、玷污险。保险货物在运输过程中，混进了杂质所造成的损失，以及保险货物因为和其他物质接触而被玷污所造成的损失。

(5) 渗漏险。流质、半流质的液体物质和油类物质，在运输过程中因为容器损坏而引起的渗漏损失。

(6) 碰损、破碎险。保险货物在运输过程中碰损、破碎所造成的损失。其中，碰损主要是对金属、木质等货物而言，破碎则主要是对易碎性物质而言。

(7) 串味险。

(8) 受热、受潮险。

(9) 钩损险。保险货物在装卸过程中因为使用手钩、吊钩等工具所造成的损失。

(10) 包装破裂险。因为包装破裂造成货物的短少、玷污等损失。

(11) 锈损险。保险货物在运输过程中因为生锈而造成的损失。

【小思考】

我国向欧洲出口茶叶一批，在办理保险业务时，业务员投保了水渍险加串味险。请问，业务员可否投保一切险加串味险？为什么？

2. 特殊附加险

特殊附加险不属于一切险的范围之内，承保的是由于军事、政治、国家政策法令以及行政措施等特殊外来原因引起的风险与损失。

特殊附加险主要有以下几种。

(1) 战争险。战争险负责赔偿直接由于战争、类似战争行为和敌对行为、武装行为或海盗行为所致的损失；以及由此所引起的捕获拘留、扣留、禁止、扣押所造成的损失；各种常规武器(包括水雷、鱼雷、炸弹)所致的损失,以及由上述责任范围而引起的共同海损的牺牲、分摊和救助费用。不负责赔偿使用原子或热核武器造成的损失。

(2) 罢工险。罢工险赔偿的范围:被保险货物由于罢工工人被迫停工或参加工潮暴动等因人员的行动或任何人的恶意行为所造成的直接损失和上述行动或行为所引起的共同海损的牺牲、分摊和救助费用负责。不赔偿的范围:罢工期间由于劳动力短缺或不能使用劳动力所造成的被保险货物的损失;因罢工引起的动力或燃料缺乏使冷藏机停止工作所致的冷藏货物的损失;无劳动力搬运货物,使货物堆积在码头淋湿受损。

(3) 黄曲霉素险。对被保险货物因所含黄曲霉素超过进口国的限制标准被拒绝进口、没收或强制改变用途而遭受的损失负责赔偿。

(4) 交货不到险。对不论由于任何原因,从被保险货物装上船舶时开始,不能在预定时间抵达目的地的日期起 6 个月内交货的,负责按全损赔偿。

(5) 舱面险。对被保险货物存放舱面时,除按保险单所载条款外,还包括被抛弃或被风浪冲击落水在内的损失。

(6) 进口关税险。当被保险货物遭受保险责任范围以内的损失,而被保险人仍须以完好货物价值通关时,保险公司对损失部分货物的进口关税负责赔偿。

(7) 拒收险。对被保险货物在进口港被进口国的政府或有关当局拒绝进口或没收,按货物的保险价值负责赔偿。

(8) 货物出口到香港(包括九龙)或澳门特别行政区存仓火险责任扩展条款。这是一种扩展存仓火险责任的特殊附加险,它对于被保险货物自内地出口运抵香港(包括九龙)或澳门地区,卸离运输工具,直接存放于保险单载明的过户银行所指定的仓库期间发生火灾所受的损失,承担赔偿责任。

【小思考】

1. 下列投保险别作为保险条款是否妥当?如有不妥,试予以更正并说明理由。

(1) 一切险、偷窃提货不着险、串味险、交货不到险。

(2) 平安险、一切险、受潮受热险、战争险、罢工险。

(3) 水渍险、碰损破碎险。

(4) 偷窃提货不着险、钩损险、战争险、罢工险。

2. 某公司自 A 港装冷冻鱼货 50 吨(散装),并经公证处公证,船运到 B 港卸货 48 吨,已经过公证。问:缺少的 2 吨货物应投保什么险才能获得保险公司赔偿?

二、伦敦保险协会提供的海洋运输货物保险险别

英国伦敦保险协会制定的《协会货物保险条款》(Institute Cargo Clause,ICC)在国际保险市场上有着重要的影响,该条款共有六种保险险别。

(1) 协会货物(A)险条款,即 Institute Cargo Clause(A),简称 ICC(A)。

(2) 协会货物(B)险条款,即 Institute Cargo Clause(B),简称 ICC(B)。

(3) 协会货物(C)险条款,即 Institute Cargo Clause(C),简称 ICC(C)。

(4) 协会战争险条款(货物),即 Institute War Clauses——cargo。

(5) 协会罢工险条款(货物),即 Institute Strikes Clauses——cargo。

(6) 恶意损害险条款，即 Malicious Damage Clauses。

其中，只有恶意损害险不能单独投保，其他五种险别都可以单独投保。

对于承保范围，ICC(A)相当于我国海运货物保险的一切险；ICC(B)相当于我国海运货物保险的水渍险；ICC(C)相当于我国海运货物保险的平安险。以上 3 种险别的保险公司承保责任起讫适用于“仓至仓”条款。

ICC(A)、ICC(B)、ICC(C)的承保范围如表 8-1 所示。其中打“√”表示属于承保范围，打“×”表示不属于承保范围。

表 8-1　ICC(A)、ICC(B)、ICC(C)承保责任对照表

责任范围	A	B	C
1. 火灾、爆炸	√	√	√
2. 船舶、驳船的触礁、搁浅、沉没、倾覆	√	√	√
3. 陆上运输工具的倾覆或出轨	√	√	√
4. 船舶、驳船或运输工具同除水以外的任何外界物体碰撞	√	√	√
5. 在避难港卸货	√	√	√
6. 共同海损牺牲	√	√	√
7. 抛货	√	√	√
8. 地震、火山爆发或雷电	√	√	×
9. 浪击落海	√	√	×
10. 海水、潮水或河水进入船舱、驳船、运输工具、集装箱、大型海运箱或贮存所	√	√	×
11. 货物在船舶或驳船装卸时落海或跌落，造成任何整件的全损	√	√	×
12. 由于被保险人以外的其他人(如船长、船员等)的故意违法行为所造成的损失和费用	√	×	×
13. 海盗行为	√	×	×
除外责任	A	B	C
1. 被保险人的故意违约(法)行为所造成的损失和费用	×	×	×
2. 自然渗漏、重量或容量的自然损耗或自然磨损	×	×	×
3. 包装或准备不足或不当造成的损失或费用	×	×	×
4. 保险标的的内在缺陷或特性造成的损失和费用	×	×	×
5. 直接由于延迟引起的损失和费用	×	×	×
6. 由于船舶所有人、经纪人、租船人或经营人破产或不履行债务造成损失费用	×	×	×
7. 由于使用任何原子武器或核裂变等造成的损失和费用	×	×	×
8. 船舶不适航，船舶、装运工具、集装箱等不适宜	×	×	×
9. 战争险	×	×	×
10. 罢工险	×	×	×

三、我国海洋运输货物保险的责任起讫

(一) 基本险的责任起讫

根据我国《海洋运输货物保险条款》规定，基本险承保责任的起讫均采用国际保险业中惯用的“仓至仓”条款(warehouse to warehouse clause)。

1. “仓至仓”条款的含义

“仓至仓”条款是指从被保险货物运离保险单所载明的起运港(地)发货人仓库开始,一直到货物到达保险单所载明的目的港(地)收货人的仓库时为止。当货物一进入收货人仓库,保险责任即行终止。但是,当货物从目的港卸离海轮时起满 60 天,不论保险货物有没有进入收货人的仓库,保险责任均告终止。

2. 不同贸易术语条件下的“仓至仓”条款

在国际贸易的实际业务中,选择不同的贸易术语,保险公司承保的责任起讫是不相同的。例如,以 CIF 术语成交,由卖方办理投保,其保险责任适用于“仓至仓”条款,即从出口方仓库至进口方的仓库;但是如果采用 FOB、CFR 术语成交,则由买方办理投保,保险公司只负责货物在装上海轮后至货物运抵目的港收货人的仓库为止此期间的保险。

【小思考】

有一份 CIF 合同出售大米 50 吨,卖方在装船前投保了一切险加战争险,自南美内陆仓库起,直至英国伦敦买方仓库为止。货物从卖方仓库运往码头途中,货车翻车,使货物受损。问:当卖方凭保险单向保险公司提出索赔时,能否得到赔偿?

(二)战争险的责任起讫

战争险的责任起讫与基本险的责任起讫不同,它不采用“仓至仓”条款。战争险的承保期限仅限于水上危险或运输工具上的危险。如果货物不卸离海轮或驳船,则保险责任最长延至货物到目的港之当日午夜起算 15 天为止。如在中途港转船,则不论货物在当地卸载与否,保险责任以海轮到达该港或卸货地点的当日午夜起算满 15 天为止,待再装上续运的海轮时,保险人仍继续负责。

小案例

保险公司拒赔货物受损案

我国某进出口公司以 CIF 术语向非洲某国出口小麦一批。由于当地存在部落种族冲突等不安定因素,所以进口商要求卖方投保一切险加保战争险。该批货物顺利运抵对方港口,卸船后暂时存储在码头上,拟于第二天转运至买方仓库。卸货当晚,发生当地两部落种族之间的武装冲突,致使该批货物部分被毁。买方向保险公司提出索赔,但保险公司拒绝赔偿,理由为海洋货物运输战争险属于特殊附加险,其责任范围包括直接由于战争行为和敌对行为、武装冲突或海盗劫持等所造成运输货物的各项损失。其保险责任起讫不是“仓至仓”条款,而是水上危险,即以货物装上保险单所载明的起运港海轮或驳船开始,直到目的港卸离海轮或驳船时为止,在该案例中,被保险货物已经在目的港由海轮卸至码头,海运货物战争险的保险责任已经终止。在此之后发生的由于敌对行为而造成的货损,保险公司不负责赔偿。

任务实施

业务员小杨经过与Tom的商讨，根据货物的情况和特性，分析了运输过程中可能遇到的风险，约定了货物运输保险的险别，投保了一切险加保战争险。

任务三 了解其他运输方式下的货运保险

任务情境

虽然国际贸易中最常用的是海洋运输的相关知识，但为了优化自身知识结构，扩大知识面，便于以后开展工作，小杨开始利用业余时间学习其他运输方式下的货运保险知识。

任务分析

在国际贸易中，货物运输除了主要采用水路（海洋和内河运输）方式之外，还有陆上（铁路和公路）运输、航空运输、邮包运输以及海运、陆运、空运等两种或两种以上运输方式衔接起来所组成的多式联运方式。随着国际贸易的发展，陆上、航空、邮包运输的保险，在整个保险业务中的重要性也日益显著。

知识精讲

在进出口货物贸易中，根据运输方式不同，办理的保险也有所区别。除海洋运输的货物需要办理海运保险外，陆上运输、航空运输、邮包运输的货物也都需要保险。现根据中国人民保险公司对其他各种运输方式的货运保险进行介绍。

一、陆上运输货物保险

根据《陆上运输货物保险条款（火车、汽车）》规定，陆上运输货物保险的险别分为陆运险和陆运一切险两种。

1. 陆运险的责任范围

陆运险的承保责任范围与海洋运输货物保险条款中的“水渍险”相似，被保险货物在运输途中遭受暴风、雷电、洪水、地震等自然灾害，或由于陆上运输工具遭受碰撞、倾覆或出轨，或在驳运过程中驳运工具触礁、搁浅、沉没，或由于遭受隧道坍塌、崖崩或火灾、爆炸等意外事故，所造成的全部或部分损失。另外，被保险人对遭受承保责任内风险的货物采取抢救，防止或减少货损而支付的合理费用，保险公司也负责赔偿。

2. 陆运一切险的责任范围

除上述陆运险的责任外，保险公司对被保险货物在运输途中由于一般外来原因造成的全部或部分损失，也负赔偿责任。

3. 陆上运输货物保险的除外责任

（1）被保险人的故意行为或过失所造成的损失。

（2）属于发货人所负责任或被保险货物的自然消耗所引起的损失。

（3）由于战争、工人罢工或运输延迟所造成的损失。

在陆运货物保险中，除陆运基本险外，还有陆运附加险，如陆运战争险、陆运罢工险等。

4. 陆上运输货物保险责任起讫

保险责任的起讫期限与海洋运输货物保险的“仓至仓”条款基本相同，一般是被保险货物运离保险单所载明起运地仓库或储存处时起生效，直至该项货物运至保险单所载明的目的地最后仓库或储存处时为止，包括正常运输过程中的水上驳运。但被保险货物到达最后货站后，未及时入库时，保险责任以卸货当晚 24 时起算满 60 天为止。

二、航空运输货物保险

航空运输货物保险是指进出口贸易货物经由飞机运输时的保险，也包括自然灾害、意外事故，外来原因所引起的货物损失，保险险别由被保险人根据货物的特点来选定。根据《航空运输货物保险条款》的规定，可以分航空运输险和航空运输一切险。

航空运输险的承保责任范围与海运水渍险大体相同；航空运输一切险除了包括上述航空运输险的责任外，还包括对被保险货物在运输途中由于外来原因所造成的包括偷窃、短少等全损或部分损失负赔偿责任。此外，航空运输货物保险的除外责任，与之前所述的海洋运输货物保险的除外责任相同。

航空运输货物保险责任的起讫，是自被保险货物运离保险单所载明的起运地仓库或储存处时开始生效，直至该项货物抵目的地仓库或储存处时为止。如被保险货物未及时入库，则以卸机当晚 24 时起算满 30 天为止。

三、邮包运输保险

邮包运输保险是指对货物在邮运途中有可能发生的意外、灾害或事故所引起的损失进行的保险称邮包运输保险，造成风险的原因同样有自然灾害、意外事故、外来原因，根据《邮包保险条款》的规定，其基本险别有邮包险和邮包一切险。

邮包运输保险责任的起讫，是由被保险货物离开起运地点运往邮局，经邮局收讫并签发邮包收据时开始生效，直至该邮包运抵保单所载明目的地邮局送交收件人为止。但保险责任最长期限以邮包到达目的地邮局后，该局发出通知书给收件人的当日午夜 24 时起算满 15 天为止。

任务实施

小杨通过学习后，根据自身的理解将各种运输保险的有关内容进行了整理和比较，建立了表 8-2。

表 8-2 各种货物运输保险责任起讫对照表

<table>
<tr><th colspan="2">运输保险的险别</th><th>责任起讫</th><th>最长保险责任期限</th></tr>
<tr><td colspan="2">海运险</td><td>起运地发货人仓库至目的地收货人仓库</td><td>从目的地港卸离海轮满 60 天</td></tr>
<tr><td colspan="2">陆运险</td><td>起运地发货人仓库至目的地收货人仓库</td><td>运抵最后卸货车站满 60 天</td></tr>
<tr><td colspan="2">空运险</td><td>起运地发货人仓库至目的地收货人仓库</td><td>从目的地卸离飞机满 30 天</td></tr>
<tr><td colspan="2">邮包险</td><td>从到起运地邮局前的寄件人处所至所载明的目的地邮局</td><td>邮局发出通知书给收货人的当日午夜起满 15 天</td></tr>
<tr><td rowspan="4">战争险</td><td>海运</td><td rowspan="3">装上运输工具至卸离运输工具(海运、空运在扩张期的 15 天内可以转存在该港口辖区,如续运,保险责任又重新开始)</td><td>到达目的地港满 15 天</td></tr>
<tr><td>陆运</td><td>火车到目的地站午夜满 48 小时,到中途站午夜满 10 天</td></tr>
<tr><td>空运</td><td>到达目的地港起满 15 天</td></tr>
<tr><td>邮包</td><td colspan="2">开始运送起至送交收货人止</td></tr>
</table>

任务四 识别保险单据

任务情境

小杨在办理货物运输保险业务过程中,需要填写货物运输投保单,待支付保险费后还要领取和审核保险单据,为了使业务顺利进行,小杨就保险单据的相关知识进行了学习。

任务分析

保险单据是保险人在承保并向投保人收取保险费后向其签发的证明文件。它既是保险公司对被保险人的承保证明,又是保险人与被保险人之间的一种契约,反映了双方的权利和义务关系。其主要作用是在被保货物遭受损失时,作为被保险人索赔的主要依据,也是保险公司理赔的主要依据。其效力随着货物安全抵达目的地即告终止。在 CIF 合同下,它也是向银行办理结汇的主要单据之一。

知识精讲

一般来说,保险单据(insurance documents)可分为保险单、保险凭证、联合保险凭证、预约保险单和批单五种。

一、保险单

保险单(insurance policy)俗称大保单,是一种正规的保险合同,除载明被保险人(投保人)的名称、被保险货物(标的物)的名称、数量或重量、唛头、运输工具、保险的起讫地点、承保险别、保险金额、出单日期等项目外,还在保险单的背面列有保险人的责任范围,以及保险人与被保险人各自的权利、义务等方面的详细条款,它是最完整的保险单据。保险单可由被保险人背书,随物权的转移而转让,是一份独立的保险单据。

资料卡

中国人民保险公司海洋货物运输保险单样本

如下所示为中国人民保险公司的海洋货物运输保险单样本。

中国人民保险公司××分公司

海洋货物运输保险单

发票号次 INVOIVE NO.　　第一正本 THE FIRST ORIGINAL　　保险单号次 POLICY NO.

中 国 人 民 保 险 公 司(以 下 简 称 本 公 司)
This Policy of Insurance witnesses that People's Insurance Company of China (hereinafter
根　据
called "the Company") at the request of ______________
(以 下 简 称 被 保 险 人)的 要 求,由 被 保 险 人 向 本 公 司
(hereinafter called the "Insured") and in consideration of the agreed premium being paid
缴 付 约 定 的 保 险 费,按 照 本 保 险 单 承 保 险 别 和背 面
to the Company by the Insured, undertakes to insure the under mentioned goods in
所 载 条 款 与 下 列 特 殊 条 款 承 保 下 述 货 物 运 输
transportation subject to the conditions of this Policy as per the Clauses printed overleaf
保 险,特 立 本 保 险 单。
and other special clauses attached hereon.

标记 MARKS&NOS	包装及数量 QUANTITY	保险货物项目 DESCRIPTION OF GOODS	保险金额 AMOUNT INSURED

总 保 险 金 额:
Total Amount Insured: ______________

保　费 Premium ________　费率 Rate ________　装载运输工具 Per Conveyance S. S. ____________

开 航 日 期 Slg. on or abt. ____________　自 From ____________　至 To ____________

承 保 险 别

Conditions:

所 保 货 物,如 遇 出 险,本 公 司 凭 第 一 正 本 保 险 单 及 其

Claims, if any, payable on surrender of the first original of the Policy together with other

有 关 证 件 给 付 赔 款。所 保 货 物,如 发 生 本 保 险 单 项 下

relevant documents. In the event of accident whereby loss or damage may result in a claim

负 责 赔 偿 的 损 失 或 事 故,应 立 即 通 知 本 公 司 下 述 代

under this Policy immediate notice applying for survey must be given to the Company's

理 人 查 勘。

Agent as mentioned hereunder.

中国人民保险公司××分公司

THE PEOPLE'S INSURANCE CO. OF CHINA

×× BRANCH

赔 款 偿 付 地 点

CLAIM PAYABLE AT ____________

日 期

DATE ____________

二、保险凭证

保险凭证(insurance certificate)俗称小保单,它有保险单正面的基本内容,但它没有了保险单反面的保险条款,是一种简化的保险合同,其作用与保险单完全相同。凡是保险凭证上没有列明的,均以同类的保险单为准。

三、联合保险凭证

联合保险凭证(combined insurance certificate)是比保险凭证更简化的保险单据。保险公司不另出保险单,而是通过在商业发票上面加盖保险章,注明保险编号、险别、金额、装载船名、开船日期等,以此作为保险凭证。它与保险单有同等效力,但不是专用单据,也不能转让。该凭证一般用于港澳地区中资银行开来的信用证项下业务。

四、预约保险单

在货物运输保险中,一些有大量运输业务的单位逐笔业务进行保险,不仅烦琐,而且容易发生漏保等差错。为了简化投保手续,可以与保险公司签订预约保险单(open policy)。

预约保险单是保险公司承保被保险人一定时期内所有进出口货物使用的保险单。这是一种长期性的货物运输保险合同。凡属于其承保范围内的货物一开始运输,即自动按照预约保险单的内容条件承保。一般而言,被保险人要将货物的名称、数量、保险金额、运输工具名称或种类、航程起点和终点、起航日期等信息以书面形式通知保险公司。在实际业务中,

预约保险单适用于进口的货物保险，这可以防止因漏保或迟保而造成的无法弥补的损失。

五、批单

保险单处理后，投保人如果需要对其中的内容进行变更或者需要补充，则需要向保险公司提出批改申请，在保险公司同意后，则出立批单。批单中注明变更或补充的内容。批单原则上须粘贴在保险单上，并加盖骑缝章，作为保险单不可分割的一部分。

任务实施

天津昌盛贸易有限公司的一般出口货物运输保险都是向中国人民保险公司天津分公司办理投保。2011 年 11 月 20 日，业务员小杨根据买卖合同和信用证规定，在备妥货物并确定装运日期和运输工具后，按规定格式逐笔填制投保单。如下所示是小杨填制的投保单。

中国人民保险公司天津分公司

The People's Insurance Company of China，Tianjin Branch

进出口货物运输险投保单

被保险人 Insured's name：Tianjin Changsheng Import and Export Company				
标记或发票号码 Invoice No.	保险货物名称 Description of goods	件数 No.	提单或通知单号次 B/L No.	保险金额 Amount insured
TWH COSHE98029 LONDON NO. 1-156	MAN'S JACKET	156 CTNS	CIEBLD 23	USD 53 814. 00
运输工具(及转载工具) Per conveyance	SUNFENGV. 366	开航日期 Slg. date	2011. 11. 30	
运输路线 From TIANJIN	自经　到 To LONDON	赔款偿付地点 Claim payable at	LONDON	
投保险别 Conditions or special coverage To be covered by the seller for 110% of the invoice value against All Risks and War Risk as per Ocean Marine Cargo Clauses of the People's Insurance Company of China Dated Jan. 1，1981.				
备注： remarks			投保单位签章： Applicant's signature and Co. 's name and add and tel No. 2011. 11. 20.	

APPLICATION FOR IMP. /EXP. TRANPORTATION INSURANCE

由于一切险的保险费率为 0.7%，战争险的保险费率为 0.03%，保险费＝保险金额×保险费率＝53 841×0.73%＝393.04 美元。因此天津昌盛贸易有限公司向保险公司缴纳了保险费 393.04 美元。

保险公司在收到保险费后，便将保险单传真给天津昌盛贸易有限公司。被保险人需要仔细审核保险单的各项内容，如发现问题，应及时要求保险公司更正，确保内容正确，以保证单证一致。如下所示即小杨审核后确认无误的保险单。

中国人民保险公司××分公司

海洋货物运输保险单

发票号次　　　　第一正本　　　　保险单号次

INVOIVE NO.　　　　THE FIRST ORIGINAL　　　　POLICY NO.

中 国 人 民 保 险 公 司（以 下 简 称 本 公 司）

This Policy of Insurance witnesses that People's Insurance Company of China (hereinafter

根　　据

called "the Company") at the request of Tianjin Changsheng Import and Export Company

(以 下 简 称 被 保 险 人) 的 要 求，由 被 保 险 人 向 本 公 司

(hereinafter called the "Insured") and in consideration of the agreed premium being paid

缴 付 约 定 的 保 险 费，按 照 本 保 险 单 承 保 险 别 和 背 面

to the Company by the Insured, undertakes to insure the under mentioned goods in

所 载 条 款 与 下 列 特 殊 条 款 承 保 下 述 货 物 运 输

transportation subject to the conditions of this Policy as per the Clauses printed overleaf

保 险，特 立 本 保 险 单。

and other special clauses attached hereon.

标记 MARKS&NOS	包装及数量 QUANTITY	保 险 货 物 项 目 DESCRIPTION OF GOODS	保险金额 AMOUNT INSURED
TWH COSHE 98029 LONDON NO. 1-156	156 CTNS	MAN'S JACKET	USD 53 814.00

总 保 险 金 额：

Total Amount Insured：SAY US DOLLARS FIFTY THREE THOUSAND EIGHT HUNDRED AND FOURTEEN ONLY

保　　费　　　　费　　率　　　　装载运输工具

Premium As Arranged　　　　Rate As Arranged　　　　Per Conveyance S. S. SUNFENGV. 366

开 航 日 期　　　　自　　　　至

Slg. on or abt. Nov. 30, 2011　　　　From TIANJIN　　　　To LONDON

承保险别：
Conditions: All Risks and War Risk.
所保货物，如遇出险，本公司凭第一正本保险单及其
Claims, if any, payable on surrender of the first original of the Policy together with other
有关证件给付赔款。所保货物，如发生本保险单项下
relevant documents. In the event of accident whereby loss or damage may result in a claim
负责赔偿的损失或事故，应立即通知本公司下述代
under this Policy immediate notice applying for survey must be given to the Company's
理人查勘。
Agent as mentioned hereunder.

中国人民保险公司天津分公司
THE PEOPLE'S INSURANCE CO. OF CHINA
TIANJIN BRANCH

赔款偿付地点
CLAIM PAYABLE AT LONDON
日期
DATE 2011. 11. 22.

任务五 制定保险条款

任务情境

因为货运保险条款是一个重要内容，加上天津昌盛贸易有限公司此次与英国 Golden Elephent Trading Co., Ltd 的交易采用的是 CIF 术语，应由我方办理保险手续，小杨开始和 Tom 讨论货物运输保险的相关事项，订立合同的保险条款。

任务分析

保险条款是进出口合同的重要组成部分，保险条款所涉及的内容，一般包括投保险别、保险金额、保险单证、适用条款、由哪方负责投保等，这些内容必须在买卖合同中明确、合理地体现出来。

知识精讲

一、保险的操作流程

货物运输保险是指保险人与被保险人双方约定由被保险人将运输中的货物作为保险标

的物向保险人投保，当保险标的物遭到意外损失时保险人按照保险单的规定给予被保险人经济赔偿的一种补偿性措施。在国际贸易中，货物运输保险的订立工作究竟是由卖方还是买方进行办理，取决于买卖双方商订的交货条件和所使用的贸易术语。当采用 FOB 条件和 CFR 条件成交时，保险即应由买方办理；当采用 CIF 条件成交时，保险就应由卖方办理。办理货运保险的一般程序如下。

1. 选择投保险别

由于保险人对不同的险别承担不同的责任范围，投保人在投保时按照买卖双方约定投保的险别进行投保。买卖双方约定的险别通常为平安险、水渍险和一切险三种基本险中的一种，有时根据货物的特性和实际情况加保一种或几种附加险。在双方未约定险别的情况下，按惯例，卖方可按最低险别予以投保。选择投保险别一般要考虑货物的性质和特点，货物的包装情况，货物运输工具和路线，国际上政治，经济形势的变化，货物的残损规律等。

2. 确定保险金额

保险金额是投保人向保险人投保的金额，也是保险人所应承担的最高赔偿金额，同时也是保险费的计收依据。保险金额一般应由买卖双方经过协商确定，按照国际保险市场习惯，通常按 CIF 或 CIP 总值加上一定的百分率进行计算。所加的百分率称为投保加成率，它作为买方的经营管理费用和预期利润加保，即：保险金额＝CIF（CIP）价×（1＋投保加成率）。按国际贸易惯例，投保加成率一般按 10％估算。因此，当买卖合同中没有规定保险金额时，习惯上是按照 CIF 或 CIP 价的 110％投保。在 CIF 或 CIP 合同中，如买方要求以较高加成率计算保险金额投保时，在保险公司同意承保条件下，出口方也可接受，但因此而增加的保险费，原则上应由买方支付。

【小思考】

某公司向美国出口一批货物，货物的发票金额为 20 000 美元，按发票金额加 1 成投保水渍险和短量险，计算该公司的保险金额是多少？

3. 填写保险单

投保人根据信用证或合同（托收方式时）的规定填制保险单。保险单主要内容和项目要正确、齐全，如果差错、不完整则影响将来安全、及时收汇，甚至造成国外拒付的事故。其主要内容包括被保险人的姓名、被保险货物的品名、标记、数量及包装、保险金额、运输工具名称、开航日期及起讫地点、投保险别、投保日期及签章等。

4. 支付保险费

保险费是投保人向保险公司交纳的费用。投保人交付保险费是保险合同生效的前提条件。保险费是保险公司经营业务的基本收入。保险公司收取保险费的计算方法是：保险费＝保险金额×保险费率。保险费率是计收保险费的依据，不同的险别有不同的保险费率，是由保险公司根据货物损失率和赔付率的基础上，参照国际保险费率水平而制定的。

资料卡

我国进出口货运保险普通货物的费率

表 8-3 和表 8-4 所示为我国进出口货运保险普通货物的费率。

表 8-3 我国出口货运保险普通货物费率表

<table>
<tr><th colspan="2">目的地</th><th colspan="3">险别</th></tr>
<tr><th>洲别</th><th>具体国家和地区</th><th>平安险(FPA)</th><th>水渍险(WA)</th><th>一切险(AR)</th></tr>
<tr><td rowspan="5">亚洲</td><td>港、澳、台、日本、韩国</td><td>0.08</td><td>0.12</td><td>0.25</td></tr>
<tr><td>约旦、黎巴嫩、巴林、阿拉伯联合酋长国、菲律宾</td><td rowspan="4">0.10</td><td rowspan="4">0.20</td><td>1.00</td></tr>
<tr><td>巴基斯坦、印度、孟加拉、马来西亚</td><td>1.25</td></tr>
<tr><td>尼泊尔、阿富汗、也门</td><td>1.50</td></tr>
<tr><td>泰国、新加坡等其他国家</td><td>0.60</td></tr>
<tr><td colspan="2">欧洲、美国、加拿大、大洋洲</td><td>0.15</td><td>0.20</td><td>0.50</td></tr>
<tr><td colspan="2">中、南美洲</td><td>0.15</td><td>0.25</td><td>1.50</td></tr>
<tr><td rowspan="3">非洲</td><td>埃塞俄比亚、坦桑尼亚、赞比亚、毛里求斯、布隆迪、科特迪瓦、贝宁、刚果、安哥拉、佛得角、卢旺达</td><td rowspan="3">0.20</td><td rowspan="3">0.30</td><td>2.50</td></tr>
<tr><td>毛里塔尼亚、冈比亚、塞内加尔、尼日利亚、利比里亚、几内亚、乌干达</td><td>3.50</td></tr>
<tr><td>其他地区</td><td>1.00</td></tr>
</table>

表 8-4 我国进口货运保险普通货物费率表

地区	平安险(FPA)	水渍险(WA)	一切险(AR)
台湾、香港、澳门、韩国、日本	0.08	0.12	0.25
大洋洲及亚洲国家和地区	0.10	0.15	0.35
加拿大、美国、欧洲	0.15	0.20	0.45
非洲及中南美洲	0.20	0.25	0.50

【例 8-1】 我方以每打 1.8 美元 CIF New York 出口某商品 60 000 打，投保金额为发票金额 110%，投保险别为水渍险和战争险，查得水渍险的保险费率为 0.3%，战争险为

0.4%，求保险费是多少？

解 需要支付的保险费=1.8×60 000×110%×(0.3%+0.4%)=831.6美元

【小思考】

某合约的CIF价值为12 000港元，按发票金额的110%投保水渍险和战争险，总保险费率为0.8%。试计算保险费。

5. 取得保险单

保险单是保险人和被保险人之间的保险合同，也是保险公司对投保人的承保证明，它具体规定双方之间的权利和义务，是进出口贸易结算的主要单据之一。如果被保险的货物在运输途中发生承保范围内的风险损失，则被保险人可持保险单向相关保险公司索赔。在国际贸易中，保险单据可以背书转让。

6. 保险索赔

如果被保险人保险的货物遭受损失，则被保险人应向保险公司提出索赔。此时，被保险人要求赔偿的损失，必须是承保责任范围内风险造成的损失，而且被保险人是保险单的合法持有人。

当被保险人获悉或发现保险货物遭损，应马上通知保险公司，以便保险公司检验损失，提出施救意见，确定保险责任，查核发货人或承运人责任。延迟通知，会耽误保险人进行有关工作，引起异议，影响索赔。

提出索赔时，被保险人应备全必要的索赔单证，包括：保单或保险凭证正本；运输契约，如提单、运单和邮单等；发票；装箱单、磅码单；向承运人或有责任方请求赔偿的书面文件；检验报告；海事报告摘录或海事声明书；货损货差证明；索赔清单等。

二、进出口合同中的保险条款

在国际货物买卖合同中，货运保险条款是一个重要的内容，如何订立，应取决于买卖双方在合同中所采用的贸易术语。

凡采用FCA、FOB、CFR和CPT术语成交的合同，因为货物在运输途中的风险及投保责任均由买方承担，所以合同中的保险条款一般应订明：

保险：由买方投保。

Insurance: To be covered by the buyer.

凡采用CIF或CIP术语成交的合同，保险由卖方负责办理，但卖方是为买方的利益而投保的。因此，合同中应具体订明保险条款、保险险别以及适用的保险条款。例如：

保险：由卖方按发票金额的110%投保一切险和战争险，按1981年1月1日中国人民保险公司海洋运输货物保险条款负责。

Insurance: To be covered by the seller for 110% of the invoice value against All Risks and War Risk as per Ocean Marine Cargo Clauses of the People's Insurance Company of China Dated Jan. 1, 1981.

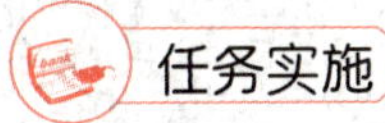

任务实施

买卖双方经过协商，签订以下保险条款。

保险：由卖方按发票金额的110%投保一切险和战争险，以中国人民保险公司1981年1月1日有关海洋运输货物保险条款为准。

Insurance: To be covered by the seller for 110% of the invoice value against ALL Risks and War Risk as per Ocean Marine Cargo Clauses of the People's Insurance Company of China Dated Jan. 1, 1981.

知识巩固

1. 请举例说明构成实际全损的各种情况。
2. 简述构成共同海损必须具备的条件。
3. 简述单独海损与共同海损的主要区别。
4. 简述选择投保险别时应考虑的问题。
5. 简述国际货物运输保险的投保流程。
6. 一批出口货CFR价为1 980美元。现客户来电要求按CIF价加20%投保海上一切险，我方照办，如保险费率为1%时，我方应向客户补收保险费多少？
7. 出口到欧洲的松节油成本为人民币1 000元，运费为人民币100元，保险费率为0.85%，后客户要求加成投保，试计算保险费是多少？

案例讨论

案例一

某货轮在航行途中因电线走火，第三舱内发生火灾，经灌水灭火后统计损失，被火烧毁货物价值5 000美元，因灌水救火被水浸坏货物损失6 000美元。船方宣布该货轮损失为共同海损，试根据上述案例分析回答下列问题。

(1) 该轮船长宣布其损失为共同海损是否合理？

(2) 被火烧毁的货物损失5 000美元船方是否应负责赔偿，理由是什么？

(3) 被水浸的货物损失6 000美元属什么性质的损失？应由谁负责？

案例二

北京某外贸公司按CFR马尼拉价格出口一批仪器，投保的险别为一切险"仓至仓"条款。我方将货物用卡车由北京运到天津港发货，但在运送途中，一辆货车翻车，致使车上所载部分仪表损坏。问该项损失应由哪方负责，保险公司是否应给予赔偿？

案例三

有一批已购买保险的货物，装载该批货物的货轮在航运中发生了火灾，经船长下令施救后，火被扑灭。事后查明该批货物损失如下。

(1) 500箱受严重水渍损失，无其他损失。

(2) 500箱既受热烤、火熏损失，又受水渍损失，但未发现火烧的痕迹。

(3) 200箱着火但已被扑灭，有严重的水渍损失。

(4) 300箱已烧毁。

试分析上述四种情况下海损的性质。

技能训练

广东神力木业有限公司与韩国大宇公司商定采用CFR术语，买方委托卖方按发票金额的110%投保水渍险和串味险，保险费用由买方承担。以中国人民保险公司1981年1月1日的有关海洋运输货物保险条款为准。请你拟定具体的保险条款。

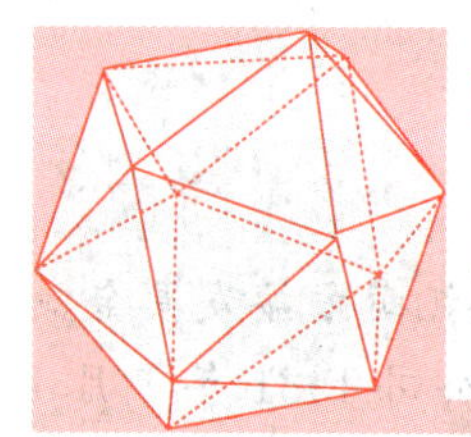

学习情境九 建立快捷安全的付款体系——国际货款支付

知识目标

- 了解国际结算工具的种类、概念、内容和特点；
- 理解汇款和托收的操作流程；
- 掌握信用证的特点、内容和支付程序；
- 熟悉《UCP 600》、《托收统一规则》中对国际支付规则的规定。

能力目标

- 能正确选择各种支付方式和支付工具；
- 学会审核各种结汇单证；
- 能订立合同的支付条款。

在国际货物买卖中，卖方交货与买方付款是相互对应的两个条件，货款的收付是买卖双方的基本权利和义务。货款的收付关系到买卖双方的经济利益，直接影响双方的资金周转和融通以及各种金融风险和费用的负担。因此，买卖双方在磋商时，都力争规定对自己有利的支付条件。

任务一 辨识支付工具

任务情境

由于货款一直都是国际贸易的核心问题之一，因此英国 Golden Elephant Trading Co., Ltd. 的 Tom 与天津昌盛贸易有限公司的小杨在商量货款的支付方式和支付条款时都颇为谨慎，就具体细节展开了细致的讨论，准备拟定合同的支付条款。

任务分析

国际货款的结算采用现金结算的较少，大多使用非现金结算，即使用票据代替现金作为流通手段和支付手段的信贷工具来进行国际间的债权债务结算。目前，国际贸易中使用的票据主要有汇票、本票和支票，其中以汇票最为常用。

知识精讲

一、汇票

（一）汇票的定义

英国《票据法》关于汇票(bills of exchange or draft)的定义是："A bill of exchange is an unconditional order in writing, addressed by one person to other, signed by the person giving it, requiring the person to whom it is addressed to pay on demand or at a fixed or determinable future time a sum certain in money to or to the order of specified person or to bearer."

译文为：汇票是一个人向另一人签发的，要求即期或定期或在可以确定的将来的时间，对某人或其指定人或持票人支付一定金额的无条件的书面支付命令。

2004年修订的《中华人民共和国票据法》(以下简称《票据法》)规定："汇票是出票人签发的，委托付款人在见票时或在指定日期无条件支付确定的金额给收款人或持票人的票据。"

（二）汇票的特点

汇票的特点主要有以下几点。

(1) 汇票是出口商凭以向进口商要求付款的收款工具，也是进口商付款的重要凭证。

(2) 为了防止丢失，商业汇票一般一式二联，这两张汇票具有同等效力，付款人只需付其中一张，先到先付，后到无效。同时，银行在寄送单据时一般将两张正本汇票分两个连续的邮次寄往国外，以防在一个邮次中全部丢失。

(3) 在国际贸易实务中，托收或信用证方式都有可能使用汇票。在信用证方式下，除延期付款信用证不需要汇票外，其他情况下都可能使用，凡信用证中有"BY PAYMENT"字样的，就需要附有汇票，而托收方式下汇票则必不可少。

（三）汇票的当事人

根据汇票定义，汇票的基本当事人一般有三个：出票人、受票人和收款人。

1. 出票人

出票人(drawer)即签发汇票的人。在进出口业务中，出票人通常是出口商。

2. 受票人

受票人(drawee)即汇票的付款人。在进出口业务中，受票人通常是进口商或其指定的银行。在信用证结算方式下，若信用证没有指定付款人，根据《UCP 600》规定，开证行就是付款人。

3. 收款人

收款人(payee)也叫受款人,即汇票规定的可受领金额的人。在进出口业务中,若信用证没有特别指定,收款人通常是出口商本人或其指定银行。

除此之外,汇票在使用中还可能出现一些非基本当事人,如背书人(endorser)、承兑人(acceptor)和持票人(holder)等。背书人是指收款人或持票人在汇票背面签字,将收款的权利转让他人的人。承兑人是远期汇票付款人办理了承兑手续后即成为承兑人。持票人是指持有汇票,有权收款的人。

(四) 汇票的内容

虽然各国票据法对汇票必要内容的规定不尽相同,但一张完备、有效的汇票一般应包括以下内容。

1. 注明“汇票”字样

汇票一般标有“bill of exchange”或“draft”字样,这样有利于与其他支付工具相区别。

2. 无条件支付命令

汇票的付款必须是无条件的,不能以收款人履行某项义务或某种行为作为付款人付款的前提条件。

3. 确定的金额

汇票金额必须确定。汇票金额通常以大小写同时表示。如果大小写不一致,我国《票据法》则认为无效。

4. 付款人名称

出票人应在汇票上明确付款人。付款人可以是法人,也可以是个人,为确定起见应注明地址。

5. 收款人名称

收款人是汇票出票时记明的债权人,也称汇票的抬头。它应具有一定的确定性。

6. 出票日期

出票日期是汇票上记载的签发汇票的日期。我国《票据法》和《日内瓦统一法》[①]均规定其为必须记载事项。出票日期对汇票所确定的债务债权关系有重大作用。

7. 付款期限

付款期限是付款人履行付款义务的日期。汇票的付款期限有即期付款和远期付款之分。

8. 出票人签字

票据是一种信用工具,出票人签署表示其确认对票据的债务责任。汇票的样本如图 9-1 所示。

---

① 1930 年,法国、德国等以欧洲大陆为主的 20 多个国家参加了在日内瓦召开的国际票据法统一会议,签订了《日内瓦统一汇票本票法公约》。1931 年又签订了《日内瓦统一支票法公约》。两个公约合称为《日内瓦统一法》。

汇票
BILL OF EXCHANGE

凭
Drawn Under ________
信用证 第 号
L/C No. ________
日期
Date ________
按 息 付款
Payable with interest@____% per annum
号码 汇票金额
No. ________ Exchange for ________
见票 日后 (本汇票之副本未付)
At ______ sight of this FIRST of Exchange (Second of Exchange Being unpaid)
或其指定人
Pay to the order of ________
金额
the sum of ____________________
此致
To ____________________

签名
Signature

图 9-1 汇票样本

(五) 汇票的种类

汇票从不同的角度,按不同的标准可以有不同的分类,通常包括以下几类。

1. 按出票人的不同,汇票可分为银行汇票和商业汇票

银行汇票(bank draft)是一家银行向另一家银行签发的书面支付命令,汇票的出票人和付款人都是银行。在国际结算业务中,往往是由银行(汇出行)应汇款人的要求而开立的,以汇入银行为付款人的汇票。

商业汇票(commercial draft)的出票人是商号或个人,付款人可以是商号、个人,也可以是银行。商业汇票的出票人不必对付款人发送付款通知书,一般多为附有货运单据的汇票。

2. 按付款的时间不同,汇票可分为即期汇票和远期汇票

即期汇票(sight draft)是指持票人向付款人提示汇票时或付款人见票时,应立即付款的汇票。未载明具体付款日期的汇票也是即期汇票。

远期汇票(time bill)是指在约定的期限或特定的日期才付款的汇票。

(1) 根据付款期限的表示或确定方法不同,远期汇票有以下几种规定方法。

Payable at ... days after sight,付款人见票后若干天付款。

Payable at ... days after date of draft,出票后若干天付款。

Payable at ... days after date of B/L，提单日期签发后若干天付款。

Fixed date，指定日期付款。

(2) 远期汇票时间的计算原则。在国际贸易中，有关远期汇票的时间计算必须遵循以下原则。

① 算尾不算头。例如，见票日为11月15日，付款期限为见票后30天，则应从11月16日起算30天，到期日为12月15日。

② “月”为日历月，以月为单位计算付款期限时，不必考虑每月的具体天数，一律以相应月份的同一天为到期日，到期日无相同日期即为月末。例如，见票日为3月31日，分别见票后1个月、2个月和3个月付款，到期日分别为4月30日、5月31日和6月30日。

③ 先算整月，后算半月，半月按15天计算。例如，出票日为7月26日，付款期限是出票后3个半月，则出票后3个月应为10月26日，再加半个月(15天)，到期日为11月10日。

④ 节假日顺延，若到期日恰逢周末或节假日等非营业日，则付款期限应顺延到下一个营业日。

【小思考】

我国某出口公司与外商达成交易，以远期信用证付款，要求出票后1个月付款，制单员在制作汇票时填写的出票日期为6月30日，请问这张汇票的付款日期为哪一天？如果是要求2个月、3个月后付款，汇票的付款日期又是哪一天？

3. 按有无附属单据的不同，汇票可分为光票和跟单汇票

光票(clean bill)是指只开出汇票而不附带货运单据的汇票。这类汇票全凭票面信用在市面上流通而无物资(货权单据)作保证。

跟单汇票(documentary bill)是指开出汇票并附带货运单据的汇票。

在国际结算业务中，银行汇票多为光票汇票，而商业汇票多为跟单汇票，使用普遍的是跟单汇票。

4. 按承兑人的不同，汇票可分为商业承兑汇票和银行承兑汇票

商业承兑汇票(trader's acceptance bill)是指由企业或个人承兑的远期汇票。

银行承兑汇票(banker's acceptance bill)是指由公司、企业或个人开立的以银行为付款人并经付款行承兑的远期汇票。银行对商业汇票加以承兑改变了汇票的信用基础，使商业信用转换为银行信用。汇票经过银行承兑后，持票人通常能按期得到票款，从而增强了汇票的可接受性和流通性。

(六) 汇票的使用

汇票在使用过程中，通常要经过出票、提示、承兑和付款等程序。汇票作为债权凭证，在需要流通转让时，还要经过背书，当汇票遭到拒付时，持票人可以依法行使追索权利。

1. 出票

出票(issue)是指出票人签发汇票并交付给收款人的行为。汇票开立后，只有将其交付出去才产生法律效力。出票后，出票人即承担保证汇票得到承兑和付款的责任。如汇票遭到拒付，出票人应接受持票人的追索，清偿汇票金额、利息和有关费用。

2. 提示

提示(presentation)是指持票人将汇票提交付款人要求承兑或付款的行为,是持票人要求取得票据权利的必要程序。提示又分付款提示和承兑提示:即期汇票提示付款人付款;远期汇票提示付款人承兑,付款期限到期时,再提示付款人付款。

3. 承兑

承兑(acceptance)是指付款人在持票人向其提示远期汇票时,在汇票上签名,承诺于汇票到期时付款的行为。具体做法是付款人在汇票正面写明"承兑(Acceptance)"字样,注明承兑日期,于签章后交还持票人。付款人一旦对汇票作承兑,即成为承兑人,将以主债务人的地位承担汇票到期时付款的法律责任。

4. 付款

付款(payment)是指付款人于汇票到期日向持票人支付汇票金额,以结清汇票上债权债务的行为。

5. 背书

汇票是可流通转让的证券。根据我国《票据法》规定,除非出票人在汇票上记载"不得转让"外,汇票的收款人可以以记名背书的方式转让汇票权利。背书(endorsement)即持票人在汇票的背面签名,并将汇票交付给受让人的行为。前者为背书人,后者为被背书人。汇票经过不同的背书,会出现三种情况。

(1) 记名背书,即背书人在汇票的背面写上被背书人的姓名并签上自己的名字,然后将汇票交给被背书人。这种记名背书汇票,被背书人必须经过再背书才能再转让。

(2) 不记名背书又称空白背书,即背书人仅在汇票背面上签上自己的名字,而不填写被背书人的名字。经过空白背书后的汇票像不记名汇票一样,凭交付即可转让、再转让。记名背书汇票和不记名背书汇票可以经过不同的背书相互转换。

(3) 限制背书,即禁止再度转让的汇票,是指背书人在汇票背面签字,并写明"仅付×××"或"付给×××,不得转让"的背书。限制背书的汇票,只能由被背书人收款,不能将汇票再转让。

【小思考】

我国某出口公司根据信用证规定签发 60 天远期汇票一套,收款人为 Bank of China Tianjin Branch,付款人为 ACD Co. 。收款人为了提前获得资金,将汇票背书转让给 ABC Co. ,并写下:"Pay to the order of ABC Co. "。请问这种背书属于哪种性质的背书? ABC Co. 是否可以再次背书转让?

6. 拒付和追索

持票人向付款人提示,付款人拒绝付款或拒绝承兑,均称拒付(dishonour)。另外,付款人逃匿、死亡或宣告破产,以致持票人无法实现提示,也称拒付。出现拒付时,持票人有权向其前手(背书人、出票人)要求偿付汇票金额、利息和其他费用,即为追索(recourse)。在追索前必须按规定出具拒绝证书和发出拒付通知。拒绝证书,是用以证明持票已进行提示而未获结果,由付款地公证机构出具,也可由付款人自行出具退票理由书或有关的司法文书。拒付通知,是用以通知前手(即在现有持票人之前曾持有该票据并在票据上签章的人)关于拒付的事实,使其准备偿付并进行再追索。

二、本票

（一）本票的定义

本票(promissory notes)是指出票人签发的，承诺自己在见票时无条件支付确定的金额给收款人或持票人的票据。即本票是出票人对收款人支付一定金额的无条件承诺。我国《票据法》规定，该法所称的本票是指银行本票，可分为定额本票和不定额本票(见图 9-2)。

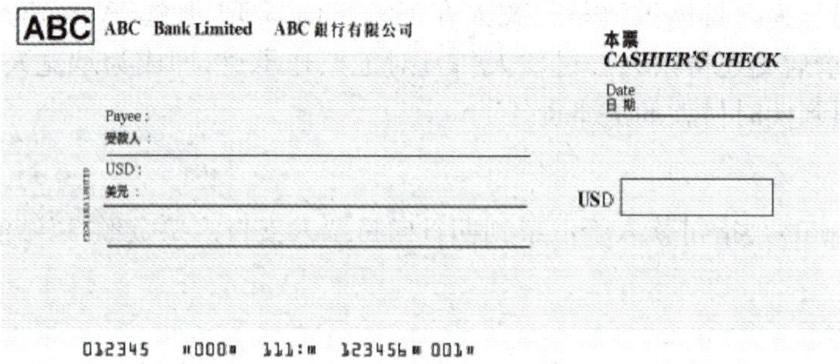
ABC ABC Bank Limited ABC銀行有限公司
本票
CASHIER'S CHECK
Date
日期
Payee：
受款人：
USD：
美元：
USD
012345 ⑈000⑈ 111:⑆ 123456⑈ 001⑈

图 9-2 不定额本票样本

（二）本票的当事人

本票主要有两个当事人，即出票人和收款人。出票人就是付款人，对收款人或持票人负有绝对清偿的责任；收款人一般是出口商或其指定的银行。

（三）本票的内容

根据我国《票据法》的规定，本票应载明以下事项。

（1）“本票”字样。

（2）无条件支付确定金额的承诺。

（3）付款日期(无付款日期的，视为见票即付)。

（4）付款地点(无付款地点的，视出票地为付款地)。

（5）收款人或其指定人的姓名或名称。

（6）出票日期及地点。

（7）出票人签名。

（四）本票的种类

本票根据不同的标准可以分为不同的种类。

1. 按受款人不同，可分为记名本票、不记名本票

记名本票即收款人必须是票面上注明的特定人或其指定人的本票；不记名本票即收款人是持票人的本票。

2. 按出票人不同，可分为商业本票和银行本票

商业本票是工商企业或个人在交易活动中签发的，也叫一般本票；银行本票是由银行签发的，或为了适应顾客的请求，代替现金给付，或者是银行为了节省现金的使用而发出的。

3. 按付款日期不同，可分为即期本票和远期本票

即期本票是见票即付的本票；远期本票是指必须到约定的到期日方才付款的本票。

（五）本票与汇票的比较

本票和汇票在许多方面相同或相似，如有关汇票的出票、背书、提示、付款、追索等票据行为的规定，基本上都适用于本票。但是两者又有着明显的区别，如表 9-1 所示。

表 9-1　汇票与本票的比较

<table>
<tr><th colspan="2">票名类别
异同比较</th><th>汇　　票</th><th>本　　票</th></tr>
<tr><td rowspan="2">相同点</td><td>功能相同</td><td colspan="2">都是国际贸易的结算票据</td></tr>
<tr><td>部分票据行为相同</td><td colspan="2">都有出票、背书、提示、付款、追索等票据行为</td></tr>
<tr><td rowspan="4">不同点</td><td>当事人不同</td><td>出票人、收款人、付款人</td><td>出票人、收款人</td></tr>
<tr><td>票据性质不同</td><td>委托式</td><td>允诺式</td></tr>
<tr><td>是否需要承兑不同</td><td>远期汇票一般均须付款人承兑</td><td>远期本票的付款人就是出票人，无须承兑</td></tr>
<tr><td>主债务人不同</td><td>远期汇票的主债务人在付款人承兑前是出票人，承兑后承兑人为主债务人，出票人退居为从债务人</td><td>主债务人始终是出票人</td></tr>
</table>

三、支票

（一）支票的定义

支票（check）是指出票人签发，委托办理支票存款业务的银行或者金融机构，于见票时对收款人或其指定人或持票人无条件支付确定金额的票据。其样本如图 9-3 所示。

BANK OF CHINA HUBEI PROVINCE BRANCH

A/C NO. ________

Wuhan, Date ________

Pay to ________________________

Renminbi (in words) ________________________

In figures ￥ ________________________

Cheque No. ________________________

Signature ________

图 9-3　支票样本

（二）支票的当事人

支票的当事人有三个，即出票人、付款人和收款人。支票的出票人是在银行设有往来存款账户的存户，付款人则是银行。

（三）支票的内容

根据我国《票据法》的规定，支票应载明以下内容。

（1）写明“支票”字样。

（2）无条件支付确定金额的命令。

（3）付款人的姓名。

（4）付款地点。

（5）出票的地点和时间。

（6）出票人签字。

（四）支票的种类

支票的种类很多，主要有以下几种。

（1）记名支票，即在支票的收款人一栏内写明收款人姓名的支票。这种支票在取款时必须由收款人签章才能支取。

（2）不记名支票，即在支票的收款人一栏内不写明收款人的姓名，只写“付来人”的支票。这种支票以持票人为收款人，持票人无须签章即可支取票款，而且仅凭交付即可转让。

（3）画线支票，即在支票上画有平行横线的支票。这种支票只能用以委托银行收款入账，而不能像一般支票那样支取现金。

（4）保付支票，即支票的收款人或持票人要求银行对支票保付，也就是在支票上加盖“保付”戳记的支票。这种支票可以防止出票人开空头支票而银行拒付票款。

（五）支票与汇票的区别

支票与汇票的区别如表 9-2 所示。

表 9-2 支票与汇票的比较

异同比较 \ 票名类别		支 票	汇 票
相同点	功能	都是国际贸易的结算票据	
	部分票据行为	都有出票、背书、提示、付款、追索等票据行为	
	基本当事人	都有出票人、付款人和收款人	
	票据性质	都是委托式	
不同点	付款人	银行	银行、企业、个人
	用途	只是结算工具	结算、押汇工具和信贷工具
	付款期限	支票只能是即期，无须承兑	汇票有即期和远期之分，远期汇票需要付款人承兑
	提示期限	《日内瓦统一法》规定，支票的出票人和付款人在同一国内其提示期限只有 8 天；我国《票据法》规定，支票的提示期限是自出票日起 10 天	汇票的提示期限可长达 1 年
	可否止付	可以止付	即期汇票见票即付；远期汇票承兑人到期必须付款，不能止付

资料卡

比较汇票、本票和支票的异同

表 9-3 从性质、流通方式、用途等方面对汇票、本票和支票的异同点进行了比较。

表 9-3　汇票、本票和支票的异同点

异同点	票据类型	汇　票	本　票	支　票
相同点	性质	属于以支付一定金额为目的的票据，都具备必要的内容，都具有一定的票据行为		
	流通方式	记名式和指示式的票据，经过背书可以转让；来人式的票据，经过交付即可转让并在市场上流通		
不同点	用途	结算工具、信贷工具	结算工具、信贷工具	结算工具
	期限	即期、远期	即期、远期	即期
	当事人	出票人、付款人、收款人	出票人(付款人)、收款人	出票人、付款人、收款人
	份数	多份(正本与副本)	一份(只有正本)	一份(只有正本)
	承兑	远期汇票尤其是见票后若干天付款汇票必须承兑	无	无
	贴现	可贴现	可贴现	无
	责任	在承兑前出票人是主债务人，承兑后承兑人是主债务人。所有承兑人在承兑后须对汇票共同负责	出票人始终是主债务人。如出票人超过一人时，可以对本票共同负责，也可以分别负责	出票人始终是债务人

任务实施

买卖双方结合自身企业实际，通过磋商，选择了适合的支付工具，接下来，业务员小杨和 Tom 就支付方式问题进行进一步的讨论。

任务二　选择支付方式

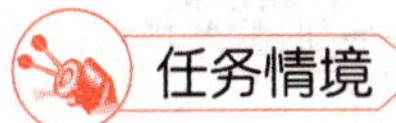

任务情境

业务员小杨在选择收回货款的方式的时候，该作何考虑呢？究竟是使用商业信用还是银行信用？两种方式有什么不同吗？哪种方式可以使我方能更安全、快捷地收到货款呢？

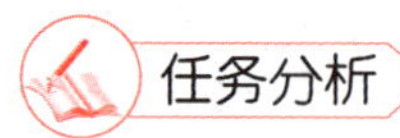

国际支付方式是一国的债务人向另一国债权人偿还债务的方式，国际间的贸易往来必然会产生债权债务关系，这就需要按照一定的条件，使用一定的货币，通过一定的方式来进行结算。国际贸易中货款的支付方式主要有汇付、托收和信用证三种。

知识精讲

一、汇付

（一）汇付的含义及其当事人

1. 汇付的含义

汇付(remittance)又称汇款，指汇款人（进口方）主动通过银行或其他途径将款项交给收款人（出口方）。

汇付是最简单的国际支付方式。如果确定采用汇付的支付方式，买方按照合同约定的条件和时间，将货款通过银行汇交给卖方。汇付是由债务人主动委托银行向债权人付款的国际结算方式，其他的国际结算方式都是由债权人向债务人催收的性质。

2. 汇付方式下的当事人

在汇付业务中主要涉及四方当事人。

(1) 汇款人(remitter)，即付款人，通常是进口商。在办理汇付的过程中，汇款人要填写汇款申请书、提供所要汇出的全部金额并承担相关费用。

(2) 收款人(payee or beneficiary)，又叫受益人，通常为出口商，是汇款金额的最终受益方。

(3) 汇出行(remitting bank)，是受汇款人委托而汇出款项的银行，通常是进口商所在地银行。

(4) 汇入行(paying bank)，又叫解付行，是受汇出行的委托，解付款项给收款人的银行，通常为汇出行在出口地的银行。

（二）汇付的种类

根据汇出行向汇入行发送解付授权书的方式不同，可将汇付分为三种。

1. 信汇

信汇(mail transfer, M/T)是指汇出行应汇款人的申请，以信件方式将付款委托书寄给汇入行，授权解付一定金额给收款人的汇款方式。信汇方式具有费用低廉的优点，但是收款人收到汇款的时间较长。信汇的业务流程如图 9-4 所示。

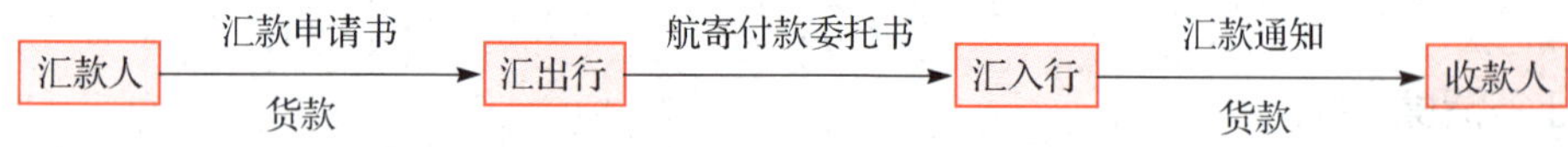

图 9-4 信汇业务流程

2. 电汇

电汇(telegraphic transfer,T/T)是指汇出行应汇款人的申请,通过加押电报或电传指示汇入行解付一定金额给收款人的汇款方式。电汇具有汇款迅速,但费用较高的特点。在汇付的三种类型中,电汇使用范围最广。电汇的业务流程如图 9-5 所示。

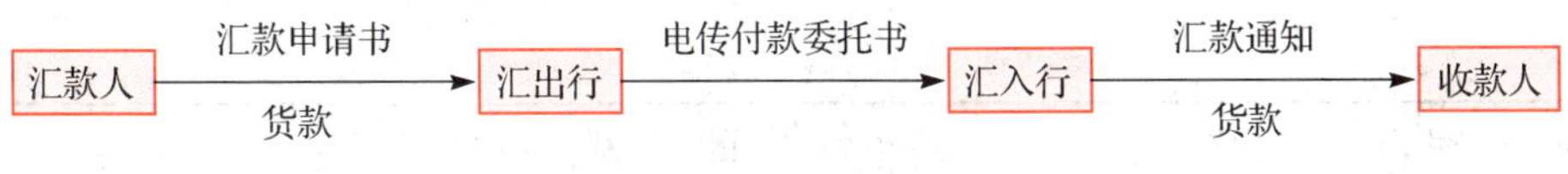

图 9-5　电汇业务流程

小案例

电汇支付利弊皆有

我国某外贸企业一业务员与国外客户商定,货款结算使用美元电汇支付。货物发出后 10 余天,该企业业务员收到客户电汇付款的银行收据传真件,当即书面指示船公司将货物电放(凭提单正本影印件提货)给提单上的通知人。但客户将货物提走之后,货款却未到账。经查,客户在银行办理了电汇付款手续后,取得银行收据,马上传真给卖方,并要求立即电放货物,在拿到卖方给船公司的电放指示附件后,即去银行撤销了这笔电汇付款,造成了该企业 10 万美元的损失。

3. 票汇

票汇(remittance by banker's demand draft,D/D)是指汇款人向本地汇出行购买银行即期汇票,将其自行寄给收款人,收款人凭此向汇票上指定的汇入行取款。票汇的业务流程如图 9-6 所示。

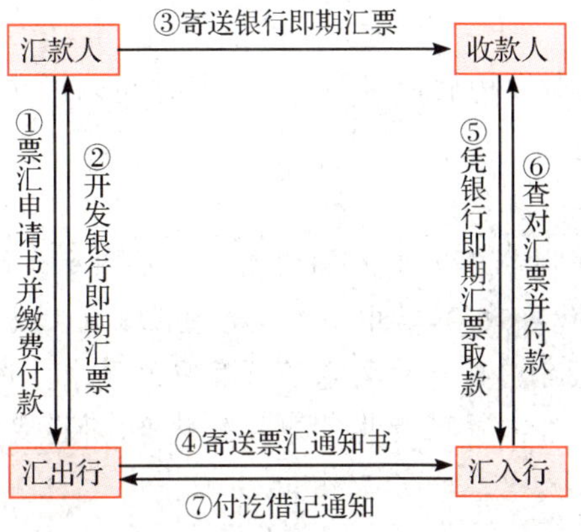

图 9-6　票汇业务流程

资料卡

电汇、信汇及票汇的比较

下面将汇付的三种方式进行比较，如表 9-4 所示。

表 9-4 电汇、信汇及票汇的不同点

项　目	区　别
结算工具	电汇与信汇都是委托通知书，票汇是银行汇票
成本费用	电汇费用最高，票汇和信汇相对较低
安全性	电汇安全性较强，票汇和信汇相对较弱
汇款速度	电汇最快，票汇和信汇相对较慢
取款方式	票汇与电汇、信汇不同在于，票汇中汇入行无须通知收款人取款，而由收款人持票登门取款

（三）汇付的应用

汇付属于商业信用，在国际贸易中，汇付方式的应用主要有以下三种。

1. 预付货款

预付货款俗称“前 T/T”，是指进口商订货前或出口商交货前，先由进口方将全部或部分货款通过银行汇付给出口商，出口商收到货款后，根据买卖双方事先约定好的合同规定，在一定时间内或立即将货物发给进口商。

2. 随订单付款

随订单付款是指当进口商发出订单时，或买卖双方签订合同后，进口商必须将货款汇付给出口商。

3. 赊销

赊销是指进口商在收到货物后，立即或在一定时间以后再付款给出口商的一种结算方式。

【小思考】

我国某出口公司与非洲 A 客户有长期的业务关系。受金融危机的影响，A 客户提出生意难做，要求我方给予优惠政策，其中一条是希望改变付款方式，由以前的预付电汇，改为货到付款。我方负责人考虑再三后同意了该客户的要求。该客户马上下了 10 万美元的订单，我方按计划执行，客人提取货物后即宣告破产。问：我方公司应该从次此事件中吸取哪些教训？

（四）汇付的利弊

汇付的利弊之处较为明显，其优点主要体现在：汇付手续简便，费用少；汇款人或收款人有无银行账户都可汇款；银行只收手续费，相对来说，费用较低。故对于跨国公司的不同子公司之间或者极其信任的客户之间，汇款都是比较理想的结算方式。

其缺点主要在于汇付风险大，资金负担不平衡。汇付过程中，银行只提供服务而不提供信用，汇款方式完全取决于买卖双方中一方对另一方的信用，属于商业信用。如预付款中，一旦付了款就失去了制约对方的手段，进口方能否收到货物完全依赖于出口方的信用；而赊销正好相反。这导致了汇款通常在小额情况下使用。对于预付货款的进口方或货到付款的出口方来说，资金负担较重，几乎承担了整个交易过程中需要的资金。

二、托收

（一）托收的含义

根据《托收统一规则》的规定，托收(collection)是指出口商通过出具汇票，委托本地银行通过它在国外的分行或代理行向进口商收取货款的结算方式。

资料卡

关于托收的国际惯例

国际商会从 1958 年出版了《商业票据托收统一规则》，于 1968 年开始实施。1995 年，国际商会公布《托收统一规则》(The Uniform Rules for Collection)新的修订本，即国际商会的第 522 号出版物，简称《URC 522》。该规则于 1996 年 1 月 1 日起实施，适用于在“托收指示”原文中注明适用该规则的托收业务。这些业务是指《URC 522》第 2 条规定的银行托收业务，该规则不适用非银行办理的托收业务。

该规则所称的托收是指单据托收，而不涉及第三人以口头方式代债权人向债务人索款的托收。而且，当事人只有明确约定在合同中适用该规则或者当事人未明示排除其适用时，同时在不违背有关国家的强制性法规的规定时，《URC 522》对约定适用该规则的当事人具有法律的约束力。

（二）托收的当事人

根据《URC 522》第 3 条的规定，托收方式涉及的当事人主要有以下几种。

1. 委托人

委托人(principal)是指开立汇票委托银行代收货款的人，通常是出口商。

2. 托收行

托收行(remitting bank)是指接受出口商委托代为收款的出口地银行。托收银行也叫委托行。

3. 代收行

代收行(collecting bank)是指接受托收行的委托，向进口商或付款人收款的进口地银行。代收行是托收行的国外分行或代理行。

4. 付款人

付款人(drawee or payer)是指承担付款责任的人，即进口商或债务人。

（三）托收的种类

托收可以分为两大类，即光票托收和跟单托收。

1. 光票托收

光票托收(clean collection)是指出口商只开出汇票(即只凭金融单据)委托银行向进口商收款，而不附任何其他商业单据。

在国际贸易中，光票托收通常用于收取出口货款的余款、样品费、佣金等费用。

2. 跟单托收

跟单托收(documentary collection)是指出口商将汇票连同提单、保险单、发票等货运单据一起交给出口商所在地的银行，委托该银行通过向进口商收取货款的结算方式。

国际贸易中货款的托收大多采用跟单托收。采用跟单托收时，根据托收业务中委托收款时交付单据的条件的不同，可以分为两种交单方式。

(1) 付款交单(documents against payment，D/P)。付款交单是指出口商委托托收行指示代收行必须在进口商付款后方能将单据交予进口商的托收方式。

付款交单根据付款时间又可分为即期付款交单和远期付款交单。

① 即期付款交单(D/P at sight)是指出口商在装运货物后，开立以进口商为付款人的即期汇票并附上装运单据交给托收行，通过银行向进口商提示，进口商见票后须立即付款后才能领取货运单据的托收方式。其业务流程如图 9-7 所示。

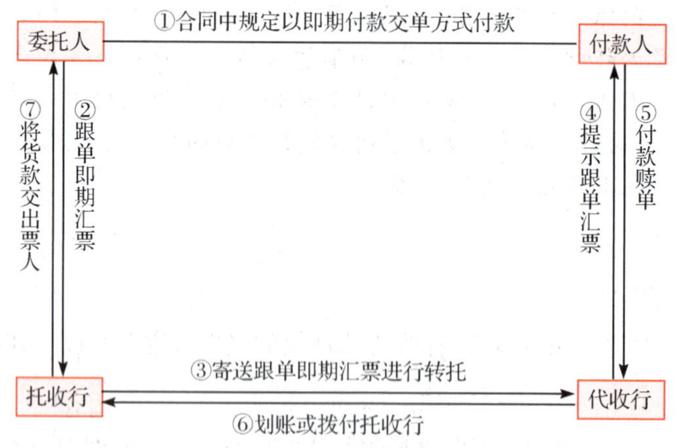

图 9-7 即期付款交单业务流程

② 远期付款交单(D/P after sight)是指出口商按买卖合同发货后，开立以进口商为付款人的远期汇票并附上装运单据，代收行收到单据后立即向进口商提示远期汇票，由进口商承兑该远期汇票后于汇票到期时向代收行付款，代收行在收取该远期汇票款后才向进口商交付单据。其业务流程如图 9-8 所示。

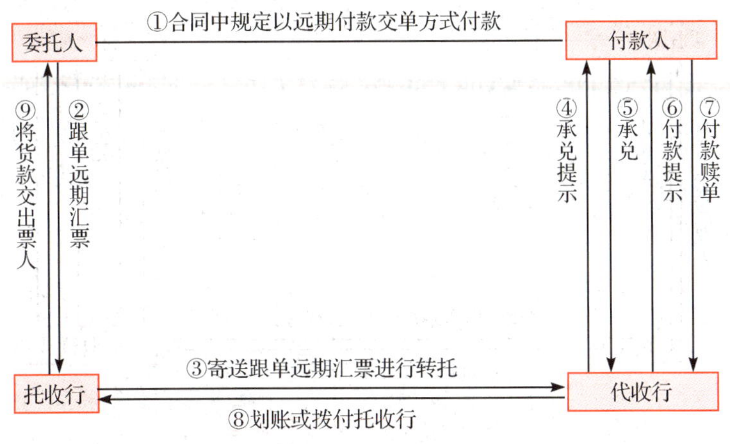

图 9-8 远期付款交单业务流程

资料卡

信托收据

在远期付款交单的情况下，进口商要等汇票到期日才能从代收行付款赎单，因此，如果付款日期和实际到货日期基本一致，进口商可以不必在到货之前付款，这对进口商资金的周转非常有利，但如果汇票的付款日期晚于到货日期，进口商为了抓住有利时机，可以早日提取货物进行销售或使用。此时，通常可采取两种办法：一是进口商提前付款赎单，扣除提前付款日到原付款到期日之间的利息；二是可凭信托收据向代收行借取单据先行提货，等汇票到期日再付清货款。所谓信托收据，是指进口人向代收行借取货运单据时提供的一种书面保证文件，表示愿意以代收行受托人身份代为提货、报关、保险、出售、承认货物的所有权属代收行，货物售出后所得款项应于汇票到期日交付代收行。如果凭信托收据借单是由代收行自行决定的，并非委托人授权，则代收行对出口商承担到期付款的责任。但如果是委托人指示代收行可凭信托收据借单，则由出口商自行承担收不回货款的风险。

(2) 承兑交单(documents against acceptance，D/A)。承兑交单是指出口商按买卖合同发货后，开立以进口商为付款人的远期汇票并附上装运单据，代收行收到单据后立即向进口商提示远期汇票，若单据合格进口商应对该远期汇票予以承兑，代收行即根据进口商的上述承兑向进口商交付单据，等该远期汇票到期时，进口商再向代收行付款。

承兑交单只适用于远期汇票的托收。对进口商而言，远期付款交单是先付款后交单；承兑交单是先提货后付款。进口商提货后拒付的话，出口商将会遭受很大的损失。因此，承兑交单风险很大，出口商采用时需慎重。其业务流程如图 9-9 所示。

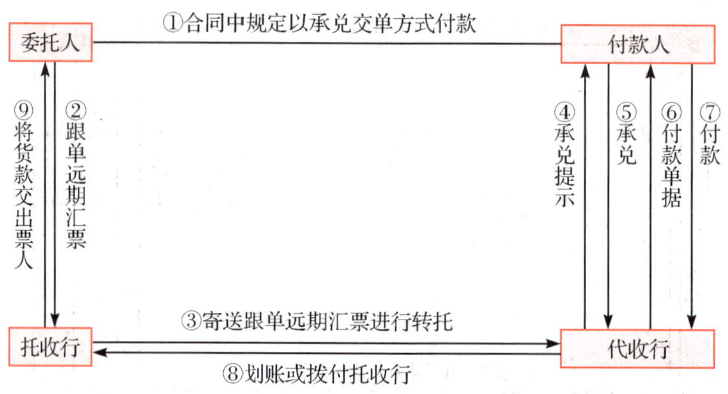

图 9-9 承兑交单业务流程

【小思考】

天津某出口公司向英国客户出口 1×20 FCL 粽子,双方在签订合同时约定以 D/P 60 天结汇。货到伦敦港后,客户打电话反映粽子发生变质无法销售,要求降价 20%。我方业务员马上与托收行联系,经托收行调查发现,包括正本提单在内的全套单据还在代收行。问:英国的客户是如何提取货物的?如果你是该公司业务员,应如何处理此事?

(四) 托收的性质与特点

1. 托收方式在性质上属于商业信用

无论是委托人与托收行之间、还是托收行与代收行之间都是委托代理关系,银行在托收业务中只提供有偿服务,不提供信用,即出口商发货后能否安全收回货款,取决于进口商的信用。

2. 托收属于逆汇

在托收方式下,支付工具是出口商开具的跟单远期汇票,它由出口商通过银行传递给进口商;而资金的流动方向恰好相反,是由进口商通过银行流向出口商。

3. 托收方式下,出口商要承担较大风险

在使用托收方式时,出口商是先发货、后收款,完全依赖于进口商的信用,这在一定程度上失去了对货物和货款的主动权,因此采用托收方式对出口商风险较大。从付款交单和承兑交单两种方式比较来看,承兑交单对卖方造成的风险更大。

(五) 托收的利弊

托收对进口商极为有利,因为进口商不需要预垫资金或仅须垫付较短时间的资金;如果采用承兑交单条件或在远期付款交单下利用信托收据先把单据借出,有利于进口方资金融通和周转。所以采用托收方式有利于调动进口方经营积极性,从而扩大出口。

由于托收属于商业信用,给出口商带来了极大的风险,其货款能否安全收回,取决于进口商的信用。所以货物已经运出,一旦遭受拒付,会使出口商陷入非常被动的地位,尤其是在承兑交单条件下,可能遭受货财两空的情况。

【小思考】

我某公司进口马口铁皮一批，以 D/P 即期付款。对方通过银行将单据寄来我方银行托收。公司即向银行办妥付款赎单手续。时隔一月，货物未到。我方公司连续向对方发电征询情况，均未回复。最后通过有关方面的了解，方知卖方提供的单据是利用一家刚倒闭的船公司的废弃提单。卖方在取得货款后，亦不知去向。对这一损失银行应否负责？为什么？

三、信用证

（一）信用证的含义

信用证(letter of credit，L/C)是银行开立的一种有条件承诺付款的书面文件。即银行根据进口商的请求和指示，向出口商开立的一定金额的，并在一定期限内凭规定单据承诺付款的书面文件，属于银行信用。

信用证的实质是银行代表其客户(买方)向卖方有条件地承担付款责任的凭证。

（二）信用证的特点

与汇付与托收的商业信用不同，信用证具有银行信用，因此信用证与汇付、托收方式相比，具有以下不同特点。

1. 开证行承担第一性的付款责任

信用证结算方式是以银行信用为基础的，开证行以自己的信用做出付款保证，开证行首先是付款人，即使进口人事后丧失偿付能力，只要出口人提交的单据符合信用证条款，开证行就要负责付款。

【小思考】

某出口企业收到一份国外开来的不可撤销即期信用证，正准备按信用证规定发运货物时，突然接到开证行通知，声称开证申请方已经倒闭。对此，出口企业应如何处理？为什么？

2. 信用证是一种自足的文件

信用证是根据买卖合同开立的，但是信用证一经开出，就独立于合同之外，即各当事人的责任与权利均以信用证为准，不受合同制约。

【小思考】

我国某出口企业向日本出口一批货物，合同规定 6 月份装船，后国外开来信用证将装船期定为 6 月 15 日前。但 6 月 15 日之前无船去日本，我方立即要求日商将装船期延至 7 月 15 日之前装运。日商来电称：同意修改合同，将装船期、有效期顺延 1 个月。该公司于 7 月 10 日装船，15 日持全套单据向指定银行办理议付，但被银行已单证不符为由拒绝议付。问：该议付行的做法是否合理？

3. 信用证业务是纯单据业务

银行处理的是单据，而不是单据所涉及的货物、服务或其他行为。在信用证业务中，银行付款、承兑或议付的依据是单证一致、单单一致，而不管货物是否与单证一致。因此，信用证结算方式是一项“单据买卖业务”，将国际货物买卖转变成了单据买卖。银行凭单据付款，卖方凭单据交货。即信用证开立后，只要出口商严格按照信用证规定的条款执行，做到单证一致、单单一致就能及时收到货款。

资料卡

《跟单信用证统一惯例》

《跟单信用证统一惯例》(Uniform Customs and Practice for Documentary Credits，简称 UCP)，是国际银行界、律师界、学术界自觉遵守的“法律”，是全世界公认的、到目前为止最为成功的一套非官方规定。70 多年来，160 多个国家和地区的 ICC 和不断扩充的 ICC 委员会持续为 UCP 的完善而努力工作着。

大家熟悉并使用了十多年的《UCP 500》已经退出历史舞台，取而代之的是顺应时代变迁、顺应科技发展的《UCP 600》。这是 UCP 自 1933 年问世后的第六次修订版。2003 年 5 月，ICC 银行技术与惯例委员会批准对 UCP 进行修改。修改稿经 9 人起草小组的 15 次会议初拟，并参考了来自 26 个国家的 41 位银行和运输业专家组成的资讯小组的意见。在复杂的磋商过程中，起草小组共收到来自各 ICC 国家委员会的 5000 多份意见书。国际商会中国国家委员会(ICC CHINA)参与了修订的全过程，而且是最主要的几个参与国家之一。

《UCP 600》共有 39 个条款、比《UCP 500》减少 10 条，但却比《UCP 500》更准确、清晰，更易读、易掌握、易操作。

(1) 把《UCP 500》难懂的词语改变为简洁明了的语言，取消了易造成误解的条款，如“合理关注”、“合理时间”及“在其表面”等短语。有人说这一改变会减少昂贵的庭审，意指法律界人士丧失了为论证或反驳“合理”“表面上”等所收取的高额费用。

(2)《UCP 600》取消了无实际意义的许多条款。如“可撤信用证”、“风帆动力批注”，“货运代理提单”及《UCP 500》第 5 条“信用证完整明确要求”，第 12 条有关“不完整不清楚指示”的内容也从《UCP 600》中消失。

(3)《UCP 600》的新概念描述极其清楚准确。如兑付(honor)定义了开证行、保兑行、指定行在信用证项下，除议付以外的一切与支付相关的行为；议付(negotiation)，强调是对单据(汇票)的买入行为，明确可以垫付或同意垫付给受益人，按照这个定义，远期议付信用证就是合理的。另外，还有“相符交单”、“申请人”、“银行日”等等。

(4) 更换了一些定义。如对审单做出单证是否相符决定的天数，由“合理时间”变为“最多为收单翌日起第 5 个工作日”。又如，对于“信用证”，《UCP 600》仅强调其本质是“开证行一项不可撤销的明确承诺，即兑付相符的交单”。再如，开证行和保兑行对于指定行的偿付责任，强调是独立于其对受益人的承诺的。

(5) 方便贸易和操作。《UCP 600》有些特别重要的改动。如拒付后的单据处理，增加了“拒付后，如果开证行收到申请人放弃不符点的通知，则可以释放单据”；增加了拒付后单据处理的选择项，包括持单候示、已退单、按预先指示行事。这样便利了受益人和申请人及相关银行操作。又如，转让信用证方面，《UCP 600》强调第二受益人的交单必须经转让行。但当第二受益人提交的单据与转让后的信用证一致，而第一受益人换单导致单据与原证出现不符时，又在第一次要求时不能进行修改的，转让行有权直接将第二受益人提交的单据寄开证行。这项规定保护了正当发货制单的第二受益人的利益。再如单据在途中遗失，《UCP 600》强调只要单证相符，即只要指定行确定单证相符、并已向开证行或保兑行寄单，不管指定行是兑付还是议付，开证行及保兑行均对丢失的单据负责。这些条款的规定，都大大便利了国际贸易及结算的顺利运行。

（三）信用证的当事人

1. 开证申请人

开证申请人(applicant)又叫开证人，是指申请开证的人，一般是贸易合同的买方。信用证的开证申请人包括进口商的名称和地址等内容。

2. 开证行

开证行(opening bank)是指接受开证申请人的委托，开立信用证的银行，一般是进口地银行。按照信用证条款规定，开证行负有到期付款的责任。

3. 通知行

通知行(advising bank)是指受开证行的委托，将信用证转交出口人的银行，一般是出口地银行，它通常是开证行在出口商所在地的代理行，出口商通常指定自己的开户行作为通知行。通知行只证明信用证的真实性，并不承担其他义务。

4. 受益人

受益人(beneficiary)是指信用证上所指定的有权使用信用证的人，一般为贸易合同的卖方。信用证的受益人包括出口商的名称和地址等内容。

5. 议付行

议付行(negotiating bank)是指根据开证行的授权买入或贴现受益人提交的符合信用证规定的票据的银行。议付行通常以受益人的指定人和汇票的善意持有人身份出现，可以是通知行或其他被指定的愿意议付该信用证的银行。

6. 付款行

付款行(paying bank)是指在信用证中提及应负责付款责任的银行，通常是开证行自己或开证行所指定的担任信用证项下付款或充当汇票付款人的银行，是承担信用证最终付款责任的银行。

7. 偿付行

偿付行(reimbursing bank)是指受开证行的委托或授权，对有关指定银行清偿垫款的银行。偿付行可以是开证行本身，也可以是开证行授权的银行。偿付行并不审查单据，不承担单据不符的责任，因此偿付行仅仅是接受开证行的委托或授权，凭指定银行的索偿指示进行偿付，但是此偿付不是开证行的终局性付款，在开证行见单后发现单据不符时，可直接向索偿行追回已经付讫的款项。

8. 保兑行

保兑行(confirming bank)是指根据开证行的请求,在信用证上加具保兑的银行。一般是通知行或其他出口地银行。保兑行和开证行均对受益人承担第一性付款责任。

(四) 信用证的主要内容

在国际贸易中,各国银行开出的信用证并没用统一的格式,有繁有简,有标准的,也有非标准格式的,但其内容基本相似,主要内容包括以下几个方面。

1. 总说明

总说明包括信用证的编号、开证日期和开证地点、到期日和到期地点、交单期限等。

2. 信用证的种类及性质

信用证的种类及性质可以根据信用证可否撤销、转让、是否经过保兑来划分。

3. 信用证的当事人

信用证的当事人包括开证行、通知行、开证申请人以及受益人的名称和地址,有时还有指定的议付行或付款行等。

4. 汇票条款

汇票条款包括出票人、付款人、汇票期限、金额、出票日期等。例如:

All drafts drawn under this credit must contain the clause: "Drawn Under Bank of China, Singapore, Credit No. 8793 dated August 6, 2009."

所有凭本信用证开具的汇票,均须包括本条款:"本汇票书凭中国银行新加坡分行 2009 年 8 月 6 日所开的第 8793 号信用证开具。"

5. 货物描述

货物描述包括货物名称、品质、数量、单价、价格术语等。例如:

200 pcs Drawer handles, at USD 18/pc, CIF TOKYO.

200 个抽屉手柄,每个 18 美元,CIF 东京。

6. 单据条款

单据条款包括受益人应提交的单据种类及份数要求等。例如:

Documents marked"×"below.

须提交下列注有"×"标志的单据。

Signed commercial invoice in duplicate.

签字的商业发票一式两份。

Draft must be accompanied by the following documents marked"×".

汇票须随附下列注有"×"标志的单据。

7. 装运条款

装运条款包括装运期限、是否允许分批和转运以及起讫地点的规定。

(1) 装运期。例如:

Latest date of shipment: May 8, 2009.

最迟装运期：2009 年 5 月 8 日。

From China Port to Singapore not later than Mar. 8,2009.

自中国口岸装运货物驶往新加坡不得迟于 2009 年 3 月 8 日。

(2) 分运、转运。例如：

Partial shipment not allowed.

不允许分运。

Transshipment is authorized at Hongkong.

允许在香港转运。

8. 保险条款

保险条款包括保险的要求、投保的金额和险别以及适应的保险条款等。例如：

Marine insurance policy in duplicate, for 120% of the invoice value against All Risks & War Risks subject to the ocean marine cargo clauses of P.I.C.C Dated 1/1/1981.

海洋保险单一式两份，按发票金额的 120%投保一切险和战争险，适用于 1981 年 1 月 1 日中国人民保险公司签发的海洋货物运输条款。

9. 开证行的保证

开证行的保证主要是开证行对其开具信用证的信用进行保证。例如：

We hereby undertake to honor all drafts drawn in accordance with terms of this credit.

凡按本信用证所列条款开具并提示的汇票，我行保证承兑。

10. 跟单信用证统一惯例文句

This credit is subject to the Uniform Customs and Practice for Documentary Credits (2007 Revision), International Chamber of Commerce publication No. 600.

本证根据国际商会第 600 号出版物《跟单信用证统一惯例》(2007 年修订)办理。

(五) 信用证开立的形式

根据信用证的开立方式及记载内容不同，可将信用证分为信开本信用证和电开本信用证。

1. 信开本

信开本信用证(L/C opened by mail)就是开证行根据开证申请人的要求，将信用证的全部内容用信函方式开出，邮寄到通知行，请其通知信用证给受益人。

信开本信用证是传统的信用证开立形式，但因传递速度较慢且要使用印鉴，目前多数发达国家的银行都已经不用此种方式来开立信用证。

2. 电开本

电开本信用证(L/C opened by teletransmission)是指用电报(cable)、电传(telex)或 SWIFT 等电讯方式，将信用证内容传递给通知行的方式开立的信用证。

电开本信用证又可分为全电本和简电本两种。

全电本是指开证行根据开证申请人的要求，以电讯方式开立的列有信用证必备完整内容的有效信用证文本。有些银行在信用证电文中注明有效文本已明确该全电本性质，未注明“详情后告”或“邮寄证实书”等字样的电开本信用证应视为有效电开信用证。

简电本是指开证行根据开证申请人的要求，将信用证的主要内容用电文预先通知受益人。这种信用证只供受益人备货订舱参考，不能凭以装运货物，也不是有效的信用证文件，银行不能凭以议付。因此，简电本中通常注明"随寄证实书"。

【小思考】

葡萄牙马德拉岛上某开证银行 A 因与中国银行河北省分行没有业务往来，于是 A 银行通过 SWIFT 系统将信用证开出并传递给欧洲大陆一银行 B。B 银行将其通过 SWIFT 系统接收到的信用证直接打印出来，邮寄给中国银行河北省分行。请问中国银行河北省分行收到的是电开本信用证还是信开本信用证？

（六）信用证业务流程

（1）买卖双方通过谈判签订合同，确定使用信用证支付。

（2）申请开证。进口方按合同规定的期限向所在地银行申请开证，申请开证时，申请人填写并向银行递交开证申请书。

（3）开证行开立信用证。开证行接受申请人的开证申请后，据其开立以出口人为受益人的信用证，并寄发给通知行。

（4）通知行通知受益人。通知行收到信用证后，经核对签字印鉴或密押无误，立即将信用证转交受益人，并留存一份副本备查。

（5）交单议付。受益人对信用证的内容审核无误，即可根据信用证的规定发运货物，缮制并取得信用证规定的全部单据，开立汇票，连同信用证正本和修改通知书，在信用证规定的有效期和交单期内，递交给通知行或与自己有往来的银行或信用证中指定的议付银行办理议付。

（6）寄单索偿。议付行议付后，取得了信用证规定的全套单据，即可凭单据向开证行或其指定的银行请求偿付货款。

（7）申请人付款赎单。开证行在向议付行偿付后，即通知申请人付款赎单。开证人应到开证行审核单据，若单据无误，即应付清全部货款与有关费用；若单据和信用证不符，申请人有权向开证行拒付。申请人付款后，即可从开证行取得全套单据。

信用证业务流程如图9-10所示。

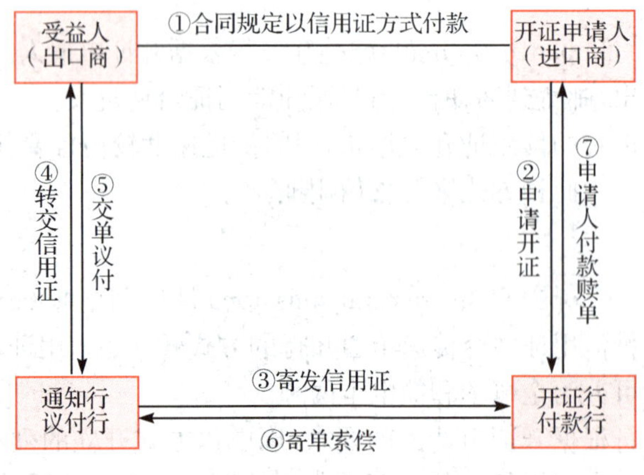

图 9-10　信用证业务流程图

（七）信用证的种类

1. 根据有无单据分为跟单信用证和光票信用证

(1) 跟单信用证(documentary credit)是指开证行凭跟单汇票或仅凭单据付款的信用证。单据是指代表货物所有权或证明货物已经装运的货运单据，如提单等。国际贸易中所使用的信用证大多数是跟单信用证。

(2) 光票信用证(clean credit)是指凭不附有单据的汇票付款的信用证。由于不附有货运单据，出口商可在货物装船取得提单以前，就开出汇票，请求银行议付。所以，光票信用证实际上具有预先取得货款的作用。但也有进出口商关系比较密切的，先将货运单据按信用证规定寄给进口商，方便进口商提货，然后凭光票向进口商收款。

2. 根据开证行对信用证所负责任分为可撤销信用证和不可撤销信用证

(1) 可撤销信用证(revocable L/C)是指开证行可以不经过出口商的同意，也就是不必事先通知出口商，在出口地银行议付之前，有权随时撤销信用证或修改信用证的内容。但在受益人依信用证条款规定已经得到议付、承兑或延期付款保证时，该信用证就不能被撤销或修改。

(2) 不可撤销信用证(irrevocable L/C)是指信用证一经开出，在有效期内，未经出口商和有关当事人的同意，开证行不得片面撤销或修改信用证的内容，只要出口商提供的汇票、单据符合信用证规定，开证行就必须履行付款义务。

如果信用证上没注明，则认为是不可撤销信用证。

3. 根据付款时间分为即期信用证和远期信用证

(1) 即期信用证(sight L/C)是指开证行或付款行收到符合信用证条款的汇票和单据后，立即履行付款义务的信用证。即期信用证是单到付款，其特点是出口人收汇迅速、安全。

(2) 远期信用证(usance L/C)是指开证行或付款行收到符合信用证条款的单据，不用立即付款，等到汇票到期时，才履行付款义务的信用证。

4. 根据有无第三者提供信用分为保兑信用证和非保兑信用证

(1) 保兑信用证(confirmed L/C)是指一家银行开出信用证，由另一家银行保证对符合信用证条款规定的汇票、单据履行付款。

受益人一般对信用证的资信不够了解或不足以信任，或对进口国家的政治上或经济上有顾虑时才提出保兑要求。信用证一经保兑，保兑行承担与开证行相同的付款责任。

保兑行通常是信用证的通知行，但有时也可能是出口地的其他银行或第三国银行。通知行在担负保兑责任时，一般是在信用证通知书上加注保兑文句“此信用证已经由于我行加以保兑”。

(2) 非保兑信用证(unconfirmed L/C)是指未经另一家银行加具保兑的信用证。

如果信用证上没注明，则认为是非保兑信用证。

5. 根据受益人对信用证权利可否转让分为可转让信用证和不可转让信用证

(1) 可转让信用证(transferable credit)是指开证行授权通知行，在受益人的要求下，可把信用证的权利全部或部分转让给第三者。可转让信用证只能转让一次，可以一次转让给多个受益人。但信用证的转让不等于买卖合同的转让，原出口商仍要承担义务。

要求开立可转让信用证的第一受益人通常是中间商，他将信用证转让给实际的供货人，由后者办理装运手续，从中赚取差额利润。

(2) 不可转让信用证(non-transferable credit)是受益人不能将信用证的权利转让给第三者的信用证。

如果信用证上没注明，则认为是不可转让信用证。

6. 根据信用证的使用方法分为付款信用证、承兑信用证和议付信用证

(1) 付款信用证(payment L/C)是指受益人只能直接向开证行或其指定的付款行交单索偿的信用证。付款信用证一般不要求受益人开具汇票，仅凭受益人提交的单据付款。

(2) 承兑信用证(acceptance L/C)是指受益人提交远期汇票和单据，由付款人先承兑，等汇票到期日再付款的信用证。

(3) 议付信用证(negotiation L/C)是指开证行允许受益人向某一指定银行或任何银行交单议付的信用证。

7. 其他

(1) 假远期信用证(usance L/C payable at sight)，其实质是远期信用证、即期付款。该信用证规定受益人开立远期汇票，由付款行负责承兑和贴现，承兑费用和贴现利息由进口人承担。此种信用证表面上是远期信用证，但受益人却能及时全额地收回货款。该信用证对出口方来说类似即期信用证，对进口方来说，要承担贴现利息和承兑费用，故又叫买方远期信用证。

(2) 循环信用证(revolving L/C)是指信用证被全部或部分利用后，能够恢复到原金额重新使用的信用证。

① 自动循环：议付后，不需要开证行通知就可以循环使用的。

② 半自动循环：议付后，在规定期限内，开证行不通知停止循环就可以循环使用的。

③ 非自动循环：议付后，必须开证行通知才能循环使用的。

(3) 红条款信用证(red clause L/C)是指受益人有权在提交装运单据前，可以预支一定百分比的信用证金额的信用证，除加注一条授权通知行在交单前向受益人预先垫款的特别条款外，与普通的信用证无区别。

(4) 对开信用证(reciprocal L/C)是指两张信用证申请人互以对方为受益人而开立的信用证。两张信用证的金额相等或大体相等，可同时互开，也可先后开立。此信用证多适用于易货贸易、来料加工或补偿贸易业务。

(5) 对背信用证(back to back L/C)也叫转开信用证，是指受益人要求原证的通知行或其他银行以原证为基础，另开一张内容相似的新信用证，对背信用证的开证行只能根据不可撤销信用证来开立。原证的受益人就是新证的开证申请人；原证的通知行一般就是新证的开证行；原证与新证在金额和交货期方面不同。新证的开证人通常以原证下取得的货款偿付新证的开证行已经垫付资金，新证的开证行为防止原证不能收款，除了要原证作抵押外，还要求开证人缴纳其他抵押品或担保。

对背信用证的开立通常是中间商转售他人货物，或两国不能直接办理进出口贸易时，通过第三者以此种办法来沟通贸易。

四、支付方式的选择

为保证安全、快捷地收汇，促进贸易的发展，进出口双方如何选择支付方式就显得尤为重要。在实际操作中，通常单独使用一种支付方式，但有时在特定的情况下，也可以在同一笔交易中，结合使用两种或者两种以上不同的支付方式。

（一）影响支付方式选择的因素

每种支付方式都有其自身的优点和缺点，所以在实际操作中应根据具体情况选择一种支付方式或者组合支付方式。在选择支付方式时，通常应该考虑以下因素。

1. 客户信用

在国际贸易中，客户的信用关系到合同能否顺利履行，是顺利收汇的关键因素。因此，要想做到安全收汇，就要先做好国外客户的信用调查，这是选用支付方式成败的关键和基础。对于信用状况不甚了解或者信用状况不佳的客户，应选择风险较小的支付方式，如在出口业务中一般可采用跟单信用证方式。若与信用等级高的客户交易，交易风险较小，可选择手续比较简单、费用比较少的方式，如在出口业务中可以选择付款交单的托收方式。

2. 贸易术语

国际货物买卖合同中采用不同的贸易术语，所表明的交货方式与适用的运输方式是不同的。而在实际业务中，也不是每一种交货方式和运输方式都能适用任何一种支付方式。例如，在适用 CIF、CFR 等属于象征性交货方式的交易，卖方交货和买方收货不同时发生，转移货物所有权是以单据为媒介，就可以选择跟单信用证方式；但在适用 EXW、DES 等属于实际交货方式的术语的交易中，就不能使用跟单信用证方式。

3. 运输单据

如果货物通过海上运输，出口人装运货物后得到的运输单据为海运提单，而提单是货物所有权凭证，是凭以在目的港向船公司或承运人提取货物的凭证，所以，在交付给进口人前，出口人尚能控制货物，故可适用于信用证和托收方式结算货款。如果是通过航空、铁路或邮政运输时，出口人装运货物后得到的运输单据为航空运单、铁路运单或邮包收据，这些都不是货物的所有权凭证，收货人提取货物时也不需要这些单据，在这些情况下都不适宜作托收。

（二）不同支付方式的结合使用

1. 信用证与汇付相结合

部分货款用信用证支付，余数用汇付方式结算。例如，对于矿砂等初级产品的交易，双方可以约定，信用证规定凭装运单据先付发票金额的若干成，余数待货物到目的地后根据检验的结果，按实际品质或重量计算确定金额，用汇付方式支付。

2. 信用证与托收相结合

部分货款用信用证支付，余数用托收方式结算。一般做法是，信用证规定出口人开立两套汇票，属于信用证部分的货款凭光票付款，而全套单据附在托收部分汇票项下，按即期或远期付款交单方式托收。但信用证上必须注明“在发票金额全部付清后才可交单”的条款，以求安全。

3. 汇付、托收和信用证相结合

在国际贸易实践中，对于那些成交金额大、产品生产周期长、需要分期付款的情况，往往采用汇付、托收和信用证相结合的方式。

任务实施

小杨综合了解各种支付方式的利弊，发现汇付方式较为简便，但具体应用中要注意资金负担的平衡，通过预付款、货到付款等方式的结合避免风险；托收方式下出口人风险较大，很少采用；信用证结算为银行信用，较为安全，但存在费用高、时间长的缺点，对业务人员素质要求较高。在综合考虑之后，通过与对方磋商，双方决定采用即期信用证方式付款。

任务三 确定支付条款

任务情境

业务员小杨选定了适合的支付方式，那么在拟定合同支付条款时又该注意哪些内容呢？应该如何来拟定这些条款呢？

任务分析

国际货物买卖合同中的支付条款是合同中的要件之一。只有将合同中的支付条款依据支付方式的特点及要求订立得明确清楚，才会避免在国际贸易货款收付过程中出现纠纷和风险。

知识精讲

一、合同中的汇付条款

汇付方式通常用于预付货款和赊销贸易，为了明确责任，防止拖延收款的时间，必须在买卖合同中明确规定汇付的时间、具体的汇付方式和汇付金额。预付货款的条款示例如下：

The Buyer shall pay 10% of the contract value in advance by T/T to reach the Seller not later than Apr. 6, 2011.

买方应在 2011 年 4 月 6 日前将 10%的货款以电汇方式预付给卖方。

二、合同中的托收条款

跟单托收的单据中通常包括凭以提取货物的物权凭证，如海运提单，持有人可凭以向承运人提取货物，在任何情况下，将单据交付给买方对买卖双方的权责以及风险影响都很大。因此，必须在合同中明确规定交单条件、付款和承兑的责任及付款期限等。

(一) 付款交单

1. 即期付款交单支付条款

即期付款交单支付条款的订立形式如下：

Upon first presentation the Buyer shall pay against documentary draft drawn by the Seller at sight. The shipping documents are to be delivered against payment only.

买方凭卖方开具的即期跟单汇票，于第一次见票时立即付款，付款后交单。

2. 远期付款交单支付条款

远期付款交单支付条款的订立形式如下：

The Buyer shall duly accept the documentary draft drawn by the Seller on the Buyer at × days' sight upon first presentation and shall make payment on its maturity. The shipping documents are to be delivered against payment only.

买方应对卖方开具的以买方为付款人的见票后×天付款跟单汇票于提示时即予承兑，并于汇票到期日即予付款，付款后交单。

(二) 承兑交单

承兑交单支付条款的订立形式如下：

Payment by draft drawn on buyer payable × days after sight, documents against acceptance.

凭买方为付款人的见票后×天付款的汇票付款，承兑后交单。

三、合同中的信用证条款

在国际货物买卖中，特别是出口业务中，如采用跟单信用证方式结算，一般应在买卖合同的支付条款中，就开证时间、开证银行、信用证受益人、种类、金额、装运期、到期日等给出明确规定。

1. 即期信用证

即期信用证相关条款的订立形式如下：

The Buyer shall open through a bank acceptable to the Seller an Irrevocable Sight Letter of Credit to reach the Seller 30 days before the month of shipment, valid for negotiation in China until the 15 days after the month of shipment.

买方应通过卖方所接受的银行于装运月份前 30 天开出并送达卖方不可撤销的即期信用证，于装运月份后 15 天在中国议付有效。

2. 远期信用证

远期信用证相关条款的订立形式如下：

The Buyer shall open through a bank acceptable to the Seller an Irrevocable Sight Letter of Credit 100% of invoice value at 45 days Sight to reach the Seller 30 days before the month of shipment, valid for negotiation in China until the 15 days after the month of shipment.

买方通过卖方可以接受的银行于装运月份前 30 天开出并送达卖方不可撤销的见票后

45 天付款的信用证，有效期至装运月份后 15 天在中国议付。

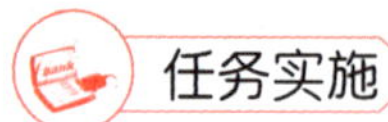

任务实施

在国际贸易中，进出口商应选择恰当的支付工具和支付方式，订立合适的合同支付条款，处理货款的支付。

业务员小杨经过和对方的磋商，决定采用即期信用证方式结算货款，并签订如下支付条款：

The buyer shall open through EIPE NATIONAL DE LONDON an irrevocable sight L/C to reach the seller 40 days before the month of shipment, valid for negotiation in China until the 10 days after the month of shipment, but within the validity of the L/C.

知识巩固

1. 汇票的票据行为有哪些？
2. 什么是汇款？其当事人有哪些？
3. 简述托收对于进出口方的利弊。
4. 什么是信用证？简述其一般流程。
5. 信用证方式的主要特点是什么？
6. 简述信用证的种类。

案例讨论

案例一

我国某外贸公司接到国外开来的信用证，证内规定："数量共 6 000 箱，1～6 月份分 6 批装运，每月装运 1 000 箱。"1～3 月份，该信用证的受益人每月装运 1 000 箱，银行已分批议付了货款。对于第四批货物，原定于 4 月 25 日装船出运。但由于台风登陆，该批货物延至 5 月 1 日才装船，当该公司凭 5 月 1 日的装船提单向银行交单议付时，却遭到银行拒付。该公司曾以"人力不可抗拒"为由，要求银行融通，也遭到银行拒绝。请问在上述情况下，开证行有无拒付的权力？为什么？

案例二

某公司向国外进口一批钢材，货物分两批运输，支付方式为不可撤销即期信用证，每批分别由中国银行开立一份信用证。第一批货物装运后，卖方在有效期内分别向中国银行交单议付，议付行审单后，即向该商议付货款，随后中国银行对议付行作了偿付。我方在收到第一批货物后，发现货物品质不符合合同，因而要求开证行对第二份信用证的单据拒绝付款，但遭到开证行的拒绝。你认为开证行这样做是否合理？

案例三

某中国银行曾收到香港地区 BD 金融公司开出的以海南某公司为受益人的信用证，金额为 USD 992 000.00，出口货物是 2 000 台照相机。信用证要求发货前由申请人指定代表出具货物检验证书，其签字必须由开证行证实，且规定 1/2 的正本提单在装运后交与申请人代表。在装运时，申请人代表来到出货地，提供了检验证书，并以数张大额支票作抵押，从受益人手中拿走了其中一份正本提单。后来，受益人将有关支票委托当地银行议付，但却被告知：托收支票为空头支票，申请人代表出具的检验证书签名不符，纯属伪造。更不幸的是，货物已被全部提走，下落不明。请问：该案例中的海南某公司的做法有哪些问题？你能否根据所学的知识提出一个比较好的建议？

技能训练

根据下列业务背景写出货款收付流程。

出口商：天津东方贸易公司　　往来银行：中国银行天津分行

进口商：日本 SEAJRU 公司　　往来银行：东京三菱银行

支付方式：全部交易金额以银行汇票付款

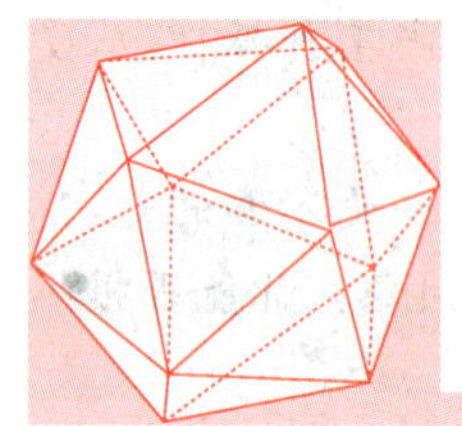

学习情境十
高效解决商品检验、索赔、不可抗力和仲裁问题

知识目标

- 了解商品检验内容、检验机构、检验时间、检验地点及检验证书；
- 掌握索赔条款及索赔时限的规定；
- 掌握不可抗力的事故处理；
- 了解仲裁的特点、程序及效力。

能力目标

- 能正确把握《联合国国际销售货物公约》对检验、索赔、不可抗力和仲裁条款的规定；
- 能订立合同的商品检验条款。

进出口商品检验检疫是进出口业务中的一个重要环节，因为进出口商品能否顺利地交货履约，以及发生问题时能否对外索赔挽回损失，都与商品的检验密切相关。同时，在进出口业务中，发生争议、索赔的事例很多。在市场情况发生变化时，进出口商觉得履约对他们不利时，往往寻找各种借口拒不履约或拖延履约，甚至弄虚作假或提出无理要求，不可抗力就是其中一个常见的借口。而在解决国际纠纷时，最好能在尽可能短的时间内、以尽可能少的费用解决纠纷，且尽量不要伤害彼此的感情。仲裁就是国际贸易中使用得最多的争议解决方式。

任务一 实施进出口商品检验检疫

任务情境

英国 Golden Elephant Trading Co.，Ltd 与天津昌盛贸易有限公司进行多次接触就其他条款都已达成一致，但在商品检验方面，各方都尽力争取在合同中规定对自己有利的检验方法，业务员小杨和英国公司的工作人员 Tom 正在商讨商检的各项事宜，准备拟定合同的商品检验检疫条款。

任务分析

货物的检验检疫条款一般包括检验时间和地点、检验机构、检验证书等相关事项。合同中检验条款涉及合同双方的利益，因此，买卖双方对此都十分关注，需要在合同中加以明确规定。

知识精讲

一、进出口检验检疫的概念

进出口商品检验简称商检，是指在国际货物买卖中，由国家设置的管理机关或由政府注册的第三者身份的民间公证鉴定机构，对进出口商品的质量、数量、规格、重量、包装、残损、安全性能、卫生方面的指标以及装运技术和装运条件等项目实施检验和鉴定，以确定其是否与贸易合同、有关标准规定相一致，是否符合进出口有关法律和行政法规的规定，有时还要据此明确事故的起因和责任归属。

二、进出口检验检疫的内容

商品检验的内容包括：品质检验、数量和重量检验、包装检验、卫生检验和残损鉴定。

1. 品质检验

品质检验的范围很广，大体上包括外观质量检验与内在质量检验两个方面。外观质量检验主要是对商品的外形、结构、花样、色泽、气味、触感、表面加工质量、表面缺陷等的检验；内在质量检验一般指有效成分的种类含量、有害物质的限量、商品的化学成分、物理性能、机械性能、工艺质量、使用效果等的检验。

2. 数量和重量检验

数量和重量检验是指按合同规定的计量单位和计量方法对商品的数量和重量进行检验。

3. 包装检验

包装检验是根据外贸合同、标准和其他有关规定，对进出口商品的外包装和内包装以及包装标志进行检验。包装检验首先核对外包装上的商品包装标志（标记、号码等）是否与进出口贸易合同相符。对进口商品主要检验外包装是否完好无损，包装材料、包装方式和衬垫物等是否符合合同规定要求。对外包装破损的商品，要另外进行验残，查明货损责任方以及货损程度。对发生残损的商品要检查其是否由于包装不良所引起。对出口商品的包装检验，除包装材料和包装方法必须符合外贸合同、标准规定外，还应检验商品内外包装是否牢固、完整、干燥、清洁，是否适于长途运输和保护商品质量、数量的习惯要求。

4. 卫生检验

卫生检验是指对肉类罐头食品、奶制品、禽蛋及蛋制品、水果等货物是否无菌、无寄生虫等进行检验。

5. 残损鉴定

残损鉴定是指对受损货物的残损部分予以鉴定,分析致残原因及其对商品使用价值的影响,估计损失程度,出具证明等。

三、商检机构

1. 国际上的检验机构

国际上的进出口商品检验机构主要有官方的、非官方的和半官方的三种类型。

官方的检验机构是由国家或地方政府设置的,根据国家颁布的有关法令,对特定的进出口商品特别是有关安全、卫生、检疫、劳保、环保等方面的商品执行强制检验、检疫和监督管理。如美国粮谷检验署(FGES)、美国食品药品管理局(FDA)、法国国家实验检测中心、日本通商产业检查所等,都是由国家政府设置的官方检验机构。非官方检验机构一般是经政府注册登记,一些具备专业检验鉴定技术业务能力和国际法律知识的审计署法人或私人建立的检验公司、公证行、鉴定公司等。民间检验机构主要是指根据法律规定,经过注册登记,具有法人资格,能独立执行检验、鉴定的检验机构。如瑞士日内瓦通用鉴定公司(S. G. S.)、美国保险人实验室公司(UL)、英国劳合氏公证行等都属于民间和社会团体检验机构。

【小思考】

我国某出口公司与外商达成交易,出口茶叶一批,对方国家海关规定所有货物必须经过 SGS 检验方可入关,进口商要求在目的港做 SGS,才愿意订立合同开立信用证。问:我方业务员应如何处理这笔业务?

2. 我国的商检机构

中华人民共和国国家质量监督检验检疫总局(AQSIQ)是我国最主要的官方检验机构。国家质检总局在各省、自治区、直辖市及进出口商品口岸、集散地都设立进出口商品检验局及其分支机构。此外,我国还设立了专门从事动植物、食品卫生、药物、船舶、飞机、计量器具等检验或检疫的检验机构。

中国检验认证集团(CCIC)是经国家质量监督检验检疫总局(AQSIQ)许可、国家认证认可监督管理委员会(CNCA)资质认定的第三方检验认证机构。目前,CCIC 在全球拥有约 300 家机构,200 家合作实验室,员工逾 16 000 人,运营网络覆盖 20 余个国家和地区,遍布全球主要港口、城市及货物集散地。

资料卡

我国商检机构的发展历程

1998年以前，我国的出入境检验检疫工作由我国国家进出口商品检验局、农业部动植物检疫局、卫生部卫生检疫局三个部门分工负责。1998年3月，全国人大通过的国务院机构改革方案决定将上述三个部门合并组建中华人民共和国出入境检验检疫局，即通常所说的“三检合一”。

2001年4月10日，国务院决定将国家质量技术监督局与国家出入境检验检疫局合并，成立了中华人民共和国质量监督检验检疫总局，简称国家质检总局，是国务院的正部级行政管理机构。

四、检验的时间和地点

在国际货物贸易中，买卖贸易合同关于检验时间与地点的规定，基本做法有以下三种。

（一）在出口国检验

在出口国检验又可分为产地检验或工厂检验、装运前或装运时在装运港（地）检验。

1. 在产地或工厂检验

在产地或工厂检验是指货物在离开生产地点（如工厂、农场或矿山）之前，由出口商或其委托的检验人员或进口商的验收人员，对货物进行检验或验收。出口商承担离开产地之前的责任，而在运输途中出现的品质、数量等方面的风险则由进口商承担。

2. 装运前或装运时在装运港（地）检验

装运前或装运时在装运港（地）检验又称以离岸质量、重量（或数量）为准（shipping quality, weight or quantity as final），即出口货物在装运港（地）装运前或装运时，以双方约定的商检机构对货物进行检验后出具的质量、重量、数量和包装等检验证书，作为决定交货质量、重量或数量的最后依据。在这里，出口商取得商检机构出具的各项检验证书，就意味着其所交货物的质量、重量或数量是与合同规定相符合的，进口商对此无权提出任何异议。货物运抵目的港（地）后，进口商如再对货物进行复验时，即使发现问题，也无权再表示拒收或提出索赔。

出口国检验的方法对出口商有利，而对进口商不利，故在国际贸易中很少采用。

（二）在进口国检验

1. 在目的港（地）检验

在目的港（地）检验即以到岸质量、重量（或数量）为准。在货物运抵目的港（地）卸货后的一定时间内，由双方约定的目的港（地）的检验机构进行检验，该机构出具的检验证书作为决定交货质量、重量或数量的最后依据。如果检验证书证明货物与合同规定不符并确属卖方责任，卖方应予负责。

2. 在买方营业处所或最终用户所在地检验

对一些需要安装调试进行检验的成套设备、机电仪产品及在卸货口岸开件检验后难以恢复原包装的产品，对方可约定将检验时间和地点延伸和推迟至货物运抵买方营业所或最终用户的所在地后的一定时间内进行，并以该地约定的检验机构所出具的检验证书作为决定交货质量、重量或数量的最后依据。

进口国检验的方法对进口商有利，对出口商不利，故实践中很少采用。

（三）出口国检验、进口国复验

贸易合同若规定在出口国检验、在进口国复验，是指以装运港（地）的检验证书作为收付货款的依据，但货物运抵目的港（地）或发货地的检验机构进行检验，该商检机构出具的检验证书可以作为出口商议付的凭证，但不是最后依据。进口商在货物运抵目的港（地）卸货后的一定时间内仍有权复验，经双方约定的目的港（地）的商检机构对货物检验后出具的检验证书才是最后依据。如果发现由于出口商责任而造成交货的质量、重量或数量与贸易合同不符，进口商仍有权凭该商检证书向出口商提出索赔。

由于这种做法兼顾了进出口双方的利益，相对公平合理，因此在国际贸易中广泛使用。

【小思考】

我国某出口公司与德国外商达成交易，出口羊皮一批，合同内规定在中国检验检疫，在货到德国汉堡港口后20天内复验。货物达到德国汉堡后，德国外商没有提出异议，但当德商将羊皮制成皮衣后，发现皮衣前后有色差，影响皮衣的销售，对方认为我方交货质量有严重问题，要求退货并损害赔偿。问：德国外商的要求合理吗？为什么？

五、检验证书

在国际贸易中，商检证书起着公证证明的作用，它是买卖双方商品交接、结算货款以及进行索赔和理赔的依据之一，也是报关验放、计算关税和运费的重要凭据，还是证明装运条件、明确贸易关系人责任、处理经济诉讼和仲裁的有效凭证。在使用信用证方式结算货款的情况下，商检证书通常也是银行议付货款和出口收汇的依据。

1. 检验证书的种类

（1）品质检验证书（inspection certificate of quality），是证明进出口商品的质量、规格、等级等实际情况是否符合贸易合同或有关规定的证明文件。它可以作为国际贸易关系人交接货物、结算货款、通关验放、索赔理赔及仲裁诉讼的有效证件。

（2）重量或数量检验证书（inspection certificate of weight or quantity），是出口商品交货结汇、签发提单、纳税和进口商品结算索赔的有效凭证，证明进出口商品的重量或数量是否符合贸易合同规定的证明文件。

（3）包装检验证书（inspection certificate of packing），是证明进出口商品包装情况的证明文件。

（4）兽医检验证书（veterinary inspection certificate），是证明进出口动物产品经过检疫合格的证明文件，适用于冻畜肉、冻禽、禽畜肉、罐头、冻兔、皮张、毛类、绒类、猪鬃、肠衣等出口商品。有时还要加上卫生检验内容，称兽医卫生检验证书。它是对外交货、银行结汇和进口通关的重要证件。

（5）卫生检验证书（sanitary inspection certificate）又称健康检验证书，是证明可供人类食用的出口动物产品、食品等经过卫生检验或检疫合格的证件，适用于肠衣、罐头、冻鱼、蛋品、乳制品、蜂蜜等商品，是对外交货、银行结汇和通关验放的有效证件。

(6) 消毒检验证书(disinfecting inspection certificate)，是证明出口动物产品经过消毒处理，保证安全卫生的证件，适用于猪鬃、马尾、羽毛、人发等商品，是对外交货、银行结汇和国外通关验放的有效凭证。

(7) 熏蒸检验证书(inspection certificate of fumigation)，是用于证明出口粮谷、油籽、皮张等商品，以及包装用木材与植物性填充物等，已经过熏蒸灭虫的证书。

(8) 残损检验证书(inspection certificate on damaged cargo)，是证明进口商品残损情况的证件，适用于进口商品发生残、短、毁等情况，可作为受货人向发货人或承运人或保险人等有关责任方索赔的有效证件。

(9) 产地检验证书(inspection certificate of origin)，如果合同规定出具原产地证明，按给惠国的要求，出口方开具原产地证明，商检机构签发原产地证书。

(10) 价值检验证书(inspection certification of value)，证明产品的价值或发票所载商品价值正确的文件。

(11) 温度检验证书(inspection certificate of temperature)即证明出口冷冻商品温度符合要求的书面文件。

(12) 船舱检验证书(inspection certificate on tank/hold)，证明承运出口商品的船舱清洁、冷藏效能及其他技术条件是否符合保护承载商品的质量和数量完整与安全的要求。

2. 检验证书的作用

(1) 作为卖方所交付货物的品质、重量、数量、包装及卫生条件等是否符合合同规定的依据。

(2) 作为买方对品质、数量、重量、包装等提出异议、拒收货物、要求赔偿的凭证。

(3) 作为卖方向银行议付货款的单据之一。

(4) 作为出口国和进口国海关验放的有效证件。

(5) 作为证明货物在装卸、运输中实际状况、明确责任归属的依据。

六、买卖合同中的商品检验条款

商品检验条款的订立，其主要意义在于确定商品的质量、数量(重量)和包装等是否符合贸易合同的规定，凭以验证卖方是否履行了合同规定的交货义务，如发现卖方所交货物与合同规定不符时，买方可以拒绝收货、拒绝付款或提出相应的索赔要求。所以，订立好商品检验条款，做好进出口商品检验工作，对维护贸易双方权益，保证交易的顺利进行具有重大意义。

(一) 商品检验条款的主要内容

进出口双方商定商品检验条款时应把货物检验工作与所进出口货物本身的特点、各国的有关法律规定及国际贸易惯例等因素结合起来，综合确定。一般，商品检验条款的主要内容包括以下几个方面。

(1) 检验的时间和地点。

(2) 检验机构。

(3) 检验标准与方法。

(4) 复验的期限和机构。

(5) 商品检验的内容。

(6) 检验证书的种类。

(二) 在规定商品检验条款时的注意事项

1. 关于质量标准

我国出口商品的品质规格一般应按照我国法律、法规规定的检验标准或其他必须执行的检验标准执行,如对方提出要按照对方或第三国的标准时,我们应和有关部门仔细研究后再定;对出口商品的品质规格,不要规定得太过绝对化,若没有上下浮动范围,会对执行不利;对某些出口商品的品质规格项目,在签约时应考虑是否符合该商品的实际情况,以免日后被动。进口商品一般按生产国的标准进行检验,或按买卖双方协商同意的标准和方法进行检验,或按国际标准和国际习惯进行检验。

2. 关于复验时间、地点及复验费用的负担

复验时间的长短直接关系到品质数量等索赔的期限。若超过规定的期限提出索赔,卖方就有权拒赔。因此,复验期限在合同中要有明确的规定。这主要根据商品的特性和检验所需时间的长短不同而异。例如,农副产品的复验时间可短一些,机电仪器产品和成套设备的复验时间要长一些。我进口商品的检验条款要考虑到检验技术条件和复杂性,对复验时间要有一个充分的估计。复验地点的选择与时间也有密切关系,若地点选择不恰当,实际检验的时间就得不到保障。因此,我国进口商品一般以货到目的港卸货后或货物运抵目的地收货人的最后仓库之日起若干天内向卖方提出索赔,一般不要把条款拟成“从进口之日起计算”或“到岸之日起计算”,更不要拟成“从发运之日起计算”。为了避免不必要的纠纷,合同中还应明确规定复验费用由谁负担。

3. 质量保证期

质量保证期应根据商品的不同特点和贸易条件而定,一般情况下定为一年,时间起点最好定为“从买方收货后检验、验收启用之日起计算”或“安装调试完毕之日起计算”。

4. 关于检验机构和检验证书的要求

在订立检验条款时,对检验机构应当有明确的规定。若在我国检验,应订明“由中华人民共和国国家质量监督检验检疫总局进行检验”。在出口合同中,如允许买方有复验权,我方最好争取在合同中规定“须以卖方同意的公证机构出具的检验报告作为索赔的依据”。这样可以防止某些公证机构在偏袒对方时,我方有权要求另行委托其他比较合适的公证机构进行复验,以求公正鉴定,维护我国商家的正当权益。

5. 进口的机械仪器等商品的配套工具的检验

进口的机械仪器等商品的配套工具,每套的件数、品名及品质规格条件等应在合同或附件上订明确,以利于验收。

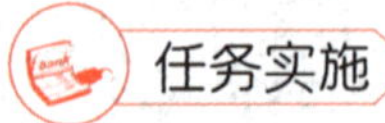

双方经过一段时间的交流,确定首先在我国装运港由中国出入境检验检疫机构对货物进行检验,然后在目的港由我方同意的公证机构进行复验,并按双方公司的要求由检验检疫机构出具质量检验证书。

对此,双方签订了如下检验条款:

买卖双方同意以装运港中国出入境检验检疫机构签发的质量检验检疫证书作为信用证下议付所需单据之一，买方有权对货物的质量进行复验，复验费由买方负担。如发现质量与合同规定不符，买方有权向卖方索赔，并提交经卖方同意的公正机构出具的检验报告。索赔期限为货到目的港180日内。

It is mutually agreed that the certificate of quality issued by the China Exit and Entry Inspection and Quarantine Bureau at the port/place of shipment shall be part of the documents to be presented for negotiation under the relevant L/C. The buyers shall have right to reinspect the quality of the cargo. The reinspection fee shall be borne by the buyers. If the quality be not in conformity with that of the contract, the buyers are entitled to lodge with the sellers a claim which should be supported by survey reports issued by a recognized surveyor approved by the sellers. The claim, if any, shall be lodged within 180 days after arrival of the goods at the ports of destination.

任务二 提出索赔

任务情境

天津昌盛贸易有限公司与英国 Golden Elephant Trading Co.,Ltd.合作非常顺利，双方都很满意，于是定下了第二笔订单，数量金额和第一笔订单一样，交货期为2012年4月1日。

为了及时履行合同，小杨通知工厂于3月25日把货物运送并存放在天津港码头的一个仓库里。3月27日凌晨，由于发生雷击，该仓库起火。起火后，仓库管理员及时扑救，并拨打119报警，虽然消防员及时赶到，但终因火势过大，货物全部被烧毁。由于该货物是特别定制的，如重新生产，至少要在4月底才能制造完毕。

任务分析

进出口贸易合同签订之后到合同顺利执行完毕，需要经过若干环节，其中任何一个环节出现问题就有可能影响整个合同的履行。加上，国际市场情况千变万化，一方当事人往往有可能在市场行情发生不利变化时，拒绝履行或不完全履行合同义务，导致另一方当事人受到损害，从而引起争议，导致索赔与理赔。

知识精讲

一、索赔的定义

索赔是指合同一方当事人因另一方当事人违约使其遭受损失而向对方提出要求损害赔

偿的行为。理赔则是一方对于对方提出的索赔进行处理。因此，索赔与理赔是一个问题的两个方面。在进出口贸易中，损害赔偿是最主要的，也是最常用的违约补救措施。

在实际业务中，索赔通常发生在交货期、交货质量、数量或包装与买卖合同规定不符等违约情况，因此，一般来说，买方向卖方提出的索赔较为多见。当然，有时也会发生买方不接货或不按时接货，不开证或不按时开证、无理拒付货款等违约情况，导致卖方向买方提出索赔。

二、违约责任的归属

国际货物买卖合同是确定买卖双方权利和义务的法律依据。根据各国法律和国际公约规定，当事人一方不履行合同或履行合同义务不符合约定，就构成违反合同，应承担继续履行、采取补救措施或者赔偿损失等违约责任。

《公约》规定："一方当事人违反合同的结果，如使另一方当事人蒙受损害，以致实际上剥夺了他根据合同规定有权期待得到的东西，即为根本违反合同，除非违反合同的一方并不预知，而且一个同等资格、通情达理的人处于相同情况下也没有理由预知会发生这种结果。"根据《公约》规定，如果一方当事人的违约构成根本违反合同，另一方当事人可以宣告合同无效，并要求损害赔偿；如果违约程度尚未达成根本违反合同，则另一方当事人只能要求损害赔偿而不能宣告合同无效。

小案例

圣诞节销售的冻鸡

日本某外贸公司从外国某公司进口一批冻鸡，打算在圣诞节销售。合同规定卖方应当在 9 月前装运，但卖方违反合同，推迟到 10 月 16 日才装船，因此，日本公司拒绝收货，并主张撤销合同。试问买方是否可以拒收货物和撤销合同？为什么？（注：冻鸡销售有时效性，圣诞节后很少有人买）

分析：买主是否可以拒收货物和撤销合同，要视船只到达后，对买方影响的程度而定，具体分析如表 10-1 所示。

表 10-1　卖方违约程度及买方处置方式一览表

<table>
<tr><th colspan="2">假设船只到达时间和买方销售冻鸡的时间</th><th colspan="2">买方的处置方式及理由</th></tr>
<tr><td rowspan="3">船只在圣诞节前到达</td><td>买方有足够的时间销售冻鸡</td><td rowspan="2">买方不能拒收货物或解除合同</td><td>卖方并未构成根本违约</td></tr>
<tr><td>买方有时间销售出大部分冻鸡</td><td>卖方并未构成根本违约</td></tr>
<tr><td>买方仅有时间销售极少部分冻鸡</td><td rowspan="2">买方可以拒收货物或解除合同</td><td>卖方构成根本违约</td></tr>
<tr><td>船只在圣诞节后到达</td><td>买方没有时间销售冻鸡</td><td>卖方构成根本违约</td></tr>
</table>

我国《合同法》规定，当事人一方迟延履行合同义务或者有其他违约行为致使不能实现合同目的，对方当事人可以解除合同；当事人一方迟延履行主要义务，经催告后在合同期间内仍未履行的，对方当事人可以解除合同。《合同法》又规定，合同解除后，尚未履行的，终止履行；已经履行的，根据履行情况和合同性质，当事人可以要求恢复原状、采取其他补救措施，并有权要求赔偿损失。

三、发生索赔的原因

国际贸易情况复杂，产生争议和索赔的原因是多种多样的。争议和索赔并不局限于买卖双方，有的还涉及运输、保险等方面，而且各方往往有着密切的关系。因此必须根据实际情况，分清原因和责任方。从索赔对象来分，大致有以下原因。

1. 买卖双方之间的贸易索赔

(1) 买方违约。例如，不按时开立信用证、故意开立不完全的信用证或过高要求的信用证，致使卖方无法履行合同；不按时付款赎单；无理拒收货物；在买方负责运输的情况下不按时派船接货或不按时签订运输契约、指定交货地点等。

(2) 卖方违约。例如，不按时交货，不按合同规定的品质、规格、包装、数量、重量交货，不提供合同、信用证规定的合适单证等。

(3) 合同条款不够明确，以致买卖双方对合同条款的理解或解释不一致引起争议索赔。

2. 向承运人的运输索赔(装运索赔)

(1) 货物短卸，即货物未卸净或货物误卸在其他港口。

(2) 货物在运输过程中被盗窃，或因破损撒漏而货物短少。

(3) 属于承运人责任的货物损毁，包括破损、毁坏、水渍、污染等。

3. 保险人的保险索赔

属于保险单内规定范围的有关损失，应向保险公司索赔。如按 CIF 术语成交的货物，在运输途中遭遇海啸使货物被水浸泡，由于投保了水渍险，买方可凭保险合同向保险公司索赔。

【小思考】

有一批货物共 200 箱，自装运港口运至目的港，承运人签发了“已装船清洁提单”，但货运到目的地的港口后，收货人发现下列情况：少 5 箱货物；10 箱货物包装严重破损，且内部货物大部分丧失；30 箱货物包装外表完好，但箱内货物短少。请分别说明上述三种情况的责任归属以及责任归属的依据。

四、买卖合同中的索赔条款

国际货物买卖合同中的索赔条款可根据不同的业务需要作不同的规定，通常采用的有异议与索赔条款和罚金条款两种。

(一) 异议与索赔条款

异议与索赔条款(discrepancy and claim clause)一般是针对卖方交货质量、数量或包装不符合同规定而订立的，主要内容包括索赔依据、索赔期限等。有的合同还规定索赔金额和索赔方法。

1. 索赔依据

索赔依据主要规定索赔时必须具备的证明文件以及出证的机构。索赔依据包括法律依据和事实依据两个方面,前者是指买卖合同和有关国家的法律规定,后者是指违约的事实真相及其书面证明。如果证据不全、不清,出证机构不符合要求,都可能遭到对方拒赔。

2. 索赔期限

索赔期限是指受损害一方有权向违约方提出索赔的期限。按照法律和国际惯例,受损害一方只能在一定的索赔期限内提出索赔,否则即丧失索赔权利。索赔期限有约定的与法定的之分。约定的索赔期限是指买卖双方在合同中明确规定的索赔期限,法定索赔期限是指根据有关法律或国际公约,受损害一方有权向违约方要求损害赔偿的期限。约定索赔期限的长短,须视货物的性质、运输、检验的繁简等情况而定。索赔期限的规定方法通常有:"货物到达目的港(地)后××天内";"货物到达目的港(地)卸离海轮或运输工具后××天内";"货物到达买方营业所或用户所在地××天内"等。如合同未规定索赔期限的,则按法定索赔期限。例如,根据《公约》规定,索赔期限是自买方实际收到货物之日起两年之内。我国《合同法》也规定,买方自标的物收到之日起两年内为索赔期限,但如标的物有质量保证期的,适用质量保证期。

买方的索赔期限实际上也就是买方行使对货物进行复验权利的有效期限,有些合同将检验条款与索赔条款结合起来订立,称为"检验与索赔条款"。

(二)罚金条款

罚金条款(penalty clause)亦称违约金条款,主要规定一方未按合同规定履行其义务时,应向对方支付一定数额的约定罚金,以补偿对方的损失。

罚金条款一般适用于一方当事人迟延履约,如卖方延期交货、买方延期接货或延迟开立信用证等违约行为。罚金的数额通常取决于违约时间的长短,并规定罚金的最高限额。

关于合同中的罚金条款,各国法律有不同的解释。例如,英国法律认为,如属于预定的损害赔偿,可以承认和执行;如属于惩罚性质的,则不予承认,一旦发生违约,只能依法重新确定赔偿金额。我国《合同法》规定,当事人可以在合同中约定,一方违约时,向对方支付违约金;也可以约定因违约产生的损失赔偿额的计算方法。但如果约定的违约金低于或过分高于违反合同所造成的损失,当事人可以请求法院或者仲裁机构予以增加或适当减少。我国《合同法》还规定,当事人就迟延履行约定违约金的,违约方支付违约金后,还应当履行义务。

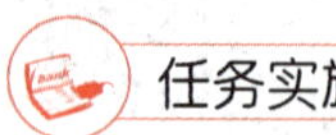

任务实施

火灾发生后,小杨把其公司的遭遇告知英国公司,但英国公司以天津昌盛贸易有限公司不能按时交货为由,要求索赔。对此,小杨积极收集相关资料,应对英国公司提出的索赔要求。

任务二　识别不可抗力

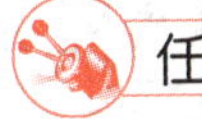

任务情境

天津昌盛贸易有限公司的货物因火灾被全部烧毁。业务员小杨认为本公司发生了不可抗力，并将此事告知英国公司，随后寄去了天津贸易促进委员会出具的相关证明。但英国公司以天津昌盛贸易有限公司不能按时交货，构成违约为由，要求天津昌盛贸易有限公司进行赔偿，而天津昌盛贸易有限公司坚持认为属于不可抗力，双方协商未果。

任务分析

国际贸易合同是双方当事人在特定的环境条件下签订的。如果在合同的履行过程中，合同赖以存在的环境条件发生了非常人所能预见和控制的变化，使得合同的履行受阻，那么，不能履行合同义务的一方当事人能否免责，另一方当事人能否因此而要求损害赔偿？对此，大陆法系国家有情势变迁或合同落空为理由要求免责。但在具体案件中，要判断合同是否已落空或能否适用情势变迁原则，往往十分困难。因此，双方当事人最好在合同中拟定一项条款，事先约定双方在发生他们所不能控制的意外事故时，不能履行义务，从而避免引用合同落空或情势变迁原则的困难，这样的条款叫做不可抗力条款。

知识精讲

一、不可抗力的含义

不可抗力(force majeure)是指买卖合同订立以后，非订约者任何一方当事人的过失或疏忽，而是发生了当事人不能预见、无法避免和预防及非当事人所能控制的意外事故，致使合同不能按期履行或不能履行，遭受意外事故的一方当事人依照法律或合同而免负责任，另一方当事人不得对此要求损坏赔偿。

从其起因上看，不可抗力事件主要包括两类：一是自然力量引起的事故，如水灾、火灾、地震、海啸等；二是社会原因引起的事故，如政府颁布禁令、调整制度，发生战争、罢工等。

二、不可抗力的基本构成条件

在实际业务中，导致合同不能履行或不能按期履行的意外事件必须符合下列三个条件，才能认定为不可抗力。

(1) 意外事故必须发生在合同签订以后。

(2) 意外事故不是因为合同当事人双方自身的过失或疏忽而导致的。

(3) 意外事故是当事人双方所不能控制的、无能为力的。

值得注意的是，商业风险和不可抗力事件是两个不同的概念，决不可混淆。不可抗力是指由于交易双方以外的第三方，而且双方无法控制的原因导致的风险，如地震、台风、政变、战争等。商业风险则是由于交易双方中的某一方，或与之关联的某一方的原因导致的风险，如款式过时、价格过高、质量投诉、商业机密泄露等。

商业风险往往也是无法预见和不可避免的，但它和不可抗力事件的根本区别在于一方当事人承担了风险损失后，有能力履行合同义务，因而卖方不能以商业风险为由免除其交货责任。

【小思考】

以下事件中哪些属于不可抗力？哪些不属于？并说明理由。

(1) 我国某木材厂与法国进口商签订出口木材一批，合同规定我方于2011年3月底交货装船，不料2月26日的一场大火将木材全部烧毁，我木材厂以不可抗力为由提出撤销合同。

(2) 我国某出口企业与西班牙进口商签订出口棉布一批，合同签订15天后，棉花价格大涨30%，该企业继续执行合同将会亏本，我方以不可抗力为由提出解除合同。

三、不可抗力事件的处理

(一) 不可抗力事件引起的后果

不可抗力引起的后果主要有两种：解除合同和延期履行。至于什么情况下解除合同，什么情况下只能延迟履行，要根据不可抗力对履行合同造成的影响程度而定，也可以由双方当事人在合同中作具体规定。如果合同没有明确规定，一般的解释是：如不可抗力事故使合同履行成为不可能，则可解除合同；如不可抗力事故只是暂时阻碍了合同的履行，则只能延迟履行合同。

(二) 不可抗力事件的通知和证明

1. 通知时限

按照国际惯例，不可抗力事故发生影响合同履行时，当事人必须及时通知对方，对方应在接到通知后及时答复，如有异议也应及时提出。尽管如此，细心的当事人一般都要求在合同中明确规定一定的通知时限。例如：规定一方遭受不可抗力事故以后，应以电报通知对方，并应在15天内以航空挂号信提供事故的详情及影响合同履行的程度的证明文件。

2. 证明文件

在进出口业务中，当一方援引不可抗力条款要求免除责任时，都必须向对方提交一份相关机构出具的证明文件，作为发生不可抗力的证据。在国外，一般是由当地的商会或合法公证机构出具。在我国，主要是由中国国际贸易促进委员会或其设在口岸的贸促会分会出具证明。

四、不可抗力条款

在我国进出口贸易合同中，不可抗力条款的规定方法有三种。

1. 概括式规定

概括式规定是在合同中不具体订明哪些现象是不可抗力事故。例如："由于人力不可抗拒事故影响而不能履行合同的一方，在与合同另一方协商同意后，可根据实际所受影响的时间，延长履行合同的期限，对方由此而产生的损失不得提出赔偿要求。”

2. 列举式规定

列举式规定即在不可抗力条款中明确规定出哪些是不可抗力事故，凡合同中没有规定的均不能作为不可抗力事故援引。例如：“由于战争、洪水、火灾、地震、雪灾、飓风的原因致使卖方不能按时交货的，则可以推迟装运时间或者撤销部分或全部合同，但卖方必须向买方提交发生事故的证明书，该证明书由××出具。”

3. 综合式规定

综合式规定即采用概括和列举综合并用的方式。例如，“如因战争行为或其他人力不可抗拒的原因，买方或卖方不能在本合同第××条规定的有效期内履行合同，如此种行为或原因在合同第××条规定的有效期后继续3个月，则本合同未交货部分即视为取消。买卖双方的任何一方，不负任何责任。”目前，该方法使用最广泛。

任务实施

虽然天津昌盛贸易有限公司坚持认为造成不能按时交货的雷击起火为不可抗力，但英国 Golden Elephant Trading Co. ,Ltd. 则认为此次雷击起火不属于不可抗力，天津公司应该担负违约责任。

任务四　进行仲裁

任务情境

双方经过多次协商交流，无法就赔偿问题达成一致，于是将所发生的争议向中国国际经济贸易仲裁委员会北京总会提出仲裁申请，并附有所依据的事实证明文件，预缴了一定数额的仲裁费，要求天津昌盛贸易有限公司赔偿损失。

任务分析

国际货物买卖履约时间长、涉及面广、业务环节多，一旦在货物的生产、收购、运输、资金移动等任何一个环节发生意外或差错，都可能给合同的顺利履行带来影响。而且国际市场变幻莫测，一方当事人往往有可能在市场行情发生不利变化时，不履行合同义务或不完全履行合同义务，致使另一方当事人的权利受到损害。再加上当事人处于不同的国家，其所属国的法律制度、文化传统等因素的差异，争议的产生是不可避免的。当争议发生时，一般均应先采用友好协商方式解决。如协商得不到解决，则视情况采取第三者调解(conciliation)、提交仲裁(arbitration)或进行司法诉讼(litigation)等方式进行处理。

一、争议的解决办法

在长期的国际贸易实践中，形成了各种解决国际贸易争议的方法，主要包括协商、调解、诉讼和仲裁，此外还有世界贸易组织建立的解决国家之间贸易争端的机制。

1. 协商

协商是争议各方当事人在自愿的基础上，按照有关法律、政策及合同条款的规定，直接进行磋商或谈判，互谅互让，以达成解决争议的方法。这一争议解决方法的最大特点就是没有第三者介入，完全是依靠双方当事人自己解决，争议能否解决取决于当事人的意愿。

2. 调解

调解是在第三者主持下，通过其劝说诱导，促使国际贸易争议的当事人在自愿基础上互谅互让，达成协议以解决争议的一种方法。调解与协商的最大不同在于，调解有第三方介入，但在调解中，调解人不能独立自主地作出具有约束力的决定，争议能否解决最终还是取决于双方当事人能否互相妥协达成协议。

3. 诉讼

诉讼是指一方当事人向法院起诉，控告合同的另一方，一般要求法院判令另一方当事人以赔偿经济损失、支付违约金的方式承担违约责任，或要求对方实际履行合同义务的争议解决办法。诉讼是当事人单方面的行为，只要法院受理，另一方就必须应诉。但诉讼方式的缺点在于立案时间长，诉讼费用高，异国法院的判决未必是公正的，各国司法程序不同，当事人在异国诉讼比较复杂。

4. 仲裁

仲裁是解决对外贸易争议的一种重要方式。它是指买卖双方达成协议，自愿将有关争议交给双方所同意的仲裁机构进行裁决，而这个裁决是终局的，对双方都有约束力，双方必须遵照执行。

与诉讼相比，仲裁具有以下特点。

(1) 仲裁机构属于民间性质，而法院是国家机器，具有法定管辖权。

(2) 仲裁须是双方同意的，而诉讼可以是一方提出，无须对方同意。

(3) 仲裁比诉讼时间短，程序简便，费用低，争议双方关系较缓和。

(4) 仲裁结果是终局的，而诉讼多是二审终审制，败诉方可上诉。

(5) 仲裁机构不能强制执行裁决，而法院可强制执行法院判决。

二、仲裁的基本内容

1. 仲裁协议

仲裁协议是指当事人在合同中订明的仲裁条款或者以其他方式达成的提交仲裁的书面协议。

仲裁协议必须是书面的，它有两种形式：一种是合同中的仲裁条款，另一种是以其他方式达成的提交仲裁协议。两种形式的仲裁协议都具有同等法律效力。

2. 仲裁协议的作用

按照我国和多数国家的仲裁法的规定，仲裁协议的作用主要表现在以下三个方面。

(1) 约束双方当事人只能以仲裁方式解决争议,不得向法院起诉。

(2) 排除法院对有关案件的管辖权,大多数国家的法律都规定法院不受理争议双方订有仲裁协议的争议案件。

(3) 使仲裁机构取得对争议案件的管辖权。任何仲裁机构都无权受理没有仲裁协议的案件。

三、合同中的仲裁条款

一般来说,买卖合同中的仲裁条款应具体包括仲裁地点、仲裁机构、仲裁程序规则、仲裁裁决的效力以及仲裁费的负担等内容。

1. 仲裁地点

我国进出口贸易合同中的仲裁地点一般采用下列三种规定方法。

(1) 力争在本国仲裁。

(2) 规定在被告国仲裁。

(3) 规定在双方同意的第三国仲裁。

正确选择仲裁地点对于得到有利的仲裁结果非常重要,所以我方在签订合同时应力争在我国仲裁。

2. 仲裁机构

国际贸易中的仲裁有两种,一种是常设的仲裁机构,另一种是由双方当事人共同指定仲裁员组成临时仲裁庭进行仲裁。近年来,国际贸易仲裁绝大部分采用常设机构仲裁。因此,仲裁条款中应当明确在哪个仲裁机构进行仲裁。

3. 仲裁规则

按国际仲裁的一般做法,原则上采用仲裁所在地的规则,但在法律上也允许根据双方的约定采用仲裁地点以外的它国仲裁机构的仲裁规则。因此,仲裁条款中应作出明确规定。

4. 仲裁裁决的效力

国际上大多数国家都认定仲裁裁决的效力是终局的、对双方都有约束力。裁决一经做出,买卖双方必须按裁决执行。任何一方不得再向法院起诉要求变更,即使有一方上诉,法院也是只审程序,不改变仲裁结果本身。

5. 仲裁费用的负担

合同中应明确规定仲裁费用由谁负担。通常由败诉方承担,也可另作规定。我国仲裁规则规定,败诉方所承担的费用不得超过胜诉方所得胜诉金的 10% 。

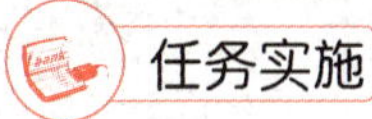

仲裁庭做出的裁决如下:

天津昌盛贸易有限公司仓库的火灾发生在合同订立后,满足“不能预见”、“不能避免”、“不能克服”三项条件,且当事人均无过错,因此,火灾构成不可抗力。

火灾发生后,天津昌盛贸易有限公司及时通知对方,并提供了天津贸易促进会的证明,且因货物全部烧毁,故天津昌盛贸易有限公司有权延期或终止履行合同,天津昌盛贸易有限公司不需要向英国 Golden Elephant Trading Co. ,Ltd. 进行赔偿。

知识巩固

1. 简述检验证书的种类。
2. 简述检验证书的作用。
3. 简述异议与索赔条款的主要内容。
4. 简述仲裁协议的类型和作用。
5. 简述不可抗力事故与商业风险的区别。

案例讨论

案例一

我国某公司以CIF天津在2011年5月29日申请开出信用证向法国某企业采购乳酪3公吨，价值3万美元，提货单早已收到，提单日期为2011年7月9日。但当船抵达天津港时却无货可提。经查询，该船在运输途中，乳酪被海水浸湿，被船舶放弃于海中。于是我方即向保险公司索赔，保险公司却以未见到货为借口拒赔；同时又向船公司索赔，但也一直无结果。问：此时我方应如何索赔？

案例二

我国某公司以FOB大连价外销美国一批货物，货物出口时已由商检机构检验并出具检验证书，在大连港装船时情况良好，但在纽约港卸货时却发现包装破裂，产品散失，同时部分货物由于包装破裂而风化。此时卖方是否负责赔偿？

技能训练

请根据下列资料，订立合同中的仲裁条款。

凡因执行本合同所发生的或与本合同有关的一切争议，双方应通过友好协商解决；如果协商不能解决，应提交仲裁。仲裁在被申请一方所在国进行，若在中国，则由中国国际经济贸易仲裁委员会根据该会的仲裁规则进行仲裁；若在××国（被申请所在国家），由××国××地仲裁机构根据该机构仲裁规则进行仲裁。仲裁裁决是终局的，对双方都有约束力。

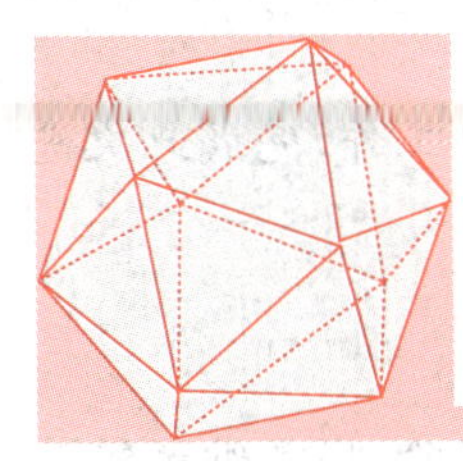

学习情境十一 落实行动——进出口合同的履行

知识目标

- 掌握进出口合同履行的基本程序；
- 熟悉信用证业务中的审证和改证；
- 掌握各种出口单据的制作；
- 了解进口单证的审核原则。

能力目标

- 能解决进出口合同履行中可能遇到的问题；
- 能熟练制作进出口合同中所用到的各种单证。

国际货物买卖合同一旦成立，买卖双方均应按照合同规定履行自己的义务，否则违约一方必须承担法律责任。卖方的基本义务是交货、交单和转移货物；买方的基本义务是接货付款。在不同的贸易条件下，合同履行的程序也不尽相同。我国的进出口合同大都采用 CIF 和 FOB 术语成交，以信用证方式结算货款。

任务一 进口合同的履行

任务情境

经过一段时间的筛选与信用咨询，天津昌盛贸易有限公司初步选定了日本 Songangel Food Trading. Co. ,Ltd. 作为进口商进行接触。该公司主要经营食品罐头的出口和初级加工，拥有 30 年的经营历史，天津昌盛贸易有限公司通过询问日本外汇银行以及与其有过经营往来的天津金盾进出口公司，普遍反映其信誉较好，公司产品质量有保证。经过多轮磋商，双方签订了一份买卖合同，主要内容包括：天津昌盛贸易有限公司进口猪肉罐头 200 箱，每箱 100 美元 FOB 横滨，允许 10%溢短装；进口牛肉罐头 300 箱，每箱 150 美元 FOB 横滨，纸箱包装，采用信用证方式支付，集装箱，11 月装船，按照发票金额的 110%投保了中国人民保险公司的一切险和战争险，采用出口国检验、进口国复验的方式。

现在天津昌盛贸易有限公司的总经理指派小杨负责该笔业务的进口工作，完成此次进口合同的履行。

任务分析

进口合同的履行是指买方按照合同和法律的规定办理接货、付款、复验、报关纳税等一系列事宜的过程。在进口贸易的整个流程中，要涉及多个单位的协作，如进出口国家银行、货代公司、保险公司、商检机构、海关等。还要涉及如信用证的开证申请书、租船订舱委托书、投保单、检验证书、报关单等多种单证。作为进口贸易业务的实际操作人员，必须了解和掌握整个国际贸易进口的流程，把握进口的关键环节，正确填制各种进口相关单证，处理好进口贸易中可能发生的问题。

知识精讲

在我国进出口业务中，多数采用 FOB 术语和信用证支付方式成交，履行这类进口合同的一般程序是开立信用证、租船订舱或催装、办理保险、审单付汇、报关、验货、提交货物、进口索赔等，具体如图 11-1 所示。

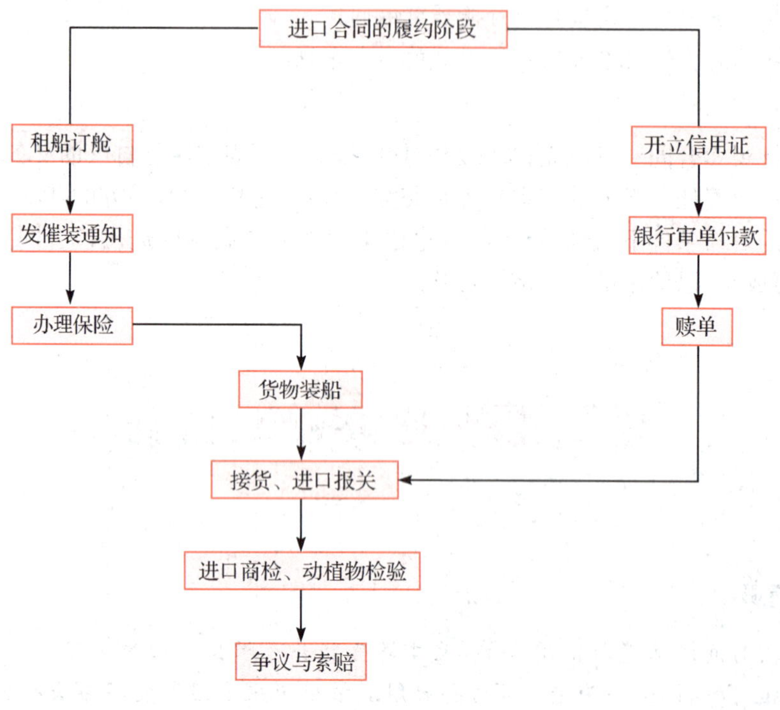

图 11-1　进口合同履行程序

一、开立信用证

（一）申请开证

买方开立信用证是履行合同的前提条件，因此，签订进口合同后应按合同规定办理开证手续。若合同规定在收到卖方货物备妥通知或在卖方确定装运期后开证，则买方应在接到上述通知后及时开证；若合同规定在卖方领到出口许可证或支付履行约保证金后开证，则买方应在收到对方已领到许可证的通知或银行通知履约保证金已收讫后开证。买方向银行办理开证手续时，必须按合同内容填写开证申请书，银行则按开证申请书内容开立信用证，具体程序如下。

1. 递交有关合同的副本及附件

进口商在向银行申请开证时，要向银行递交进口合同的副本以及所需附件，如进口许可证、进口配额证明、某些部门审批文件等。对于首次来银行办理进口的新客户，应递交工商营业执照副本、批准其经营进出口业务的批文原件、客户隶属关系批件、法人代表授权书等。

2. 填写开证申请书

进口商根据银行规定的统一开证申请书格式，填写一式三份，分别由银行结算部门、银行信贷部门和开证申请人留存。填写开证申请书时，必须按合同条款的具体规定写明信用证的各项要求，内容要明确、完整，无词意不清的记载。

下面所示为信用证开证申请书的样本。

IRREVOCABLE DOCUMENTARY CREDIT APPLICATION

TO:　　　　L/C No.　Date:

<table>
<tr><td colspan="2">Applicant</td><td>Beneficiary(full name, address and tel etc.)</td></tr>
<tr><td>Partial shipments
( ) allowed ( )not allowed</td><td>Transshipment
( )allowed ( ) not allowed</td><td>Issued by ( ) teletransmission
( )express delivery</td></tr>
<tr><td colspan="2">Loading on board/dispatch/ taking in charge at/from
Not later than
For transportation to</td><td>Contract No. :
Credit Amount (both in figures and words):
Trade Term: ( )FOB ( ) CFR ( ) CIF ( )
Others:</td></tr>
<tr><td colspan="2" rowspan="2">Description of goods:</td><td>Date and place of expiry:</td></tr>
<tr><td>Credit available with
( ) by sight payment ( ) by acceptance
( ) by negotiation
( ) by deferred payment at
against the documents detailed herein
( ) and beneficiary's draft for 100% of invoice value
Drawn On:</td></tr>
</table>

Documents required:(marked with ×)

1. ( ) Signed commercial invoice in 3 copies indicating L/ C No. and Contract No. SMST/24116

2. ( ) Full set of clean on board Bills of Lading made out [ ] to order/ [ ] to the order of and blank endorsed, marked " freight [ ] prepaid/ [ ] to collect showing freight amount" notifying [ ]the applicant/ [ ]

3. ( ) Air Waybills showing "freight [ ]prepaid/ [ ] to collect indicating freight amount" and consigned to

4. ( )Insurance Policy/Certificate in 3 copies for 110% of the invoice value showing claims payable in China in currency of the draft, blank endorsed, covering ([ ] Ocean Marine Transportation / [ ] Air Transportation / [ ] Over Land Transportation) All Risks, War Risks. / [ ]

5. ( ) Packing list / Weight Memo in 3 copies indicating

6. ( ) Certificate of Quantity/ Weight in 3 copies issued by [ ] manufacturer / [ ] Seller / [ ] independent surveyor at the loading port, indicating the actual surveyed quantity / weight of shipped goods as well as the packing condition.

7. ( ) Certificate of Quality in 3 copies issued by [ ] manufacturer / [ ] public recognized surveyor / [ ]

8. ( ) Beneficiary's Certified copy of fax dispatched to the applicant within 2 days after shipment advising the contract number, name of commodity, quantity, invoice value, bill of loading, bill of loading date, the ETA date and shipping Co.

9. ( ) Beneficiary's Certificate certifying that extra copies of the documents have been dispatched to the [ ] applicant/ [ ]

10. ( ) Certificate of Origin in copies certifying.

11. ( )Other documents, if any:

Additional instruction:(marked with)

1. ( )All banking charges outside the opening bank are for beneficiary's account.

2. ( )Documents must be presented within 21 days after the date of issuance of the transport documents but within the validity of this credit.

3. ( ) Third party as shipper is not acceptable, Short Form / Blank B/L is not acceptable.

4. ( ) Both quantity and amount % more or less are allowed.

5. ( ) All documents to be forwarded in one lot by express unless otherwise stated above.

6. ( ) Other terms, if any:

For banks use only	我公司承担本申请书背面所列责任及承诺,并保证按照办理。 (申请人名称及印鉴章) RMB A/C No. USD or ( ) A/C No. 联系人:　　　　电话:
Seal and / or Signature checked by ( ) L/C Margin % checked by ( ) Credit Facility checked by ( ) Ent ( ) Ver ( ) App ( ) Date:	

This L/C is subject to the Uniform Customs and Practice for Documentary Credit (1993 Revision) ICC Publication No. 500.

3. 缴纳保证金

按照国际贸易的习惯做法，进口商向银行开立信用证，应向银行缴付一定比例的保证金，其金额一般为信用证金额的百分之几到百分之几十。在我国的进口业务中，开证银行会根据不同企业和交易情况，要求开证申请人先缴付一定比例的人民币保证金，然后才开立信用证。

4. 支付开证手续费

进口人在申请开证时，必须按规定支付一定金额的开证手续费，一般为开证金额的1.5%。

（二）修改信用证

因为信用证内容是以合同为依据开立的，它与合同内容应当一致。但当受益人根据合同对信用证进行审核后，若发现与合同规定的内容不符或不能接受、无法办到的条款，为不影响合同的履行和收汇的安全，可按合同规定向进口商提出修改信用证。进口商也可根据形式变化，提出对信用证的修改。

1. 修改信用证的原因

（1）受益人提出修改。受益人已经接受了根据合同开立的信用证条件，但在合同的履行过程中业务操作情况发生变化，如由于货源不足、运输脱节等，或开证申请人开出的信用证不符合合同的约定，信用证条款中出现了受益人不能接受的条件，被受益人在审证时发现，应立即表示反对并要求修改。

（2）开证申请人提出修改。如由于信用证项下的商品在开证申请人所在国很畅销，为了能够获得更多的货源，与出口商协商后，开证申请人向开证行提出增加信用证数量、金额等。

（3）开证行工作疏漏，在打字或传递上造成错误，使信用证必须更正。

2. 修改信用证的步骤

（1）受益人给开证申请人发修改函，协商修改事宜。

（2）协商一致后，开证申请人填写改证申请书，向开证行提出改证申请。

（3）开证行审查并受理。

（4）开证行同意后，向信用证的原通知行发出信用证修改书，即MT707。

（5）原通知行给受益人信用证修改通知书和信用证修改书，进行信用证修改通知。

具体修改步骤如图11-2所示。

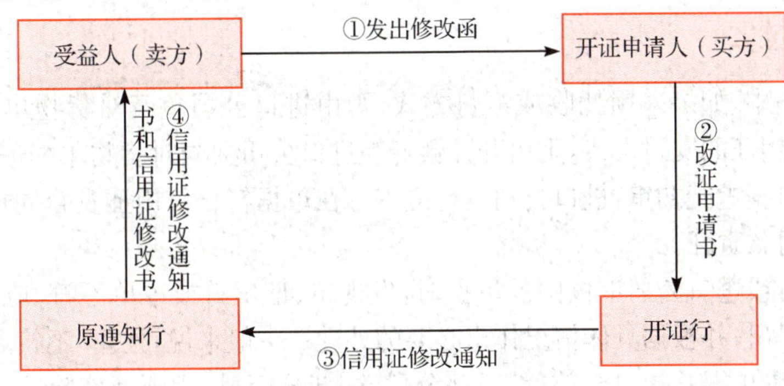

图11-2　信用证修改流程图

小案例

关于信用证修改的案例

我方某公司与外商签订了一份出口合同，装运期为5月，外商按期开来信用证，但计价货币与合同规定不符，加上我方货未备妥，直到7月对方来电催装时才向对方提出按合同货币改证并要求延期装运，外商复电“证已改好”，我方据此发货，但修改后的信用证始终没到，议付时被以“证已过期”为由而拒付，我方损失严重。此案例中我方的失误之处主要在于：未及时通知对方修改信用证，没有坚持收到银行修改通知书后再发货。

二、租船订舱和办理保险

1. 租船订舱

按FOB贸易术语成交的进口合同，货物采用海洋运输，应由进口方负责租船或订舱工作。租船订舱事宜可委托进出口贸易运输公司办理，也可直接向远洋运输公司或其他运输机构办理。

在办妥租船订舱手续后，应按规定的期限将船名、船期及时通知对方，以便对方备货装船。派船通知中一般包括船名、船籍、船舶吃水深度、装载重量、预计到达港口日期以及其他需要说明的问题。这些信息对于出口方及时做好交付准备是很有帮助的。

2. 办理保险

按FOB术语签订的进口合同，货物运输保险是由进口方办理的。从事进口业务的企业，通过与中国人民保险公司签订“海运进口货物运输预约保险合同”的方式，办理“预约保险”的手续。

若买方没有与保险公司签订预约保险合同，则需对进口货物逐笔办理投保手续。在买方接到卖方的发货通知后，必须立即向保险公司办理保险手续。如果进口公司没有及时向保险公司投保，则货物在投保之前的运输途中，发生的一切由于自然灾害和意外事故所造成的损失，保险公司不负赔偿责任。

三、审单付汇

在进口业务中，如果采用托收或汇付方式，则由进口公司负责对货物单据进行全面审核；如果采用信用证的支付方式，则由开证银行和进口公司共同对货物单据进行审核。通常由开证银行对单据进行初审，进口公司进行复审。在单据符合信用证及合同规定的条件下，开证银行履行付款责任。

若开证银行或进口公司审核国外单据时，发现单、证不符或单单不符，应由开证银行立即向国外银行提出，并根据具体情况作出必要的处理。一般来说，处理“不符点”的方法有以下几种：拒绝接受单据并拒付全部货款；部分付款，部分拒付；货到经检验后付款；国外议付行书面担保后付款；更正单据后付款；放弃该不符点，进口方按单证相符对外付款。

【小思考】

我国某化工进出口公司和德国富琴公司以CFR青岛订立了进口化肥1 000公吨的合同，根据合同规定，我方开出以德国富琴公司为受益人的不可撤销跟单信用证，总金额为200万美元。双方约定，如果发生争议则提交中国国际经济贸易仲裁委员会深圳分会仲裁。2011年11月，货物装船后，德国富琴公司持包括提单在内的全套单据向银行议付了货款。货到青岛后，我方发现化肥有严重质量问题，立即请当地商检机构进行了检验，证实该批化肥是没有实用价值的饲料。于是我方持商检证书要求银行追回已付款项，否则将拒绝向银行支付货款。问：在上述情况下，银行能否追回已付货款？我方是否有权拒绝向银行付款？对于这种情况，我方应采取什么补救措施？

四、报关、验货和提交货物

进口货物到达后，由进口公司或委托运输机构，根据进口单据填写“进口货物报关单”向报关申报，并按海关规定随附发票、提单、保险单、商检证书等单据。经海关查验认可后，才准予放行。

进口货物在卸货时，港务局要进行卸货核对。如发现短缺，要填制“短卸报告”，由船方签字确认，并向船方提出书面声明保留索赔权。如卸货时发现残损，应将货物存放于海关指定仓库，由保险公司会同商检局等有关单位检验，明确残损程度和原因，并由商检局出具证明，以便向责任方索赔。

如用货单位在卸货港口，由外运公司就地办理拨交，可由进口公司向用货单位进行结算。如用货单位不在卸货港口，则可委托外运机构代为安排将货物转运内地，并拨交给用货单位，一切费用均由外运机构与进口公司结算，再由进口公司与用货单位办理结算手续。

五、进口索赔

进口索赔一般是指货物自出口方交到进口方的过程中，由于人为、天灾或其他种种原因，使进口方收到的货物不符合合同规定或货物有其他损害，进口方依责任归属，向有关方面提出赔偿要求，以弥补其所受的损失。

（一）索赔对象

1. 卖方

卖方如果出现交货品质、规格等不符合合同规定；交货数量不足，重量短少；掺杂使假，以次充好，以旧顶新；包装不良或不符合合同要求造成货物残损；凭样成交的商品，所交商品与成交样品不符；未按合同规定的交货期限交货或不交货等情况时，均构成卖方违约，买方可以依法提出赔偿要求。

2. 承运人

如果出现进口货物因短卸、误卸造成数量短少；托运货物在运输途中遗失；托运货物由于承运人配载不当、积载不良或装卸作业粗疏造成货物损毁；船舶不具适航条件，设备不良造成所装货物损毁等情况时，买方应将损害事实向承运人发出书面通知，并依法对其提出赔偿要求。

3. 保险公司

由于自然灾害、意外事故或运输装卸过程中事故等致使货物受损，并属于保险范围内的损失,应向保险公司索赔。

(二) 索赔期限

进口索赔必须在一定时限内提出方可有效。如果提出索赔要求时已超过了索赔时限,则视为索赔方自动放弃索赔要求的权利。

1. 向卖方提出索赔的期限

根据《公约》规定,买方必须在发现或理应发现不符情况后一段合理时间内通知卖方,否则就丧失索赔的权利,最长的索赔时效为买方收到货物之日起 2 年内。

2. 向承运人提出索赔的期限

托运人或收货人在收取货物时,如果发现货物灭失或损坏,应在提货日起 3 天内,向运输公司提出索赔的书面通知。如果在提货时,双方已对货物进行了联合检验,托运人或收货人就无须再发出上述索赔通知,有关索赔依据可事后补送。如果货主的索赔未被受理,则诉讼时效为货物到达目的地(港)交货后 1 年之内。

3. 向保险公司提出索赔的期限

按照中国人民保险公司关于海洋货物运输保险的有关规定,索赔时效为 2 年,即从被保险人货物在最后卸货港(地)全部卸离海轮(车辆、飞机)起算,最多不超过 2 年。

(三) 索赔依据

对外提出索赔需要提供证件,买方首先应准备索赔清单,随附商检局签发的检验证书、装箱单、提单副本。其次,对不同的索赔对象,还要另附有关证件。

(四) 计算索赔金额

合同双方当事人之间确定索赔金额,应与因违约造成的实际损失相等,所以具体金额除受损商品的价款和利润外,还应包括其他有关费用,如商品检验费、装卸费、银行手续费、仓租费、利息等。

任务实施

天津昌盛贸易有限公司和日本 Songangel Food Trading Co. ,Ltd. 已于 2011 年 10 月 4 日签订了一份贸易合同,随即小杨开始履行合同中的相关义务。

1. 开立信用证

进口合同签订之后,业务员小杨就去天津昌盛贸易有限公司的往来银行中国工商银行天津分行提出了开立信用证的请求,并递交了与合同相关的副本和附件。目前,天津昌盛贸易有限公司的账户上有充足的资金,银行业务员在审核了合同的相关副本之后,交给小杨一份《开证申请书》。

小杨根据合同中的品质、规格、数量、价格、交货期、装货期、装运条件及装运单据等条款,在信用证申请书中一一填写。

由于是老客户,中国工商银行同意我方缴付合同金额 7%的担保金,也就是 4 550 美元(200×100+300×150=65 000 美元,65 000×7%=4 550 美元,按当时汇率 1 美元=6.35 元人民币计算,折合人民币 28 892.5 元)。此外,还支付了 43.34 元开证手续费(开证手续费为合同金额的千分之一点五)。

手续费收讫后，中国工商银行即向日本 Songangel Food Trading Co.，Ltd. 开出信用证，并将信用证正本电传给日本外汇银行，然后由该行将信用证传达给受益人。

2. 派船接货

在办妥银行开证申请手续后，小杨随即联系恒生国际货运代理有限公司，并填写了订舱委托书，委托该公司办理进口货物的运输。

恒生国际货运代理有限公司在收到托运单后，审核托运单，确定装运船船舶后，安排运输。我公司随后通知日本 Songangel Food Trading Co.，Ltd. 预期装船的港口、船名和时间：11 月 19 日横滨港口，SUNFENG. 0938 号货轮。11 月 16 日，日本 Songangel Food Trading Co.，Ltd. 向我方发来了货物已备妥通知。双方再次核准了装船时间、港口和地点等。

3. 办理保险

11 月 21 日，小杨收到了日本 Songangel Food Trading Co.，Ltd. 传真过来的已装船通知单。告知该批货物已经于当日装载至 SUNFENG. 0938 号，预计开航日期为 2011 年 11 月 22 日。小杨持装运通知立即向中国人民保险公司发出了一份《国际运输预约保险起运通知书》。此通知书一式五份送保险公司，保险公司签章后退回被保险人一份。

4. 审单付汇

汇票及全套单据于 2011 年 11 月 27 日顺利传递到中国工商银行天津分行，根据银行的通知，小杨当日便去审核单据。审核的单据包括：商业发票、海运提单、品质证书、装箱单、卫生检验证书、原产地证书。

经审核无误后，确认日本 Songangel Food Trading Co.，Ltd. 的交单日期是 2011 年 11 月 24 日，当日见票审核无误后，日本外汇银行已经垫付。因而，除了支付票面金额外，我方还需支付 3 天的垫付利息，利息率为 0.35%。当日人民币对美元的汇率为 1∶6.35，所以我公司应支付金额为：(65 000×0.35%+65 000)×6.35=414 194.63 元。

5. 报检和报关

11 月 28 日货物顺利到达天津港口，接到通知后，小杨立即向天津进出口检验检疫总局提出检验申请，填写了报检单，随后向天津新港海关提交了报关单。海关工作人员依法查验后，对货物征收了进口关税，各种手续办好后，天津新港海关即在货运单据上签印放行。

6. 验收和拨交货物

海关放行后，小杨会同相关人员一起查验货物，发现一切正常。由于订货单位是天津天海大酒店，所以委托运输公司将货物转交给该酒店。

任务二　出口合同的履行

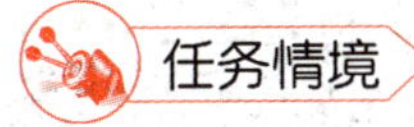

任务情境

经过一段时间的磋商，天津昌盛贸易有限公司与英国 Golden Elephant Trading. Co.，

Ltd.又签订了一份出口女式风衣的合同。现在天津昌盛贸易有限公司的总经理指派小杨负责该笔业务的出口工作，完成该出口合同的履行。

任务分析

出口合同的履行是指在国际贸易中，卖方按照合同的规定，履行从备货、报检、报关、装运、投保等一系列义务，直至其收回货款的整个过程。履行出口合同的程序，一般包括备货、催证、审证、改证、租船、订舱、报关、报验、保险、装船、制单、结汇等工作环节。在这些工作环节中，以货（备货）、证（催证、审证和改证）、船（租船、订舱）、款（制单结汇）四个环节的工作最为重要。只有做好这些环节的工作，才能防止出现有货无证、有证无货、有货无船、有船无货、单证不符或违反装运期等情况。

知识精讲

在我国出口贸易中，多数按 CIF 条件成交，并按信用证支付方式收款，履行这种出口合同，涉及面广，工作环节多，手续繁杂，且影响履行的因素很多，为了提高履约率，各外贸公司必须加强同有关部门的协作与配合，力求把各项工作做到精确细致，尽量避免出现脱节情况，做到环环扣紧，井然有序。出口合同的履行程序如图 11-3 所示。

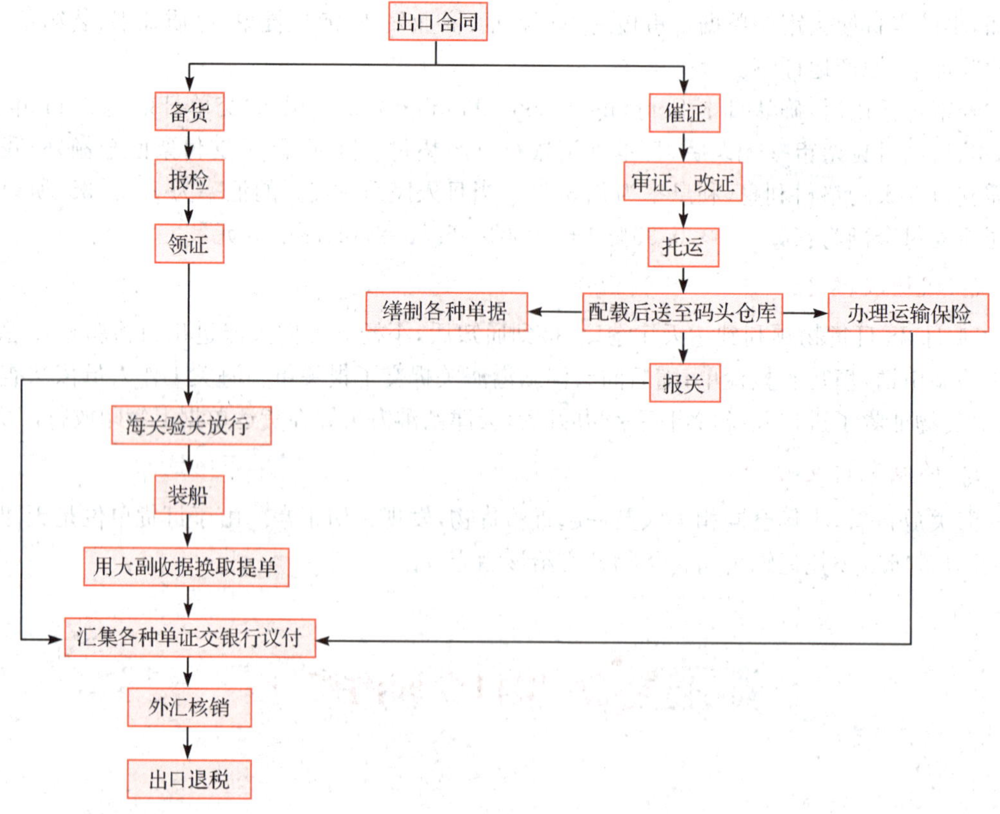

图 11-3 出口合同履行程序

一、备货与报检

为了保证按时、按质、按量交付约定的货物，在订立合同之后，卖方必须及时落实货源，备妥应交的货物，并做好出口货物的报验工作。

(一) 备货

备货工作的内容，主要包括按合同和信用证的条款，要求生产加工或仓储部门组织货源和催交货物，核实货物的加工、整理、包装和刷唛情况，对应交的货物进行验收和清点。在备货工作中，应注意下列事项。

1. 发运货物的时间

为了保证按时交货，应根据合同和信用证对装运期的规定，并结合船期安排，做好供货工作，使船货衔接好，以防止出现船等货的情况。

2. 货物的品质、规格

交付货物的品质、规格必须符合约定的要求，如果不符，应进行筛选和加工，整理直至达到要求为准。

3. 货物的数量

卖方必须按约定数量备货，而且应留有余地，以备必要时作为调换之用。如果合同中约定可以溢短装一定数量时，则应考虑满足溢装部分的需要。

4. 货物的包装

卖方应按约定的条件包装，核实包装是否适应长途运输和保护商品的要求，如发现包装不良或有破损，应及时修整或调换。在包装的明显部位，卖方还应按约定的唛头式样刷制唛头，并注意检查包装上的其他各种标志是否符合要求。

(二) 报检

凡按约定条件和国家规定必须法定检验的出口货物，在备妥货物后，应向中国进出口商品检验局申请检验。只有经检验出具商检局签发的检验合格证书，海关才予放行，凡检验不合格的货物，一律不得出口。

申请报验时，卖方应填制出口报验申请单，向商检局办理申请报验手续。该申请单的内容，一般包括品名、规格、数量或重量、包装、产地等项。在提交申请单时，应随附合同和信用证副本等有关文件，供商检局检验和发证时作参考。

当货物经检验合格，商检局发给检验合格证书，外贸公司应在检验证规定的有效期内将货物装运出口，如在规定的有效期内不能装运出口，应向商检局申请延期，并由商检局进行复验，复验合格后，才准予出口。

二、催证、审证和改证

在履行凭信用证付款的出口合同时，应注意做好下列工作。

(一) 催证

在按信用证付款条件成交时，买方按约定时间开证是卖方履行合同的前提条件，尤其是大宗交易或按买方要求而特制的商品交易，买方及时开证更为必要，否则卖方无法安排生产和组织货源。在实际业务中，由于种种原因买方不能按时开证的情况时有发生，因此，我们应结合备货情况做好催证工作，及时提请对方按约定时间办理开证手续，以利合同的履行。

（二）审证

在实际业务中，由于种种原因，买方开来的信用证常有与合同条款不符的情况，为了维护我方的利益，确保收汇安全和合同的顺利履行，我们对国外来证应按合同进行认真的核对和审查。在审证时，应注意下列事项。

1. 政治性、政策性审查

在我国对外政策的指导下，对不同国家和不同地区的来证从政治上、政策上进行审查。例如，来证国家同我国有无经济贸易往来关系，来证内容是否符合政府间的支付协定，证中有无歧视性内容等。

2. 开证行与保兑行的资信情况

为了确保安全收汇，对开证行和保兑行所在国的政治、经济状况、开证行和保兑行的资信及其经营作风等，都应注意审查，如发现存在问题，应酌情采取适当的措施。

3. 信用证的性质和开证行对付款的责任

要注意审查信用证是否为不可撤销的信用证，信用证是否生效，对开证行的付款责任是否加有限制性条款或其他保留条件。

4. 信用证金额及其采用的货币

信用证金额应与合同金额一致，如合同订有溢短装条款，则信用证金额还应包括溢短装部分的金额，来证采用的货币与合同规定的货币一致。

5. 有关货物的记载

卖方需要检查来证中有关品名、数量或重量、规格、包装和单价等项内容的记载是否与合同的规定相符，有无附加特殊条款，如发现信用证与合同规定不符，应酌情作出是否接受或修改的决策。

6. 有关装运期、信用证有效期和到期地点的规定

按国际贸易惯例，所有信用证都必须规定一个交单付款、承兑或议付的到期日，未规定到期日的信用证不能使用。通常信用证中规定的到期日是指受益人最迟向出口地银行交单议付的日期。如果信用证规定在国外交单到期日，由于寄单耗时，且有遗失的风险，一般应提请修改，否则，就必须提前交单，以防逾期。装运期必须与合同规定一致，如来证太晚，无法按期装运，应及时申请国外买方延展装运期限，所以信用证有效期与装运期应有一定的合理间隔，以便在装运货物后有足够的时间办理制单结汇工作。信用证有效期与装运期规定在同一天的，称为“双到期”。应当指出，“双到期”是不合理的，受益人是否就此提出修改，应视具体情况而定。

7. 装运单据

对来证要求提供的单据种类、份数及填制方法等要仔细审查，如发现有不适当的规定和要求，应酌情作出适当处理。

8. 其他特殊条款

审查来证中有无与合同规定不符的其他特殊条款，如发现对我不利的附加特殊条款，一

般不宜接受，如对我无不利之处，而且也能办到，也可酌情灵活掌握。

(三) 改证

在审证过程中如发现信用证内容与合同规定不符，应区别问题的性质，卖方须分别同有关部门研究，做出妥善的处理。一般地说，如发现我方不能接受的条款，应及时提请开证人修改，在同一信用证上如有多处需要修改的，应当一次提出。对信用证中可改可不改的，或经过适当努力可以办到而并不造成损失的，则可酌情处理。对通知行转来的修改通知书内容，如经审核不能接受时，应及时表示拒绝。如果一份修改通知书中包括多项内容，通常只能全部接受或全部拒绝，不能只接受其中一部分，而拒绝另一部分。

三、租船订舱、报关、投保和装运

1. 租船订舱

按 CIF 或 CFR 条件成交时，卖方应及时办理租船订舱工作，如系大宗货物，则须要办理租船手续；如系一般杂货，则须洽订舱位。各外贸公司洽订舱位时需要填写托运单。托运单是托运人根据合同和信用证条款内容填写的向船公司或其代理人办理货物托运的单证。船方根据托运单内容，并结合航线、船期和舱位情况，如认为可以承运，即在托运单上签章，签约双方各持一份，运输合同即告成立、订舱手续即告完成。

船公司或其代理人在接受托运人的托运申请之后，即发给托运人装货单，托运人凭此办理装船手续。装货单的作用有三：一是通知托运人船名、航次及装货日期，以便托运人备货装船；二是便于托运人向海关办理出口申报手续，海关凭此验放货物；三是作为命令船长接受该批货物装船的通知。

货物装船以后，船长或大副应该签发收货单，即大副收据，作为货物已装妥的临时收据，托运人凭此收据即可向船公司或其代理人交付运费并换取正式提单。

2. 报关

出口货物在装船出运之前，须向海关办理报关手续，出口货物办理报关时必须填写出口货物报关单，必要时还须要提供出口合同副本、发票、装箱单、重量单、商品检验证书以及其他有关证件，海关查验有关单据后，即在装货单上盖章放行，凭以装船出口。

3. 投保

凡按 CIF 条件成交的出口合同，在货物装船前，卖方应及时向中国人民保险公司办理投保手续。出口货物的投保都是逐笔办量，投保人应填制投保单，将货物名称、保险金额、运输路线、运输工具名称、开航日期、投保险别等一一列明。为了简化投保手续，也可利用出口货物明细单或货物出运分析单来代替投保单，保险公司接受投保后，即签发保险单或保险凭证。

4. 装运

完成以上各阶段工作后，出口商必须按照双方约定的装运条件和要求完成商品的装运，以保证商品能够安全地到达目的地。

四、制单结汇

出口货物装船发运之后，出口商应按照信用证规定，及时备妥缮制的各种单证，并在信用证规定的交单有效期内交银行办理议付和结汇手续。

（一）我国出口结汇的方式

1. 收妥结汇

收妥结汇又称收妥付款，是指国内议付行收到出口商的各种单据后，经审核无误后将单据寄交国外付款行索取货款，待收到付款行将货款拨入议付银行账户的贷记通知书后，即按当日外汇牌价，折成人民币拨给出口企业。

2. 出口押汇

出口押汇又称买单结汇，是指出口商在向银行提交信用证项下单据议付时，银行（议付行）根据出口商的申请，凭其提交的全套单证相符的单据作为质押进行审核，审核无误后，参照票面金额将款项垫付给出口商，然后向开证行寄单索汇，并向出口商收取押汇利息和银行费用并保留追索权的一种短期出口融资业务。

3. 定期结汇

定期结汇是指我国银行根据向国外付款行索汇所需时间，预先确定一个固定的期限，到期后主动将应收货款换算成人民币记入受益人账户。

（二）常用的出口单据

1. 汇票

汇票一般都是开具一式两份，只要其中一份讨讫，另一份即自动失效。

2. 发票

（1）商业发票。商业发票简称发票，是卖方开立的载有货物的名称、数量、价格等内容的清单，是买卖双方凭以交接货物和结算货款的主要单证，也是办理进出口报关和纳税所不可缺少的单证之一。

在托收方式下，发票内容应按合同规定并结合实际装货情况填制；在信用证付款方式下，发票内容应与信用证的各项规定和要求相符，如信用证规定由买方负担选港费或港口拥挤费等费用，可加在发票总额内，并允许凭本证一并向开证行收款，卖方可照此办理，但应注意，发票总金额不得超过信用证规定的最高金额，因为按惯例，开证行可以拒绝接受超过信用证所许可金额的商业发票。

（2）海关发票。在国际贸易中，有些进口国家要求国外出口商按进口国海关规定的格式填写海关发票，以作为估价完税、征收差别待遇关税或征收反倾销税的依据。此外，也可供编制统计资料之用。

（3）领事发票。有些进口国家要求国外出口商必须向该国海关提供该国领事签证的发票，其作用与海关发票基本相似，各国领事签发领事发票时，均需收取一定的领事签证费。有些国家规定了领事发票的特定格式，也有些国家规定可在出口商的发票上由该国领事签证。

（4）厂商发票。厂商发票是出口厂商所出具的以本国货币计算价格，用来证明出口国国内市场的出厂价格的发票，其作用是供进口国海关估价、核税以及征收反倾销税之用，如国外来证要求提供厂商发票，应参照海关发票有关国内价格的填写办法处理。

3. 提单

提单是各种单据中最重要的单据，它是确定承运人和托运人双方权利与义务、责任与豁免的依据。各船公司所负责制作的提单格式各不相同，但其内容大同小异，其中包括承运人、托运人、收货人、通知人的名称、船名、装卸港名称、有关货物和运费的记载以及签发提单的日期、地点及份数等。

4. 保险单

按 CIF 条件成交时，出口商应代为投保并提供保险单，保险单的内容应与有关单证的内容相符。例如，保险险别与保险金额应与信用证的规定相符；保险单上的船名、装运港、目的港、开航日期以及有关货物的记载应与提单内容相符；保险单的签发日期不得晚于提单日期；保险单上的金额一般应相当于发票金额加一成的金额。

5. 产地证明书

有些不使用海关发票或领事发票的国家会要求出口商提供产地证明书，以便确定进口货物应征收的税率。产地证明书一般由出口地的公证行或工商团体签发。在我国，通常由中国进出口商品检验局或中国贸易促进协会签发。

6. 普惠制单据

新西兰、日本、加拿大和欧共体等 20 多个国家给我国以普惠制待遇，凡向这些国家出口的货物，须提供普惠制单据，作为对方国家海关减免关税的依据。对各种普惠制单据内容的填写，应符合各个项目的要求，不能填错；否则，就有可能丧失享受普惠制待遇的机会。

7. 检验证书

检验证书包括品质检验证书、重量检验证书、数量检验证书、兽医检验证书、卫生检验证书、价值检验证书和残损检验证书等。需要出口商提供何种检验证书，双方应事先在检验条款中作出明确规定。

8. 装箱单和重量单

装箱单又称花色码单，它列明每批货物的逐件花色搭配；重量单则列明每件货物的净重和毛重。这两种单据可用来补充商业发票内容的不足，便于进口国海关检验和核对货物。

为了做好上述四个环节的工作，并使各环节的工作互相衔接，做到环环扣紧，防止出现脱节现象，我们必须根据多年来行之有效的经验，做好“四排”“三平衡”的工作。

所谓“四排”，就是指以买卖合同为对象，根据履行合同的进程卡片反映的情况，如信用证是否开到、货源是否落实等进行分类，排除并解决以下四种类型的情况：有证有货、有证无货、无证有货、无证无货。

所谓“三平衡”，就是指以信用证为对象，根据信用证规定的装运期和信用证有效期的远近，结合货源、船源情况，分出轻重缓急，力争做到货、证、船三方面的衔接和平衡，防止出现有货无船、有船无货拖延装运或制单结汇不在信用证有效期内进行等脱节现象。

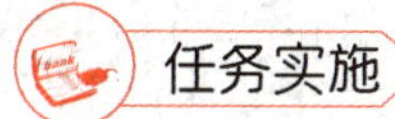

任务实施

1. 备货

在与日本 Songangel Food Trading Co. ,Ltd 签订合同后，天津昌盛贸易有限公司业务员小杨与两家供应商进行磋商，准备选择其中一家下单生产该批出口服装。

2. 催证

买卖双方于2011年10月4日签订了一份贸易合同，但直到11月4日，我方还没有接到对方开来的信用证。小杨就此问题向对方发电子邮件询问，请日本公司的Tony早日去银行开立信用证。11月10日，中国银行天津分行通知天津昌盛贸易有限公司已收到信用证，业务员小杨对信用证进行审核，以确认信用证的各条款是否正确。

小杨审核信用证无误后，立即与天津恒源服装公司签订了购货合同，落实货源，准备出口货物。

3. 报检

2011年12月2日，天津昌盛贸易有限公司向天津恒源服装公司采购的女式风衣已生产完成85%。因为女式风衣属于法检商品，现在小杨向商检局办理相应的报检手续。

4. 租船订舱

2011年12月13日，天津恒源服装公司通知天津昌盛贸易有限公司，女式风衣能够按时完成生产，小杨在确定采用集装箱班轮运输后，着手安排货物运输。小杨首先计算出运货物的毛重和体积，向货代办理海运的托运手续，订舱并说明集装箱装货的地点，支付海运费，拿到合格的提单后，认真审核确保提单正确，以符合信用证的规定。

5. 投保

天津昌盛贸易有限公司的100箱女式风衣已经在12月20日完成托运，并确定将于2011年12月30日装上船只，12月31日离开港口，接着小杨去保险公司办理相应的保险手续。

6. 报关

天津昌盛贸易有限公司出口货物已经办理了托运，开船日期为2011年12月31日，截止报关时间为2011年12月30日上午11点。

经过当地商品检验检疫局的检验，这批货物通过了检验，获得了出境货物通关单。现在小杨要准备报关单，办理相应的出口报关手续，否则就会延误装运。

7. 制单结汇

天津昌盛贸易有限公司的货物已于2011年12月31日从天津新港按期发运，信用证的交单期为10天，现在小杨正抓紧时间制作单据，以便早日到银行办理货款结算事宜。

知识巩固

1. 简述进口索赔中应注意的问题。
2. 简述以信用证结汇的FOB进口合同的主要履行环节。
3. 简述出口备货工作的主要内容及备货时应注意的问题。
4. 简述收妥结汇、出口押汇和定期结汇的含义。
5. 简述出口合同履行中的“四排”和“三平衡”工作的含义。

案例讨论

案例一

某公司从国外进口一批材料，进口时并没有检验其成分含量。经报关放行放置仓库约一年多，要使用时发现略有潮湿，因而怀疑当初进口的货物不符合合同规定。经检验，证实此怀疑正确，但因事隔一年多，该公司是否可向买方要求赔偿？或经商检机构向保险公司索赔？

案例二

我国某公司按CFR条件出口一批化工原料，国外开来信用证规定装运期为3月和4月，未注明可否分批。但我方订舱时因货物数量较大，没有足够的舱位，而必须分2至3批装运。对此，我方是否应要求外商改证？

技能训练

假设天津一家贸易公司准备进口一批美国小麦，请你陈述进口流程。

参考文献

[1] 缪东玲.国际贸易理论与实务[M].2版.北京:北京大学出版社,2011.

[2] 贾建华,阚宏.国际贸易理论与实务[M].4版.北京:首都经济贸易大学出版社,2008.

[3] 陈宪,韦金鸾,应诚敏.国际贸易理论与实务[M].3版.北京:高等教育出版社,2009.

[4] 严国辉.国际贸易理论与实务[M]. 2版.北京:对外经济贸易大学出版社,2009.

[5] 李秀芳,王晨钟,谢茜萍.进出口实战2[M].天津:天津大学出版社,2010.

[6] 万锦虹,于玲.国际贸易实务[M].北京:北京师范大学出版社,2007.

[7] 李秀芳.国际贸易实务操作教程[M].北京:科学出版社,2011.

[8] 李文臣.国际贸易实务[M].北京:科学出版社,2008.

[9] 陈双喜,孟亮,戴明华.国际贸易实务新编[M].北京:机械工业出版社,2009.

[10] 李昭华,李军.国际贸易实务[M].北京:北京大学出版社,2010.

[11] 彭福永.国际贸易实务教程[M].4版.上海:上海财经大学出版社,2009.

[12] 徐景霖.国际贸易实务[M].9版.大连:东北财经大学出版社,2011.

[13] 赵立民.进出口业务操作(英文版)[M]. 北京:对外经济贸易大学出版社,2006.